무역영어 2·3급 대비

최신무역영어

선길균 저

머리말

무역영어 또는 상업영어는 미국에서 Business English, 영국에서는 Commercial 또는 Mercantile English라 하는데, 이 명칭에서 알 수 있듯이 영어를 국어로 사용하는 나라에서 상거래에 이용되는 영어를 말한다. 그러나 우리나라를 비롯한 영어를 모국어로 사용하지 않는 나라에서는 국내 상거래에 영어를 사용할 이유가 없기 때문에 국제무역거래에만 이용하는 것은 당연한 일이다. 그러한 이유로 우리나라에서는 무역영어라 일반적으로 칭하고 이를 영문표기로는 Trade English, Commercial English 또는 Business English로 하고 있다.

상거래에 이용되는 영어가 일상생활에서 이용되는 영어와 크게 다른 점이 있는 것은 아니나 일반영어의 바탕위에 무역거래에서 사용되는 좀 특수한 용어나 표현들, 즉, 전문용어가 많이 사용된다는 점에서 일반 영어와 구분된다. 예를 들어 「We have received your Letter of Credit No.31542.」라는 문장 정도를 해석하지 못할 대학생은 없을 것이다. 그러나 이 문장에서 Letter of Credit를 제대로 알지 못한다면 문장의 해석 자체는 아무 의미가 없다. 하나의 작은 예에 불과하지만 이를 통해 무역영어의 특징을 알 수 있고 나아가 무역영어를 일반영어와 별도로 구분하여 배우는 이유를 생각해 볼 수 있다.

따라서 무역영어에 정통하기 위해서는 기본적으로 영어 능력이 우선되어야 함은 재론 할 필요가 없으며 이와 함께 무역거래에서 사용되는 전문용어에 대한 지식을 쌓아야 한다. 후자는 주로 무역실무에 관련된 지식으로 무역거래에서의 가격조건(INCOTERMS), 신용장, 해상보험, 해상운송 및 선적, 환어음의 추심 등과 관련된 지식이 요구된다.

한편 무역영어는 무역거래상에 이용되는 모든 영어라고 할 수 있고, 이는 영문무역서한은 물론, e-mail, 전화, 보고서, 계약서, 광고문 및 각종 무역서류 등이 포함된다. 따라서 무역영어에서 다루어지는 내용은 일반영어의 지식과 함께 무역실무지식은 물론 각종 통신수단에 따른 제반 지식이 포함된다. 그러나 이와 같이 포괄적인 내용을 책 한권에 담는다는 것은 어려운 일이며, 더욱이 한 학기 강의용의 대학교재에서는 더욱 무리라고 생각한다.

이러한 점들을 고려하여 본 교재에서는 무역거래 단계별로 무역실무의 내용을 간단히 설명하고 무역거래에서 이용되는 무역서한을 중심으로 한 무역통신문 위주의 무역영어를 다루었다. 이와 함께 본 교재의 가장 큰 특징은 대학생은 물론 일반 사회인들 사이에 관심이 고조되고 있는 무역영어 검정시험, 관세사 시험, 국제무역사 시험 등의 자격시험에 대비하는 무역영어 초급 능력자에 초점을 맞추었다는 점이다.

즉, 무역통신문과 관련하여 각종 자격시험에 출제된 문제들을 거래처의 선정, 거래제의, 신용조회, 거래협상, 일반거래조건협정서, 오퍼, 오더, 신용장의 발행, 선적, 대금결제, 클레임 등의 분야로 분류하여 학습하고, 각 단원이 끝난 다음 무영영어 검정시험 2, 3급 정도 난이도의 평가문제와 함께 해설 및 정답을 제시하였다. 이와 같이 무역거래 각 과정에서 이용되는 영문 무역서한을 학습하고 각 과정에서 배운 내용과 관련이 있는 기출 및 예상문제들을 바로 풀어볼 수 있게 하였다. 이렇게 함으로써 무역영어 시험과 관련하여 해당 분야의 문제들을 처음으로 접하는 학생들에게도 본인들의 능력을 점검하고, 시험문제의 방향을 파악하여 관련 시험에 효율적으로 대비할 수 있게 하였다. 예를 들어 오퍼에 관한 무역영어서한의 내용을 공부하면 곧바로 이에 관련된 초급 및 중급 수준 정도의 기출문제들을 직접 풀어보면서, 그리고 미진한 부분은 상세하게 설명된 해설을 통해 보완하면서 자신의 수준을 파악하게 되어 학생들이 각 단원을 접하면서 무역영어에 대한 자신감을 갖는 한편, 부족한 부분을 인식하여 공부 방향을 설정할 수 있어 효율적인 학습을 할 수 있을 것으로 기대된다.

또한 본 교재를 집필하면서 중점을 둔 것은 20여년간 무역실무 및 무역영어 과목들을 강의한 경험과 관련 시험의 출제위원의 경험을 살려 학생들에게 무역영어는 어려운 학문이 아니라는 것을 주지시키고자 노력하였다는 점이다. 그러나 이러한 의욕에도 불구하도 본인의 학문에 대한 능력 및 표현상의 능력 부족으로 미흡한 점이 많을 것으로 사료된다. 이러한 점들은 강의 및 연구과정을 통해 계속 수정·보완해 나갈 것을 약속드린다.

끝으로 어려운 출판 사정에도 불구하고 본 교재의 출판을 쾌히 승낙해 준 도서출판 두남 전두표 사장님께 감사의 말씀을 올리고, 본 교재의 편집을 맡아 수고해 주신 편집부 직원 여러분의 노고에 감사를 드린다.

2010년 2월

저자 씀

차 례

PART 01

무역영어의 기초

제 1 장

영문무역서한의 체제

Foundation of Business Letter

제 1 절 영문무역서한의 구성요소(Element of Business Letter)

1. 구성요소의 종류와 배열

영문무역서한을 작성할 때는 반드시 갖추어야 할 기본적인 구성요소와 필요에 따라 추가적으로 포함시켜야 할 보조적인 구성요소를 서한용지의 일정한 부분에 일정한 순서에 따라 바르게 배열하여야 한다.

(1) 기본구성요소

① Letterhead(서두)
② Date(발신일자)
③ Inside Address(수신인명 및 주소)
④ Salutation(서두인사)
⑤ Body of Letter(본문)
⑥ Complimentary Close(결미인사)
⑦ Signature(서명)

(2) 보조구성요소

⑧ Reference Number(참조번호)
⑨ Attention Line(참조인)
⑩ Letter Subject(표제명)
⑪ Identification Marks(관련자 식별기호)
⑫ Enclosure Directions(동봉물 표시)
⑬ Carbon Copy Notation(사본 배부처)
⑭ Postscript(추신)

[무역통신문의 구성요소의 예]

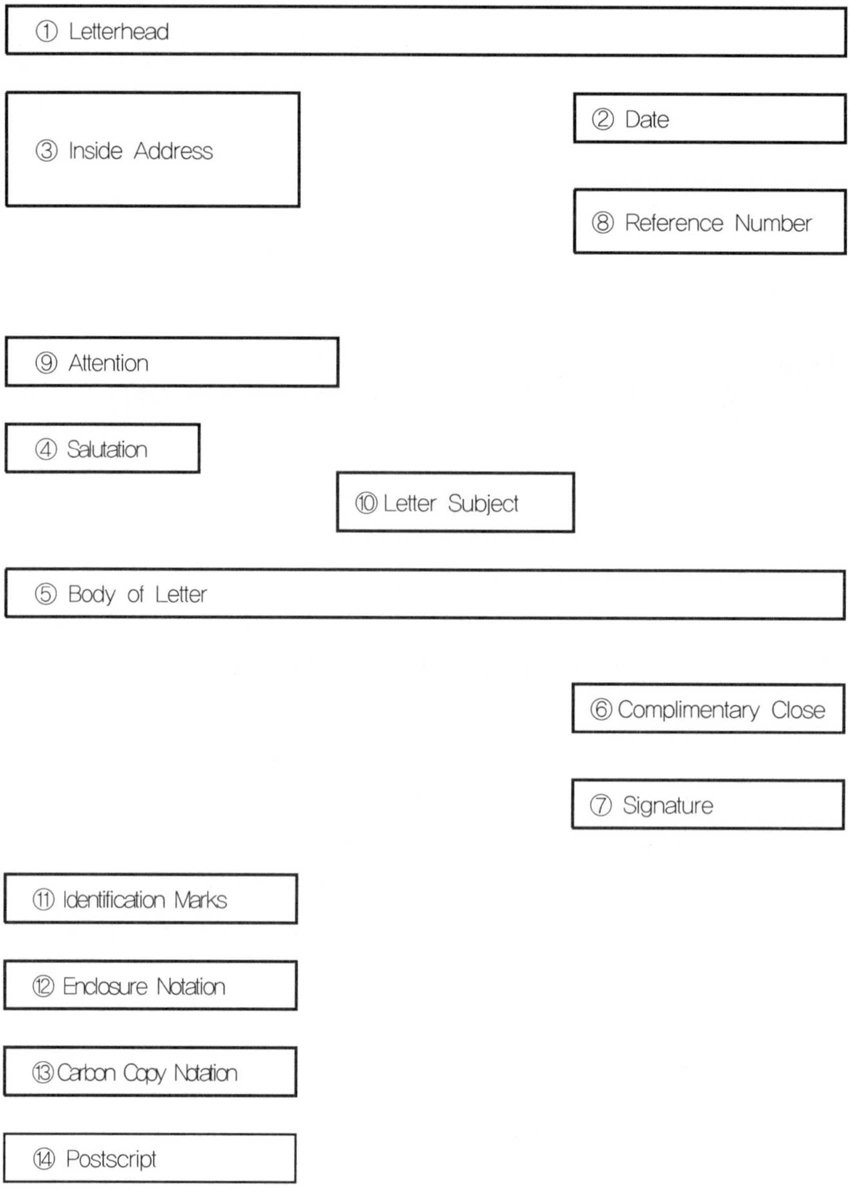

① Letterhead

③ Inside Address

② Date

⑧ Reference Number

⑨ Attention

④ Salutation

⑩ Letter Subject

⑤ Body of Letter

⑥ Complimentary Close

⑦ Signature

⑪ Identification Marks

⑫ Enclosure Notation

⑬ Carbon Copy Notation

⑭ Postscript

2. 구성요소의 작성요령

(1) 기본구성요소

① Letterhead(서두)

서한용지의 상부에 발신회사의 회사, 주소, 전화번호, FAX번호, 영업종목, 지점 등을 간소하고 매력 있게 인쇄해 두는데 이 부분을 총칭해서 Letterhead라고 한다.

② Date(발신일자)

서한의 발신일자를 기입하는 곳으로 Body of the Letter의 크기에 따라 Letterhead로부터 적절한 간격을 띄어 서한용지의 중앙 또는 우측에 배치한다. 날짜를 표기하는 방법은 미국식과 영국식이 있다.

a) 미국식 : 월, 일, 년의 순서로 기재하고 날짜는 1, 2, 3, 4와 같이 기수(基數 : cardinal number)를 사용하며 년(年) 앞에는 comma (,)를 찍는다.
   July 21[1], 1998

b) 영국식 : 일, 월, 년의 순서로 기재하고 월과 년 사이에 comma (,)를 찍는다. 날짜는 1st, 2nd, 3rd, 4th와 같이 서수(序數 : ordinal number)를 사용한다.
   22nd June, 1998

한편 일, 월, 년의 표기를 7/21/1998 또는 21/7/1998과 같이 숫자만으로 하는 것은 오해가 생길 수 있으므로 피하는 것이 좋고, 월명(月名)을 Jan., Feb., 등과 같이 약자로 표기하는 것도 가능하면 삼가는 것이 좋다. Letterhead와 Date를 합쳐서 Heading이라고도 한다.

③ Inside Address(수신인명 및 주소)

수신자인 개인 또는 회사의 이름과 주소를 기재한다. Inside Address를 기재하는 방법은 style과 punctuation[2]에 따라 다음과 같이 구분된다.

---

1) July twenty－first 또는 July twenty one으로 읽는다.

a) Block Form with Open Punctuation
Messrs Matthews & Wilson
421 Michigan Avenue
Chicago, Ill. 60602.

b) Indented Form with Close Punctuation
Roberts Import Company,
Madison Avenue, New York,
N.Y. 10022, U.S.A.

한편 Inside Address의 수신자명이 회사인 경우에는 그 앞에 다음의 원칙에 따라 경칭(title)을 붙인다.

a) 회사이름이 인명(人名)과 관련되어 있을 경우에는 Mr. (Mister의 약자)의 복수형에 해당하는 Messrs.(프랑스어의 Monsieur의 복수형 Messieurs의 약자)를 붙인다.
Messrs. Grant & Clarkson
Messrs. Brown & Co., Inc.

b) 회사이름이 인명과 관계없는 용어로 구성되어 있는 경우에는 경칭을 붙이지 않는다.
Worldwide Dealers Ltd.
Mandarin Importing & Exporting Co.

무역서한을 회사내의 특정개인 앞으로 보내는 경우에는 Inside Address의 회사명 바로 위에 개인 이름에 적절한 경칭을 붙인 개인 이름을 쓰고, 직책명을 이름 뒤에 또는 다음 줄에 붙여준다.

a) Block Form with Open Punctuation
Mr. Marvin K. Chan., President
Oriental Trading Co., Ltd.
141 Chuk Fan Road

---

2) style과 punctuation에 관해서는 제2절 영문 무역서한의 형식에서 다룬다.

Kowloon, Hong Kong

b) Indented Form with Close Punctuation

Mr. Robert A. Anderson,
Senior Marketing Director, JBK Inc.,
142 East 3rd Avenue,
Vancouver, British Columbia, Canada.

④ Salutation(서두인사)

우리말의 첫인사에 해당되는 부분으로 본문에 들어가기 전에 수신자에게 경의를 표시하기 위해 쓰는 인사말이다. Inside Address의 1줄 또는 2줄 밑에 Inside Address의 첫줄 맨 앞부분과 일치하는 위치에 기재한다. 회사 앞으로 보내는 Salutation의 경우에는 Gentlemen(미국식)과 Dear Sirs(영국식)으로 쓰며, Salutation 뒤에 미국식에서는 colon(:), 영국식에서는 comma(,)를 붙인다. Salutation에 사용되는 경칭은 다음과 같으며 상대방과의 친분관계에 따라 적절하게 선택하여 사용하는 것이 좋다.

	미국식	영국식
Formal or Routine	Dear Sir :, Gentleman : Dear Mr. Brown : Dear Miss Smith : Dear Mrs. Brown :	Dear Sir : Dear Sirs : Dear Madam : Mesdames
Informal	Dear Mr. Brown : Dear Miss Smith : Dear Mrs. Brown :	Dear Mr. Brown : Dear Miss Smith :
Personal	Dear Mr. Brown : My Dear Mr. Brown : Dear George :	Dear Mr. Brown : My Dear Mr. Brown : Dear George :

⑤ Body of Letter(본문)

본문이라고 하며 서한의 핵심 부분으로서 서한의 목적을 전달하는 가장 중요한 내용을 담게된다. 본문은 보통 몇 개의 문단(paragraph)으로 구성되는 것이 일반적이며 그러한 경우 수신자가 내용을 쉽게 읽을 수 있도록 문단과 문단 사이를 한 줄 띄운다.

문단의 첫 자를 몇 번째 칸부터 시작하느냐는 서한 작성의 형식(block style 또는 indented style)에 따라 달라진다. 또한 본문의 분량에 따라 각 구성요소가 상하 또는 좌우 어느 쪽으로도 치우치지 않게 균형을 취할 수 있도록 본문의 내용을 배치해야 한다.

본문의 내용은 일반적으로 다음의 네가지 부문으로 구성된다.

a) opening : 서한을 작성하는 이유(the reason for writing), 상대방을 알게 된 경위를 설명한다.
b) purpose : 서한문을 작성하는 자세한 내용을 담는다.(provide the details of writing)
c) action : 상황에 대한 조치, 행동, 결과를 설명한다.(write what will happen next)
d) polite expression : 감사 또는 예의의 표현을 기재한다.(thank the reader)

⑥ Complimentary Close(결미인사)

우리말의 끝인사에 해당하는 부분으로서 본문의 내용이 끝난 다음에 습관적으로 붙이는 인사말이다. Salutation과 마찬가지로 미국식과 영국식 그리고 친분 정도에 따라 다음과 같이 구분되므로 상대에 따라 적절한 문구를 선택하여 사용하는 것이 좋다.

	American Style	British Style
Formal or Routine	Very truly yours, Sincerely yours, Yours very truly,	Yours faithfully,
Informal	Sincerely yours, Cordially yours,	Yours sincerely, Yours truly,
Personal	Sincerely yours, With kind regards. With best regards Sincerely, Yours,	Yours sincerely, Sincerely, With best wishes, Yours,

⑦ Signature(서명)

회사 명의로 발송되는 서한에서는 그 서한의 내용에 대해서 책임을 지는 자가 서명을 하여 complimentary close 밑으로 2줄 간격을 두고 Body of Letter의 우측 끝 부분보다 우측으로 나오지 않도록 작성한다. Signature 부분에는 회사명을 보통 대문자로 작성하고 그 밑에 서명을 하며, 서명자의 성명과 직책을 한 줄 또는 2줄로 기재한다. 그러나 Letterhead가 인쇄되어 있는 서한용지인 경우에는 Signature에 다시 회사명을 기재하지 않는 것이 좋다.

a) 회사명을 기재하는 경우

THE VICTORY CYCLE WORKS

P. D. Paker

P. D. Paker, Sales Manager

b) 회사명을 기재하지 않는 경우

Paul Proctor

Paul T. Proctor, Vice－President

(2) 보조구성요소

⑧ Reference Number(참조번호)

서로 주고받은 문서를 참조할 수 있도록 또는 문서 보관의 편의를 위해 발송 서한과 관련된 참조 문헌이 있으면 Date 아래 줄에 다음과 같은 문구를 기재한다.

Your Reference No. HP－5251

Our Reference No. 98－0715

⑨ Attention(참조인)

Attention은 해당 서한을 수신하는 특정인 또는 참조인을 표기하는 난으로 상대방의 이름과 직책 또는 특정 부서명을 기재한다.

Attention : Mr. Robert. A. Stuart, Sales Manager.

Attention of General Manager

⑩ Letter of Subject(표제명)

발송서한의 내용을 수신자가 쉽게 알아볼 수 있도록 서한 본문의 내용이 무엇인가를 일목요연하게 나타내는 서한의 제목으로서 눈에 쉽게 띄도록 굵은 글씨 또는 밑줄을 그어 표기한다.

Your Order for 100 SM – 12,

Re : Our Order for industrial Sewing Machine

Subject : Shipment of Order No.2531

⑪ Identification Marks(관련자 식별기호)

Initials라고도 하며 서한 작성에 관계한 사람들의 이름 두문자(頭文字)를 표시한 것으로서 책임 소재를 명확하게 위한 조치이다. 좌측에는 서한의 작성자, 우측에는 typist의 두문자를 다음과 같이 기재한다.

EK/SM, EK : SM, KEK–TSM, EK : sm

⑫ Enclosure Notation(동봉물 표시)

통신문에 동봉물이 있는 경우에 기재하는 동봉물 표시로서, 동봉물이 1개의 경우에는 Enc. 또는 Encl, 2개이상의 경우에는 Encs. 또는 Encls. 라고 표시하고 동봉물의 명칭이나 매수를 표기한다.

Encl. pro–forma invoice

Encls. 1 order sheet

2 catalog 2

⑬ Carbon Copy Notation(사본배본처)

동일한 서한의 사본을 다른 곳으로도 보내는 경우가 있고, 이를 상대방에게 알릴 필요가 있으면 Identification Marks 또는 Enclosure Notation 아래 다음과 같이 표시한다.

Copy to Mr. S. Hampshire

CC : Your New York Office

⑭ Postscript(추신)

서한을 다 쓴 후에 미쳐 쓰지 못한 내용이나 특히 강조하고 싶은 내용을 추가로 기재하는 부분이다. 그러나 무역통신문에서는 가능하면 Postscript을 피하고 서한을 전부 다시 쓰는 것이 좋다. 추신을 하는 경우에는 문장 끝에 작성자의 서명을 해두어야 한다.

P. S. : Your letter of July 15 has just reached us. We are examining your limit price. K. K. S.

제2절 영문 무역서한의 형식(Form of Business Letter)

1. 영문 무역서한의 Style

영문 무역서한을 작성하는 형태, 즉 통신문의 각 구성요소를 어느 위치에, 또 어떤 순서에 따라 배열하는가에 따라 다음의 3가지 방식이 있다.

(1) Indented Style(요철식)

이 방식은 Inside Address의 각 줄을 경사식으로 배치하고 본문 각 문단의 첫줄을 3~5칸 정도 들여서 쓴다. 그리고 Complimentary Close와 Signature의 각 줄도 경사식으로 배치한다. 이 형식은 수기(手記)작성의 고전적 형식으로 영국을 중심으로 사용되어 왔다. 이 방식은 서한의 모양이 보기에 좋고 읽기가 편하다는 장점이 있으나, 타자기를 사용하면서부터 작성에 불편하다는 단점이 있어 최근에는 많이 이용되지 않고 특히 미국에서는 Indented Style이 거의 사용되지 않는다.

(2) Block Style(수직식)

이 방식은 Inside Address에서부터 Body of Letter까지를 좌측 끝에 맞춰서 첫 단어를 시작하는 형식으로 미국에서 많이 이용되고 있다. 타자기를 사용하여 서한을 작성하는 데는 편리하다는 장점이 있으나, 본문 내용의 문단 구분이 쉽지 않다는 단점이 있다. 따라서 이 형식은 이용하는 경우에는 문단과 문단사이를 한 줄 띄어 작성하는 것이 좋다.

한편 Block Style 중에서도 Inside Address에서부터 Enclosure Notation까지의 구성요소 전부를 좌측 끝에 맞추는 형식을 Full-Block Style 또는 Extreme Block Form이라고 한다.

(3) Mixed Style(혼합식)

Semi-Block style 또는 Modified Block Form이라고도 하며 Indented Style과 Block Style의 장점을 취해서 만든 서한 작성방식이다. 즉, Indented Style의 보기 쉽다는 장점과 Block Style의 작성의 편리라는 장점을 결합시킨 형식으로 Body of Letter는 Indented Style로 하고, 다른 구성요소들은 전부 Block Style로 배열하는 형식이다. 최근에는 미국과 영국에서 이 형식을 가장 많이 쓰고 있다.

2. 구두점 표시방식

영문 무역통신문을 작성할 때는 서한의 Style과 관련해서 구두점(punctuation)을 찍는 방법도 다음의 세 가지가 있다.

(1) Close Punctuation

Inside Address, Signature, Complimentary Close, Signature의 각 줄 끝에 comma(,)를 붙이는 방식이다. 구성요소의 내용이 2줄 이상인 경우에는 마지막 줄에 period(.)를 찍는데 이를 폐쇄식 구두점 사용법이라 하며 Indented Style에서 비교적 많이 사용된다.

(2) Open Punctuation

Close Punctuation과는 반대로 각 구성요소의 줄 끝에 comma나 period를 붙이지 않는 개방식 구두점 사용법으로 작성시 편리하고, Block Style이나 Mixed Style에서 비교적 많이 사용된다.

(3) Mixed Punctuation

Closed Punctuation과 Open Punctuation을 혼합한 형태로 Salutation 뒤에는 colon(:)을 붙이고 Complimentary Close뒤에는 comma(,)를 붙인다. 그 외에는 Open Punctuation방식과 동일하며 오늘날 많이 사용되는 구두점 방식이다.

지금까지 살펴본 영문 무역서한의 Style과 Punctuation을 정리하여 예시해 보면 다음과 같다.

① Indented Style with Close Punctuation

SHELL OIL COMPANY
50 WEST 50th STREET
NEW YORK, N.Y. 10020

October 5, 2010

Mr. Gilbert Kahn,
67 Wren Road,
Miami, Florida.

Dear Mr. Kahn :

This is an example of the indented form with Closed Punctuation.

As mentioned before, this style is almost not used in the United States, but some conservative writers use this in Britain. Particularly the indented form will be accepted in handwriting, because changing margins and using too many punctuation marks in typing are the most tedious job.

In our opinion, this form is all but obsolete, and there seems little doubt that in time it will cease entirely to be used.

Yours truly,

Aries Kirby
Aries Kirby,
Sales Manager.

② Block Style with Mixed Punctuation

PRENTICE－HALL, Inc.

Englewood Cliffs, New Jersey

March 20, 2010

Mr. John Jones
1492 Columbus Avenue
Louisville 3, Kentucky

Dear Mr. Jones :

This is an example of the Block Style with open punctuation which has been used popularly in case of using typewriter.

This is the first letter which our typist did her job with the Block Style with Mixed Punctuation.

She said that this style was very effective in saving stenographic time and reducing the number of margins, and that the letter with this style was very attractive in appearance.

I hope that she will boost the production rate by using this from and she will be happy in typing.

Sincerely yours,

Thomas P. Weldon
Thomas P. Weldon

CAB : sjm
CC : Our Agent in London

③ Full-Block Style with Open Punctuation

John c. PATTERSON & SONS
SINCE 1869
Members of the New York Sdck Exchange
103 Broadway
New York, N.Y.1006

January 1, 2010

Mr. William L. Walker
29801 Douglas Circle
Detroit, Michigan 48206

Dear Mr. Walker

During the past five years, we have employed the Full-Block Style with Open Punctuation in writing business letters. Before adopting the style, we had examined the strong points and shortcomings with various styles of business letters, particularly emphasizing time-saving and cost-reduction.

We know that this style has become increasingly popular in large companies, because typists do not have to set and use tab stops for indenting, which saves time for changing margins and concurrently contribute to reducing costs for letter writing .

We would like to recommend this style in constructing business letters, because we trust it will boost production rate considerably.

Sincerely yours

C.A. Barnes
C.A. Barnes
Assistant Manager

TRK - YSP
Copy to Mr. J. Thomson, Chicago Office

④ Mixed (Semi-Block) Style with Mixed Punctuation

National Geographic Society
Washington, D.C. 20036

June 9, 2010

Mr. Frank L. Roberts, Manager
140 Michigan Street
Providence, Rhode Island 02908

Dear Mr. Roberts :

This is laid out in the semi-block style with Mixed Punctuation. You can called this letter style the "Mixed Style with Mixed Punctuation."

One day we asked the instructer of Business English to give an assignment, i.e., "Write a letter with the from which you like best." The result was that 65% of the total students in the class wrote letters with this style.

The students recommended this style for the following reason:
1) This style is the best combination of strong points from both the block style and indented style.
2) They are accustomed to the indentation of the body of the letter, because their textbooks, magazines, etc., are written with the indented style.

We do think the above reasons are all right and this style will become more popular in the future.

Sincerely yours,

T. R. Kashman
T. R. Kashman

TPW/ujk
Encl. Non-Negotiable B/L

제2장

영문무역서한 작성의 기본원칙

Principle of Business Letter Writing

영문 무역서한을 작성하는 목적은 궁극적으로 상대방에게 자기의 의사를 정확하게 전달하는 한편 상대방을 효과적으로 설득하는 데 있다. 정보를 정확하게 전달하려면, 특히 영어를 사용하여 전달하기 위해서는 정확한 어법으로 분명하게 내용을 표현해야만 한다. 또한 상대방을 효과적으로 설득시키기 위해서는 상대방의 심리상태 또는 상대방이 처해 있는 상황을 충분히 연구하여 효과적으로 정보를 전달하고 필요한 것을 이끌어내야 한다. 이와 같은 서한 작성의 목적을 달성하기 위해서는 다음의 사항들에 유의하여 서한을 작성할 수 있도록 노력해야 한다.

1. 내용의 기본원칙

네 개의 요소는 전달하고자 하는 내용을 정확하게 표현하는데 필요한 것들이며, 이는 영문 무역서한에만 한정되는 것이 아니라 일반적인 통신문 전반에 걸쳐 필요한 요소이다.

(1) Clearness(명확성)

내용을 명확하게 작성하는 것은 상대방에게 전하고자 하는 필요한 내용을 정확하게 이해시키기 위한 노력을 의미하며 다음 사항에 유의하여 작성하여야 한다.

① 한 문장에는 하나의 정보만 알린다.

② 문장 내에서는 일관성을 유지한다. 일관성(coherence)은 문장(sentence) 상호간뿐만 아니라 문단(paragraph) 상호간에도 필요하다.

③ 불명확한 표현을 피하기 위해서는 가능한 간단한 어구를 사용해야 한다.
Enclosed you will find our price-list.
→ We enclose our price-list.

④ 중요한 어구는 절대로 생략하지 않는다.

(2) Conciseness(간결성)

Completeness(완전성)를 잃지 않는 범위내에서 가능한 간결하게 작성하여야 한다. 단 짧다는 것과 간명하다는 것은 별개이다.(Brevity is one thing, conciseness is another.)

① 필요한 사실을 예의를 잃지 않도록 표현한다.

② 관련이 없는 정보는 제외시킨다.

③ 상대가 알고 싶어하는 내용을 6하 원칙(who－what－when－where－why－how)에 입각하여 작성한다.

④ 장황한(wordy)하거나 진부한(trite) 표현 등으로 간결성을 잃지 않도록 한다.

⑤ 퉁명한(blunt) 표현은 피한다.
Yours of the 15th received and contents duly noted.
→ As you indicated in your August 15 instruction, we will be meeting ABC Company's directors in a week's time.

(3) Concreteness(구체성)

상대방에게 자신의 회사, 상품, 거래조건 등을 구체적으로 알릴 수 있도록 작성하여야 한다.

This shaving machine is light－weight and is noted for its quick shave.
→ This compact electric shaver weights only 4 ounces complete with a rechargeable battery, and gives you a smooth shave in just 55 seconds.

(4) Correctness(정확성)

무역영문서한은 어떤 목적을 갖고 작성되는 것이어서 내용의 정확함은 기본적이고도 당연한 것으로 알고 있으나 이 원칙이 제대로 지켜지지 않는 경우가 많다.

① 문법상의 잘못을 없애야 한다.
Please introduce Mr. Kim your representative in London.
→ Please introduce Mr. Kim to your representative in London.

② 철자, 숫자, 일자, 이름 등이 잘못되지 않도록 세심한 주의를 기울어야 한다.

③ 불필요한 과장(over statement)이나 자기 비하적 표현(under statement)에 조심하여야 한다.

2. 표현의 기본원칙

서한에 의한 의사전달은 직접 대면 또는 전화에 의한 경우보다 충분한 설명이나 표현이 불가능하므로 상대방에게 오해가 가지 않도록 주의를 기울여야 한다.

(1) Courtesy(예의)

호의적 또는 예의를 지킨다는 것은 형식적인 예의를 표시하는 것을 의미하는 것은 아니다. 상대방의 입장에 선 기분으로 성실한 마음을 나타내는 것으로서 정중함(politeness)과는 다르다.

① 성실함(sincerity)이 없는 정중함은 진정한 예의를 갖춘 것이 아니다. “thank you”, “please” 등의 좋은 표현도 성실함이 더해졌을 때 호의적(courteous)인 서한이 된다.

② 깊은 사려(thoughtfullness)를 갖고 표현해야 한다. 상대방 입장을 고려하여 상대방의 감정을 자극하거나 실망시키지 않는 배려를 하여야 한다.

③ 부정적인 표현(negative)보다는 긍정적인 표현(positive)을, 활기가 없는 표현(dull)보다는 활기 있는 표현을 사용한다.

④ 우호적 태도(friendliness)를 견지한다. 상대방의 요구를 거절하는 경우에도 우호적 분위기를 남길 수 있도록 주의하여야 한다.

You can hardly expect us to accept your offer.

→ In view of these fact, you will not wish us to accept your offer.

(2) Consideration(상대방 입장에서의 고려)

Consideration은 흔히 "you attitude"로 불리운다. 즉, 상대방의 눈을 통해서 사물을 보아야 한다(looking through the eyes of the reader)는 것이다. courtesy와 더불어 적극적으로 거래를 성사시킬 수 있는 주요 요소로서, 자신이 작성한 서한으로 상대방을 만족시킬 수 있을 것인가를 항상 염두에 두어야 한다.

You made a serious mistakes in your bill.

→ We found a little error in you bill.

It is our strong belief that…

→ As you can see from the enclosed certificate…

3. 관심의 기본원칙

무역서한 작성의 궁극적인 목적을 달성하기 위해서는 앞에서 언급된 정확한 정보전달, 그리고 상대방에게 호감을 주는데 그쳐서는 안되고 상대방의 주의를 끌어내고 효과적으로 설득시켜 구체적인 행동까지를 이끌어 내야 한다. 이에 필요한 요소인 Attention, Interest, Desire, Action의 머리 문자를 따서 영문 무역서한 작성의 AIDA원칙이라 한다.

(1) A : Attention(상대방의 주의를 끈다.)

먼저 상대방이 읽을 분위기를 만들지 못하는 서한은 작성할 의미가 없다. 명쾌하고도 인상적인 도입부를 만들어 상대방을 서한의 주제로 끌어들이는 것이 필요하다.

(2) I : Interest(상대방의 흥미를 유발시킨다.)

상대방의 주의를 끈 다음에는 상대방이 서한의 주제에 충분한 흥미를 갖도록 상품의 특색, 그리고 그 외 중요한 포인트에 관해 역동적으로 표현한다.

(3) D : Desire(거래하고 싶은 의욕을 고조시킨다.)

상대방의 흥미를 끌은 다음에는 거래를 하고 싶은 기분을 강하게 만들 수 있도록 제품의 사용례, 사용효과, 경제성, 거래조건상의 이점 등을 표현한다.

(4) A : Action(구체적 행동을 이끌어 낸다.)

상대방의 기분이 변하지 않고, 구매하고 싶은 기분을 행동으로 옮기게 해야 한다. 그 방법으로서는 반신 주문서를 동봉하거나 할인기간의 제시 또는 판매점에 조회를 권유하는 등 여러 가지 방법을 고려해야 한다.

제1장 평가문제

01 무역서한의 구성요소에 관한 다음 설명 중 옳은 것은?

① Inside Address는 발신인의 회사명과 주소를 말하며 대개 첫인사 다음에 3~4행으로 기재한다.

② Salutation은 본문이 시작되기 전의 인사말로서 첫 글자와 명사의 첫 자는 대문자로 쓴다.

③ Complimentary Close는 서한의 내용에 대한 책임의 소재를 밝혀주는 중요한 부분이다.

④ Identifications Marks는 서한 내용을 쉽게 알 수 있도록 Salutation의 1~2행 아래 중앙에 쓴다.

해설

Inside Address는 발신인의 회사명과 주소를 기재하는 것이며, Complimentary Close는 끝인사에 해당하는 부분이다./ Identifications Marks는 Initials라고도 하며 서한 작성에 관계한 사람들의 이름 두문자(頭文字)를 표시한 것으로서 책임 소재를 명확하게 위한 조치이다.

02 다음은 무역서한의 구성요소를 설명한 것이다. 가장 적절하게 연결된 것은?

(A) 수신자의 회사명과 주소를 말하며, 편지봉투가 파손될 경우를 대비하여 기재한다.
(B) 첫인사로, 본문이 시작되기 전에 간단히 하는 인사말이다.
(C) 끝인사로, 문장이 끝난 다음 습관적으로 하는 인사말이다.
(D) 약호 또는 식별기호로서 서한작성과 관련하여 책임소재를 명확히 하기 위해 기재한다.

① salutation – inside address – identification mark – complimentary close
② inside address – complimentary close – salutation – identification mark
③ inside address – salutation – complimentary close – identification mark
④ salutation – identification mark – complimentary close – inside address

정답

01 ② **02** ③

03 통신문을 작성할 때 반드시 포함해야 할 주요 요소가 아닌 것은?

① Letterhead
② Signature
③ Inside Address
④ Attachment File

해설
통신문을 작성할 때 반드시 포함해야 할 기본구성요소에는 ① Letterhead(서두) ② Date(발신일자) ③ Inside Address(수신인명 및 주소) ④ Salutation(서두인사)⑤ Body of Letter(본문) ⑥ Complimentary Close(결미인사) ⑦ Signature(서명) 이 포함된다. Attachment File은 보조구성요소에 해당된다.

04 통신문의 주요 구성요소 중 영문 표기가 잘못된 것은?

① 발신일자 – Date
② 수신인 주소 – Inside Address
③ 서명 – Signature
④ 참조 번호 – Body of the Letter

해설
참조 번호 – Reference Number/ Body of the Letter – 본문

05 일반적으로 통신문의 상부에 발신회사의 회사명. 주소, 전화번호, FAX번호, 영업종목, 지점 등을 간소하고 매력 있게 인쇄해 두는데 이 부분을 무엇이라 하는가?

① Letterhead
② Inside Address
③ Letter Subject
④ Body of Letter

06 다음 우리말을 영어로 옮길 때 가장 잘 된 것을 고르시오.

수출 부장, 김인숙씨 참조

① c/o Ms. Kim Insuk, Export Manager
② Attention to Miss Kim Insuk, Import Manager
③ Attention : Ms. Kim Insuk, Export Manager.
④ Replying to Import Manager, Mrs. Kim Insuk

정답
03 ④ **04** ④ **05** ① **06** ③

해설
Care of ~ : ~씨 방(方) 또는 댁/ Ms. [miz]는 미혼, 기혼의 구별이 없는 여성의 존칭으로 사용된다.

07 "To whom it may concern"이란 문구는 영문서한의 구성요소 중 어디에서 사용되는지를 고르시오.

① Salutation ② Reference number
③ Inside address ④ Complimentary close

해설
"To whom it may concern"은 담당자를 몰라 수신인을 누구로 해야 좋을지 모르는 경우에, "관계자 귀하"라는 의미의 문구이다. 따라서 Salutation(인사말)에 해당한다.

08 다음 용어의 뜻이 바르게 된 것을 고르시오.

① Inside Address : 서두 ② Line of Business : 영업 종목
③ Attention of : ~씨 방 ④ Letterhead : 서한제목

해설
Attention of : 참조인, 참조인 표시를 particular address라고도 한다.

09 다음 중 무역 통신문 구성요소의 해석이 바르게 된 것은?

① C.C. : 동봉물 표시
② Inside Address : 발신자 주소
③ Complimentary Close : 끝인사
④ Identification Marks : 사본 송부처 표시

해설
C.C. (Carbon Copy) : 사본 송부처/ Inside Address : 수신자 주소/ Identification Marks : 관련자 식별기호(서한 작성에 관계한 사람들의 이름 두문자(頭文字)를 표시한 것으로서 책임 소재를 명확하게 위한 조치로 Initial이라고도 한다.)

정답
07 ① 08 ② 09 ③

10 다음 용어를 영어로 옮길 때 잘못된 것을 고르시오.

① 서한 제목 – Letter Subject
② 서명 – Signature
③ 동봉물 표시 – Enclosure Notations
④ 발신인 주소 – Inside Address

11 다음 중 무역 통신문 구성 요소에 해당하는 문구가 바르지 않은 것은?

① 첫인사 – Dear Sirs,
② 참조인 표시 – HGD : psj
③ 가격표 제3호 1통 동봉 – Encl. Price List No. 3
④ 참조 번호 제100호 – Your Ref No. 100

해설
HGD : psj는 Identification Marks(관련자 식별기호)이다./ 참조인 표시는 Attention : ~, Attention of ~의 형태로 기재한다.

12 다음 중 용어의 번역이 옳지 않은 것은?

① P.S. – 추신
② Ref. No. – 참조 번호
③ C.C.(Carbon Copy) – 사본 송부처
④ Fax – 전보

해설
P.S. (Postscript) – 추신/ Ref. No. : Reference No/ Fax(Facsimile)는 모사전보(模寫電報) 또는 모사전송이라고도 한다.

13 2005년 10월 21일의 표기(미국식)가 올바르게 된 것은?

① 2005, October 21th
② October 21, 2005
③ October 21th, 2005
④ 2005, October 21st

해설
미국식은 월, 일, 년의 순서로 기재하고 날짜는 1, 2, 3, 4와 같이 기수(基數 : cardinal number)를 사용하며 년(年) 앞에는 comma (,)를 찍는다. 한편 영국식은 일, 월, 년의 순서로 기재하고 월과 년 사이에 comma (,)를 찍는다. 날짜는 1st, 2nd, 3rd, 4th와 같이 서수(序數 : ordinal number)를 사용한다.

정답
10 ④ **11** ② **12** ④ **13** ②

14 다음 중 영문서한의 날짜표기가 영국식으로 올바르게 된 것은?

① April 2nd, 2008
② April 2, 2008
③ 2nd April, 2008
④ 2008, April 2

15 Business Letter의 결문인사(Complimentary Close)에 있어서 독특한 British Style에 해당하는 것을 고르시오.

① Yours (very) truly
② Yours sincerely
③ Truly yours
④ Yours (very) faithfully

해설
Complimentary Close에 사용되는 인사말로 American Style로는 Very truly yours, Yours very truly 등이 대표적이며, British Style로는 Yours very faithfully, Very faithfully yours 등이 대표적이다.

16 다음은 봉투에 기재하는 사항들이다. 의미가 바르게 된 것은?

① Private : 지급
② Printed Matter : 사진재중
③ Confidential : 친전
④ Express Delivery : 속달

해설
Private/Personal/Confidential: 사신(私信), 친전(親傳), 인비(人秘)/ Printed Matter : 인쇄물 재중

17 다음은 봉투에 기재하는 사항들이다. 그 해석이 옳지 않은 것은?

① Via Air Mail : 항공 우편
② C.P.O. Box : 중앙 우체국 사서함
③ Printed Matter : 인쇄물 재중
④ Registered : 친전

해설
Via Air Mail/Par Avion : 항공 우편/ C.P.O. Box(Central Post Office) Box : 중앙우체국 사서함/ Registered Mail : 등기우편

18 다음 용어 중 봉투에 기재하는 것이 아닌 것은?

① Postscript
② Special Delvery
③ Personal
④ Urgent

정답
14 ③ **15** ④ **16** ④ **17** ④ **18** ①

해설

Special/Express Delivery : 속달/ Urgent/Immediate : 지급

19 다음 용어를 우리말로 옮길 때 잘못된 것을 고르시오.

① Return Address : 반송용 주소

② Mailing Directions : 우송 지시 사항

③ Free Sample : 유상 견품

④ Letter Sheet : 서한 용지

해설

Free Sample(Gratis Sample, Sample of No Commercial Value) : 무상 견품

20 Business Letter의 형식 중 고전적 수기(手記)형식의 Style로 영국을 중심으로 사용되고 있는 것은?

① Indented Style ② Block Style

③ Full Block Style ④ Semi－Block Style

해설

Indented Style(요철식 또는 사선식)은 영국에서 보수적인 서한 작성자들이 사용하는 형식이다. 이 형식은 타이핑할 때는 여백을 바꾸는 것이 아주 귀찮기 때문에 직접 펜을 사용하여 서한을 작성할 때 이용된다. 미국에서는 거의 사용되지 않는다.
Block Style(수직식)은 현대적 스타일로 타자기를 사용하여 서한을 작성하는데 편리하다는 장점을 갖고 있다. 이 형식의 가장 큰 특징은 모든 문단의 시작이 왼쪽 여백에서 시작한다는 것이다. 이 형식은 기업에서 사용이 늘어나고 있는데, 그 이유는 타이피스트가 indenting(문단 시작 첫줄의 첫 머리를 2~3칸 밀어내는 것) 하는데 소요되는 시간을 절약시켜 주고 서한작성 비용을 절감시켜주기 때문이다.

21 서한의 모든 구성요소를 왼쪽 여백선에 맞추어 배열하는 것은?

① Indented Style ② Block Style

③ Full Block Style ④ Semi－block Style

정답

19 ③ 20 ① 21 ③

해설

Block Style 중에서도 Inside Address에서부터 Enclosure Notation까지의 구성요소 전부를 좌측 끝에 맞추는 형식을 Full-Block Style 또는 Extreme Block Form이라고 한다.

22 Indented Style(사선식)과 Block Style(수직식)의 장점만을 살려 Block Style을 기본으로 하되, Letter of Body(본문)의 첫 행만 들여 쓰는 서한 형식은?

① Indented Style ② Block Style

③ Full Block Style ④ Semi-Block Style

해설

Semi-Block or Mixed Style(혼합식 또는 부분 수직식)은 Indented Style과 Block Style의 장점을 취해서 만든 서한 작성방식이다. 즉, Indented Style의 보기 쉽다는 장점과 Block Style의 작성의 편리라는 장점을 결합시킨 형식이다. 최근에는 이 형식이 많이 사용되고 있다.

23 다음 영문서한작성에서 AIDA 원칙과 의미에서 잘못 표현한 것을 찾으시오.

① A = Attracting Attention(주목을 끌어내라.)

② I = Holding Interest(흥미를 유발시켜라)

③ D = Creating Desire(구매욕구를 갖게 하라.)

④ A = Stimulating Acceptance(구매행동을 자극시켜라.)

해설

영문서한 작성시 AIDA원칙에서 마지막 A는 Acceptance가 아니라 Action의 이니셜이다.

24 다음은 Sales Letter를 작성할 때의 기법이다. 순서대로 나열된 것은?

① Attention → Desire → Action → Interest

② Interest → Desire → Interest → Action

③ Attention → Interest → Desire → Action

④ Interest → Attention → Desire → Action

정답

22 ④ 23 ④ 24 ③

PART 02

거래단계별 무역서한

무역거래는 수출거래와 수입거래로 구분되나 여기서는 수출거래가 이루어지는 과정을 중심으로 살펴보기로 한다.

(1) 수출상과 수입상간에 무역계약이 체결되고 무역계약상에 대금결제의 방법을 신용장에 의하기로 한 경우에는 수입상이 거래은행을 통하여 신용장을 발행하게 된다.

(2) 신용장을 입수한 수출상은 국내의 관련 무역법규에 의거 수출승인을 득하고 수출준비를 한다.

(3) 수출승인을 받은 후에는 수출품을 확보하게 되는데 수출품의 확보는 수출상이 제조업자(Traders & Manufacturers)인 경우에는 수출품을 제조하여 확보하고, 제조시설을 갖지 못한 수출상(Trading Company or Exporters & Importers)의 경우에는 국내에서 구매 등의 방법으로 수출품을 확보한다.

(4) 수출하는 품목이 수출검사법에 의한 검사대상품목일 경우에는 수출검사에 합격해야 수출할 수 있으므로 검사대상품목인지 확인하여 대상품목이면 수출검사를 받아야 한다.

(5) 수출품을 확보한 수출업자는 수출통관을 거치게 되는데, 수출통관의 과정을 통해 이때까지 내국물품이었던 수출물품은 외국물품이 되어 외국으로 보낼 수 있는 자격이 부여된다. 한편 수출품이 준비되고 통관이 이루어지는 과정에서 수출계약상의 가격조건이 CIF조건이면 수출상은 계약조건대로 해상운송계약과 해상보험계약을 체결하여야 한다.

(6) 수출통관이 완료된 수출품은 CIF 조건이면 수출상 자신이 체결한 해상운송계약에 따라, FOB조건이면 수입상의 지시에 따라 선적을 한다.

(7) 선적이 완료되면 신용장에서 요구하는 필요한 운송서류를 정비하여 신용장에서 규정하고 있는 결제방법(지급, 인수, 매입 등)에 따라 수출대금을 회수하고, 필요한 경우 관세 등을 환급받음으로써 일련의 거래가 종료된다.

제 2 편 거래단계별 무역서한에서는 이와 같은 수출거래가 진행되는 과정에 따라 각각의 거래단계에서 조치해야 할 내용을 이해하고 여기에 수반되는 영문 무역통신문의 사례를 들어보기로 한다.

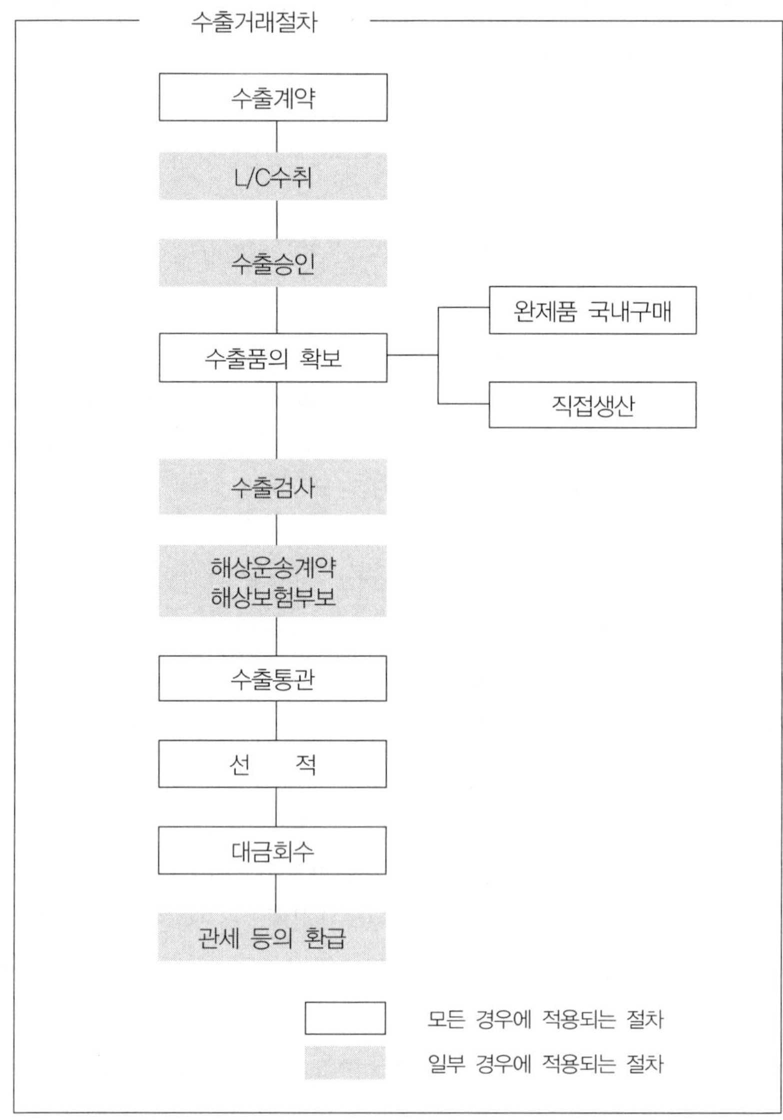
수출거래절차
수출계약
L/C수취
수출승인
수출품의 확보
완제품 국내구매
직접생산
수출검사
해상운송계약
해상보험부보
수출통관
선 적
대금회수
관세 등의 환급
모든 경우에 적용되는 절차
일부 경우에 적용되는 절차

제1장

거래관계의 창설

Establishment of Business Relations

거래관계가 창설되는 과정은 ① 해외시장 조사 ② 목적시장 선정 ③ 거래처 발굴 ④ 거래제의 ⑤ 신용조회의 단계로 구분하여 살펴볼 수 있다.

(1) 수출상이 수출거래에 임함에 있어 가장 우선적으로 고려해야 할 사항은 자신이 취급하는 상품을 어느 지역으로 판매할 것인가를 결정하는 것이다. 이를 위해 수출상은 취급상품의 특정시장에 대한 판매가능성(selling possibility, salability)을 측정하고 거래에 필요한 정보를 수집하는 해외시장조사(overseas market research)를 실시한다.

(2) 해외시장조사에서 취급상품에 대한 해당지역의 시장성, 경제수준, 상도덕 및 관습 등의 환경조사와 무역관리제도 및 거래방식 등에 대한 다각적인 조사와 분석을 통해 수출상이 취급하는 상품의 유망한 목적시장을 선정한다.

(3) 목적시장을 선정하였으면 그 시장에서 신뢰할 수 있는 좋은 거래처를 물색하여야 한다. 성공적인 무역활동을 위해서는 좋은 거래처의 확보가 매우 중요하므로 가능한 방법을 동원하여 건실하고 활동적인 거래처와 거래를 맺을 수 있도록 노력하여야 한다.

(4) 목적시장내에 거래처를 선정하면 해당거래처와 거래관계를 모색하는 거래제의 또는 거래권유를 하게 된다. 이 단계에서 수출상 또는 수입상의 거래제의는 상대방이 상황을 전혀 모르는 상태에서 이루어지는 것이 일반적이므로 상대방 입장이 난처해지거나 기분을 상하지 않도록 세심한 주의를 기울여야 한다.

(5) 수출상 (또는 수입상)의 거래제의에 대해 상대방의 문의(trade inquiry)가 있고, 이에 대한 회신이 교환되면 거래의 성사가능성이 높아진다. 이

단계에서 서로 상대방에 대한 신용조회(credit inquiry)가 이루어진다.

제1절 거래처의 발굴(Opening up Business)

해외시장조사결과 수출상(또는 수입상)이 자기가 취급하는 유망한 판매시장(또는 구매시장)을 선정하고 그 시장에 관해 필요한 연구, 조사를 한 다음에는 그 시장에서 신뢰할 수 있는 거래처를 선택하여야 한다. 무역거래에서 거래처의 선정은 해당거래의 성공 여부를 결정지을 수 있는 중요한 사항이므로 매우 신중을 기하고 다각적인 방법이 동원되고 있다.

일반적으로 거래처를 선정하는 방법은 개별적인 방법과 공공기관에 의뢰하는 방법으로 구분된다. 전자는 무역업자 자신이 직접 조사하여 개별적으로 선정하는 방법으로 ① 무역업자 자신이 직접 시찰하는 방법, ② 민간무역사절단의 일원으로 참가하는 방법, ③ 자사의 해외지점 또는 출장소를 이용하는 방법, ④ 다른 거래처를 이용하는 방법, ⑤ 간행물을 이용하는 방법 등이 있다.

후자는 국내외의 신용 있는 공공기관에 의뢰하여 거래처를 선정하는 방법으로는 ① 대한무역투자진흥공사, 상공회의소, 한국무역협회 등 국내외 무역관련기관에 의뢰하는 방법, ② 목적국에 주재하는 우리나라 재외공관 및 국내의 주한공관(대사관 및 영사관)에 의뢰하는 방법, ③ 외국환은행에 의뢰하는 방법 등이 있다.

이러한 방법들 중 무역업자 자신이 직접 목적시장에서 거래처와 접촉하는 경우 이외에는 거래처의 알선(소개)을 의뢰하는 영문 무역통신문을 발송함으로써 거래관계에 들어가게 된다.

1 무역서한

Model Letter 1. 뉴욕상업회의소에 수입상 소개를 요청하는 서한

January 5, 2010

New York Chamber of Commerce
78 Church Street, New York,
N.Y. 12341, U.S.A

Gentlemen:

We are long-established[1] exporters of many kinds of Sportswear, especially Skiwear and Golfwear, Swimming Suits, and have wide and close connections with the leading[2] manufacturers here.

We are now trying to extend our business to your market and shall be much obliged if you will introduce to us some reliable[3] firms[4] in your city who may be interested in handling the above goods.

We are waiting for your favorable news.

Your very truly,

KOREXPORT CO., LTD[5]

keesu, Kim

Kee-Su, Kim. Export Manager[6]

KKS/ghy[7]

1) long-established : 설립된지 오래된, 전통있는
2) leading : 일류의, 굴지의, 제일가는
   유사표현 first-class, foremost, prime, prominent, qualified, principal, A1, wellknown
3) reliable : 믿을 만한 유사표현 trustworthy
4) firm : 회사

유사표현 company, corporation, enterprise, house, concern, establishment, organization, partnership

5) Co., Ltd. : Company Limited. 주식회사의 의미로 영국계에서 주로 쓰여, 미국계에서는 Co., Inc. (Company Incorporated)를 주로 쓴다. 호주나 남아공에서는 Pty.,(Proprietary) Ltd.를 쓰기도 한다.

6) Export Manager : 수출부장, 참고로 우리나라에서 많이 쓰이는 직책명은 다음과 같다.

회 장 : Chairman
사 장 : President
부 사 장 : Vice President
대 표 이 사 : Representative Director, CEO(Chief Executive Officer)
이 사 : Director
부장(또는 지배인) : Manager
수 출 부 장 : Export Manager, Manager of Export Department
공 장 장 : Factory Manager ; Plant Manager
지 점 장 : Branch Manager
과 장 : Section Chief ; Section Head
수 출 과 장 : Export Section Chief
차 장 : Assistant Manager ; Sub－manager
대 리 : Pro Manager ; Deputy Manager
사 원 : Officer

7) KKK/ghy : 관련자 식별기호(identification mark) 서한 작성에 관계한 사람들의 이름 두문자(頭文字)를 표시한 것으로서 책임 소재를 명확하게 위한 조치이며, Initial이라고도 한다.

Model Letter 2. 뉴욕상업회의소에서 수입상을 소개하는 서한

January 15, 2010

KOREXPORT CO., LTD.
232－3, Nonhyun－dong
Gangnam－gu, Seoul
C.P.O. Box 123, Korea

Dear Mr. Kim, Export Manager

Thank you for your letter dated January 5, 2010.

According to your proposal, we have sent many letters to the related firms informing that Korexport Co., Ltd wants to enter into business with[1] the firms in New York which may be interested in importing sportswear.

Even if we received many letters from the related firms, we are pleased to recommend you the most potential buyers selected by our rigid criterion. The firms you are looking for are as follows.

Union Import & Export Corporation, 108－12 Jamaica Avenue. Richmond Hill, New York, N.Y, 12504,
Tel. (914) 758－6822

Barnard Co., Inc, 606 West 2nd Street, New York, N.Y. 10027,
Tel. (212) 280－2014

Davis Associates, Inc. 30 Pine Street, New York, N.Y. 10227.
Tel. (313) 655－3466

We are happy to recommend these firms and shall be pleased to supply further information[2] should it be required[3].

New York Chamber of Commerce
T.S. Tomas
T.S. Tomas Information Manager

1) enter into business with ~ : ~와 거래를 시작하다.
유사표현 open an account with, establish a connection with, do business with 등
2) further information : 좀 더 상세한 정보, further는 추가적인, 더 이상의 뜻
유사표현 additional, more.
3) should it be required : if it should be required.

Model Letter 3. 대한상공회의소에 수입상의 소개를 요청하는 서한

Apirl 3. 2010

Korea Chamber of Commerce & Industry[1)]
1111 Sogong－dong, Chung－gu,
Seoul, Korea.

Dear Sirs,

We are desirous of exporting[2)] Textiles to some first－class firms in your country. If you know such firms, will you introduce us to some prospective importers[3)] interested in these goods[4)]?

Our main items at present are all kinds of Synthetic Textiles such as Nylon, Polyester and Acrylic Textiles. We are in close and constant touch with manufacturers in Japan and consequently we are in an excellent position to secure the most favorable and best prices.[5)]

Thanking you in advance[6)] for your help.

Yours faithfully[7)]

saburo ota

Saburo Ota, Vice president

---

1) Korea Chamber of Commerce & Industry : 대한상공회의소, 외국에서는 Chamber of Commerce라고 하는 경우가 많다. New York Chamber of Commerce : 뉴욕상업회의소, International Chamber of Commerce(ICC) : 국제상업회의소
2) be desirous of ~ing : ~하기를 원하다. 유사표현 want to, be anxious to
3) prospective importers : 전망이 있는, 장래성이 있는 수입업자, prospective buyers of the goods 그 물건을 살 것 같은 고객들. 유사표현 potential, promising
4) goods : 상품의 의미로 쓰일 때는 항상 복수형이다.

유사표현 commodity, merchandise, product, article, manufactures, item, line, ware(세공품), produce(농산물을 비롯한 1차산품)

5) favorable and best price : 호의적인 최선의 가격

6) thank you in advance : 미리 감사를 드린다. 우리의 요청에 응할 것을 강요하는 것 같은 실례되는 표현이며 또한 구식표현(hackneyed expression)으로 사용을 삼가는 것이 좋다.

6) Yours faithfully : 전형적인 영국식 complimentary close(끝인사)이다.

Model Letter 4. 상공회의소에서 KOREX사를 소개하는 서한

April 20, 2010

FUSITA & Co., Inc.
2 − 16 Shinbashi 3 − Chome, Minato − Ku,
Tokyo 105, Japan

Dear Mr. Ota Saburo, Vice President[1).

Your Ref : FJ − 4501

In response to your request[2) in your letter of April 3, We have the pleasure of submitting[3) you the name of KOTEX Co., Ltd., 669 − 13 Nonhyeon − dong, Gangnam − gu, Seoul, Korea .

They have been established[4) for more than 30 years and are now one of the largest textile trading companies in Korea. They have offices and representatives[5) in all major cities in Korea. They are already importing a number of Textiles from Europe and we consider, therefore, that they have considerable experience in this field. You will be able to enter full confidence into business relations with the said firm.

We hope this information will be helpful to you, and if there is anything more we can do for you, we assure you of our services at any time.

Yours very truly,

1) vice president : 부회장
2) In response to your request : 귀사의 요청에 따라서. 유사표현 In accordance with your request, In compliance with your request, as requested, in answer to, In reply to
3) have the pleasure of submitting you ~ : We submit you ~를 좀 더 부드럽고 정중하게 하는 표현이다. 유사표현 be pleased to~, be happy to~
4) have been established : 사업을 해 왔다.
5) offices and representatives : 영업소와 대리점

Model Letter 5. 개인상사에 거래처 소개를 요청하는 서한

Dear sirs,

After a good many years in the successful promotion of our toys in the domestic market, we are now anxious to export them to your country. But we have no connections in your area and are looking for reliable concerns[1] with whom we can do business.

We shall, therefore, appreciate it very much if you would let us know[2] the name of any reliable firms enjoying a good record[3] in your city who are interested in importing our goods.

We are forwarding to you, under separate cover[4], the newly printed brochures[5] and advertising materials and trust that the same will be distributed most effectively[6].

We are looking forward to your early and favorable reply.

Yours very truly.

1) concern : firm, company 등과 같은 회사의 의미로 사용된다.
2) if you would let us know ~ : ~를 알려주신다면, If you inform us of ~ 보다 부드러운 표현이다.
3) enjoying a good record : 좋은 실적을 올리고 있는

유사표현 enjoying a good(bad) reputation(credit) : 좋은(나쁜) 평판(신용)을 얻고 있는

4) under separate cover : 별도로, 별봉으로

유사표현 separately, by separated post(cover).

5) brochures : 소책자 유사표현 pamphlet, bulletin

6) the same will be distributed most effectively. : 그것들이(브로셔와 광고물) 가장 효과적으로 배포될 것이다.

Model Letter 6. 거래처를 소개하는 서한

Gentlemen :

In reply to[1)] your letter of May 20, 2010, we are pleased to suggest the following firm.

Name : Tokyo Daiich Trading Co., Ltd.
Address: 1－128, 1－chome Kanda, Chiyoudaku, Tokyo, Japan.

While this company is reliable[2)] and of good reputation here, we, of course, are unable to make ourselves responsible for them. For any information[3)] you may desire as to their standing[4)], we advise you to write directly to them who will give you their references[5)]

We hope that our reply will result in your developing satisfactory business relations[6)] with them and if we can be of any assistance to you, please do not hesitate to[7)] consult us on any matters.

Yours sincerely

1) in reply to ~ : ~에 대한 회신으로

유사표현 in response to, in answer to, according to, replying to

2) reliable : 믿을만한 유사표현 trustworthy, responsible, dependable

3) information : 단수로만 사용된다. 복수형태는 two pieces of information

4) their standing : 그 회사(영업 및 재정 등)의 상태

5) their references : 그 회사의 신용조회처, reference가 불가산명사(uncountable noun)로 쓰이면 '참조', '언급'의 의미이나, 가산명사(countable noun)로 쓰이면 '신용조회처'의 의미이다.
6) developing satisfactory business relations : 발전적이고 만족스러운 거래관계
7) do not hesitate to ~ : ~하기를 주저하지 마십시오. 망설이지 말고(언제든지) ~하십시오. 상투적인 표현(hackneyed expression)으로 이를 생략하는 것이 좋다.

2 평가문제

[1–3] 다음 서한을 읽고 물음에 답하시오.

> We have been exporting all kinds of electronic products and have wide (가) connections with the leading (나) manufacturers here.
>
> (ㄱ) We should be grateful if you would introduce to us some reliable importers who are interested in this line of business.
>
> Regarding our (다) credit standing and reputation, Korea Exchange Bank, Seoul will (라) provide you with the necessary information.
>
> We thank you very much for your attention and look forward to your reply soon.

01 위 서한은 어떠한 내용인가?

① 신용조회 의뢰 서한　　② 수입업체 추천 서한
③ 거래처 추천 의뢰 서한　　④ 신용조회에 대한 회신

해설

「당사는 모든 종류의 전자제품을 수출해 왔으며, 이곳에 굴지의 제조업자들과 폭넓은 거래관계를 갖고 있습니다.
이러한 거래품목에 관심이 있는 수입상을 소개시켜 주신다면 고맙겠습니다.
당사의 신용상태와 평판에 관해서는 서울에 있는 한국외환은행이 귀사에게 필요한 정보를 제공할 것입니다.
귀사의 배려에 매우 감사드리며, 곧 귀사의 회신을 (받기를) 학수고대합니다.」
「We should be grateful if you would introduce to us some reliable importers who are interested in this line of business.」의 내용에서 거래처를 추천해 달라는 서한임을 알 수 있다.

02 밑줄 친 (가), (나), (다), (라)와 바꾸어 쓸 수 없는 것을 고르시오.

① (가) business relations　　② (나) makers
③ (다) credit status　　④ (라) receive

정답

1 ③　2 ④

해설

connections : 거래관계(business relations)/ manufacturer : 제조업자(maker)/ credit standing : 신용상태(credit status)/ provide : 제공하다(supply, furnish)

03 밑줄 친 부분 (ㄱ)을 올바르게 해석한 것을 고르시오.

① 거래할 만한 몇몇 수출업체를 소개해 주시면 감사하겠습니다.
② 믿을 만한 몇몇 수입업체를 소개해 주셔서 대단히 감사합니다.
③ 신뢰할 만한 몇몇 수입업체를 소개해 주시면 감사하겠습니다.
④ 전통 있는 몇몇 수출업체를 소개해 주셔서 감사합니다.

[4-7] 다음은 우리말 서한을 영문으로 옮긴 것이다. 읽고 다음 물음에 답하시오.

당사는 설립된 지 오래된 인형과 전자제품의 수출업체이며, 한국의 주요한 제조업체들과 폭넓고 밀접한 거래관계를 맺고 있습니다.

당사는 귀국시장으로 거래를 확장하려 하기 때문에, 귀사가 당사에게 상기 품목의 수입에 관심 있는 수입업자 몇 곳을 소개해 주시면 고맙겠습니다.

당사의 신용상태에 관하여는 서울의 한국외환은행이 귀사에게 신용정보를 통지할 것입니다.

[영작]

We are (가) of electronic products as well as dolls, and have wide and close connections with the (나) in Korea.

As we are trying to (다) our business to your market, we shall appreciate it if you will introduce (라) us some firms who (마) importing the above items.

As for our credit standing, Korea Exchange Bank, Seoul, will advise you of the information on it.

04 다음 중 괄호 (가)에 들어갈 가장 적합한 표현은?

① establish importers
② long-established importers
③ established exporters
④ long-established exporters

해설

설립된지 오래된 수출업체 : long-established exporters

정답

3 ③ 4 ④

05 다음 중 괄호 (나)에 들어갈 가장 적합한 표현은?

① more manufacturers ② leading manufacturers
③ leading exporters ④ large sellers

> 해설
> 한국의 주요한 제조업체들 : leading manufacturers(makers) in Korea

06 다음 중 괄호 (다)와 (라) 들어갈 가장 적합한 표현은?

① extend – to ② extend – with
③ build up – to ④ provide – with

> 해설
> 거래를 확장하다 : to extend business,
> A에게 B를 소개하다 : introduce to A, B

07 다음 중 괄호 (마)에 들어갈 가장 적합한 표현은?

① are delighted ② are delighted to
③ are interested in ④ are interested to

> 해설
> ~에 관심 있는 : be interested in ~

[8–11] 다음 내용을 읽고 물음에 맞는 것을 골라 표기하시오.

Samhwang Trading Co., Ltd.
76 Chongno 1 – ga, Chongno – gu
Seoul 100 – 023, Korea

Gentlemen :

In reply to your letter of May 10, we are pleased to recommend you the following firm :

Name : Smith & Co., Inc.

정답
5 ② 6 ① 7 ③

Address : 50 Liberty St. New York, N.Y. 10031

This firm is reliable and of good (가) repute here, but we (나) are unable to make ourselves responsible for them. (다) They will provide you with references upon your request. We hope that our reply will be helpful to you.

If you want to get any other data, let us know by return.

Your very truly,

The New York Chamber of Commerce
George H. Walker Secretary

(라) GHW/bs

08 밑줄 친 부분(가, 나)와 뜻이 전혀 아닌 것은?

	(가)		(나)		(가)		(나)
①	fame	–	have no capacity to	②	renown	–	find it impossible to
③	pause	–	have no difficulty in	④	name	–	cannot

해설

「귀사의 5월 10일자 서한에 대한 회신으로 당사는 아래 회사를 추천하는 바입니다.
회사명 : Smith & Co., Inc.
주소 : 50 Liberty St. New York, N.Y. 10031
이 회사는 이곳에서 믿을만하고 좋은 평을 받고 있습니다. 그러나 당사는 그 회사에 대해 책임을 질 수는 없습니다. 그 회사는 귀사의 요청이 있으면 즉시 신용조회처를 제공할 것입니다. 당사는 당사의 회신이 귀사에게 도움이 되길 바랍니다.
귀사가 어떤 다른 자료를 얻고자 한다면, 즉시 당사로 알려주십시오.」
of repute : 저명한, 신용이 있는/ fame, renown, name은 모두 '명성'이라는 의미가 있다./ pause는 중지, 중단의 의미이다.

09 밑줄 친 부분(다)을 바르게 해석한 것을 고르시오.

① 이 회사들은 귀사의 제의시 참고서적을 보내줄 것입니다.

정답

8 ③ 9 ③

② 귀사의 요청에 관한 참조번호를 알려 줄 것입니다.
③ 귀사께서 요청하시면 즉시 동 상사는 신용조회처를 알려줄 것입니다.
④ 동 상사는 귀사의 요구사항에 관한 보증인이 될 것입니다.

해설
reference가 불가산명사(uncountable noun)로 쓰이면 '참조', '언급'의 의미이나, 가산명사(countable noun)로 쓰이면 '신용조회처'의 의미이다.

10 밑줄 친 부분(라)의 구성요소 명칭은?

① Complimentary Close
② Identification Marks
③ Particular Address
④ Signature

해설
Complimentary Close(끝인사 또는 결미인사) : 우리말의 끝인사에 해당하는 부분으로서 본문의 내용이 끝난 다음에 습관적으로 붙이는 인사말이다.
Identification Marks(관련자 식별기호 또는 Initial) : 서한 작성에 관계한 사람들의 이름 두문자(頭文字)를 표시한 것으로서 책임 소재를 명확하게 위한 조치로 표시하는 것이다. 좌측(GHW)에는 서한의 집필자, 우측(bs)에는 typist의 두문자를 기재한 것이다.
Particular Address(참조인 표시) : 해당 서한을 수신하는 특정인 또는 참조인을 표기하는 난으로 Attention이라고도 하며, 상대방의 이름과 직책 또는 특정 부서명을 기재한다.
Signature(서명) : 회사 명의로 발송되는 서한에서는 그 서한의 내용에 대해서 책임을 지는 자가 서명을 한다.

11 위 서한의 내용은?

① 거래처 추천의뢰 서한
② 신용조회 의뢰 서한
③ 거래조건제의 서한
④ 거래처 추천 서한

해설
we are pleased to recommend you the following firm.(귀사에게 아래 회사를 추천하는 바입니다.)의 내용으로 보아 거래처를 추천하는 서한이다.

정답
10 ② **11** ④

[12-13] 다음 서한을 읽고 물음에 답하시오.

> They established themselves in 2000, and their business activities have been devoted to the export of a wide range of (가) garments. As they are not yet represented in EU market, you may entrust them with your exclusive sales agency after close negotiation.

12 위의 내용은 다음 어느 거래 단계에 해당하는가?

① trade inquiry ② credit inquiry
③ request for introduction of a firm ④ introduction of a firm

해설
「그 회사는 2000년에 설립되었으며, 다양한 종류의 의류수출에 전념해 왔습니다. 그 회사는 아직 EU시장에 대리점이 없기 때문에 귀사는 철저한 검토 후에 귀사의 독점 판매대리점을 그 회사에 맡겨도 좋을 듯 합니다.」의 내용으로 보아 회사를 소개하는 서한이다.

13 밑줄 친 (가)와 관련이 없는 품목은?

① apparel ② skirts
③ cattle ④ underwear

해설
garment : 의복, 의류, 옷 등 의 폭넓은 의미로 사용되며, apparel(의복), skirts(치마), underwear(속옷) 등을 총칭하는 단어로 사용된다./ cattle : 소, 가축

[14-17] 다음 문장에 밑줄 친 내용과 의미가 전혀 다른 것은?

14 We are long-established exporters of electronic products.

① merchandise ② makers
③ goods ④ item

해설
상품의 의미로 쓰이는 단어들은 goods(항상 복수형), commodity, merchandise, item, product, article, manufactures, line, ware(세공품), produce(농산물을 비롯한 1차산품) 등이 있다./ maker : 제조업자(manufacturer)

정답
12 ④ **13** ③ **14** ②

15 We are one of the leading Importers of electronic products.

① A1　　② prime
③ first – class　　④ newly established

해설
leading : 굴지의, 일류의 의미로 사용되며, 유사용어로는 foremost, prime, prominent, qualified, principal, A1, wellk–nown 등이 있다.

16 We hope to establish business relations with them.

① stop business relations with
② open an account with
③ build up business connections with
④ enter into business relations with

해설
establish business relations with ~ : 거래를 시작하다. 이와 유사한 표현은 enter into business with, open an account with, establish a connection with, do business with, build up business connections with 등이 있다.
stop(cease) business relations with ~ 거래를 중지하다.

17 In reply to your letter of June 12, we have arranged to insert your announcement in the next issue of our bulletin.

① In answer to　　② In response to
③ Replying to　　④ On account of

해설
in reply to ~: ~에 따라서. 유사표현으로 in response to, replying to, in accordance with, in compliance with, as requested, in answer to 등이 있다.
on account of ~ : ~ 때문에

정답
15 ④ **16** ① **17** ④

18 다음 문장의 괄호 안에 들어갈 적합한 단어나 구로 구성된 것을 고르시오.

> We are now desirous of (   ) our business to your market and shall be much (   ) if you will introduce us to some reliable firms who are interested in the importation of merchandise we handle.

① extend – obliged
② extending – obliged
③ extending – appreciated
④ extend – appreciated

해설

「당사는 귀국 시장에 당사의 거래를 확대하기를 갈망합니다. 그래서 귀사가 우리에게 당사가 취급하는 제품의 수입에 관심이 있는 몇몇 믿을만한 회사를 소개시켜 주시면 매우 고맙겠습니다.」
be desirous of 다음에는 동사의 원형이 올 수 없고 동명사(extending)이 와야 한다. 유사표현으로는 be anxious to extend, want to extend 등이 있다.

「고맙겠습니다」의 표현으로는 oblige와 appreciate를 사용하여 다음과 같이 표현한다.
We shall be much obliged if you will introduce us to some reliable firms.(수동형)
It shall be much appreciate (by us) if you will introduce us to some reliable firms.(수동형)
We shall much appreciate it if you will introduce us to some reliable firms.(능동형 + it)

19 다음 문장 중 (   ) 안에 들어갈 단어 중 적합치 않은 것을 고르시오.

> We are of (   ) woolen sweaters.

① exporters of
② manufacturers of
③ suppliers of
④ an importer of

해설

주어 We가 복수형이므로 단수형(an importer)이 올 수 없다.

정답

18 ② 19 ④

[20-21] 다음 주어진 문장에 이어지는 보기의 문장 중에서 뜻이 다르거나 가장 적합하지 않은 하나를 골라 표기하시오.

20 We look forward (   ).

① to receiving your reply.

② to hear from you soon.

③ to your prompt reply.

④ to hearing from you as soon as you can.

해설

~을 기대한다(기다린다)의 표현으로 look forward(be looking forward) to ~가 쓰이며, to 다음에는 명사 또는 동명사가 나온다. 여기서 to는 전치사이므로 부정사형인 동사 원형이 나올 수 없다.

21 For the past 20 years, (   ).

① We have enjoyed a good reputation in manufacturing all kinds of electronic goods.

② Our firm has been engaged in exporting various types of textile.

③ Our firm has been a leader in supplying all kinds of footwear.

④ We introduce ourselves as one of the leading indenting house of Chemical Products in Korea.

해설

「지난 20년 동안」 다음에 나올 수 있는 문장으로

①「당사는 모든 종류의 전자제품을 생산하는데 좋은 평판을 받아왔습니다.」 ②「당사는 다양한 종류의 직물류를 수출하는데 종사해 왔습니다.」 ③「당사는 모든 종류의 신발류을 공급하는데 선도자였습니다.」은 가능하다.

그러나 ④「한국내 화학제품의 굴지의 위탁주문 회사(중개업자) 중의 하나로 당사를 소개합니다.」는 적절하지 않다.

indent(위탁주문) : 직접 주문(order)하는 것이 아니고, 남에게 부탁하여 주문하는 것을 말한다.

정답

20 ② **21** ④

[22-25] 다음 밑줄 친 부분 또는 문장이 가장 올바르게 해석된 것을 고르시오.

22 We learn that you are one of <u>the leading importers of sporting goods in your country</u>.

① 귀국에 있는 최고의 운동구류 수출업자들
② 귀국에 있는 일류의 운동구류 수입업자들
③ 운동구의 일반 수입업자들
④ 우리나라의 운동구류 일류 수입업자들

23 We are <u>long-established manufacturers and exporters</u> of all kinds of garments.

① 설립된 지 오래된 제조업자 겸 수출업자
② 설립된 지 오래된 수화인 겸 수출업자
③ 굴지의 제조업자 겸 수입업자
④ 창업한지 얼마 안 된 생산자 겸 운송인

24 We are pleased to recommend the following firms interested in the importation of the line you handle.

① 당사는 귀사가 취급하는 품목을 수입하는데 관심이 있는 아래의 회사들을 추천합니다.
② 당사는 다음의 회사들을 추천해 드리며 그 회사들은 귀사가 관심을 갖고 수입하도록 할 것입니다.
③ 당사가 취급하는 품목에 관심이 있을지도 모르는 회사들을 추천해 주십시오.
④ 당사가 소개해 드린 다음의 회사들은 귀사가 취급하는 품목에 관심을 가질 것입니다.

25 We shall be obliged if you will introduce to us some competent firms in your city who are interested in importing business machines.

① 귀 도시에서 사무용 기기를 수입하는데 관심을 가지고 있는 몇몇 유능한 기업들을 당사에게 소개해 주시면 고맙겠습니다.

정답

22 ② **23** ① **24** ① **25** ①

② 당사는 귀사가 귀 도시에서 사무용 기기를 수입하는데 관심을 가지고 있는 신뢰할 수 있는 기업으로 소개받았습니다.
③ 당사는 귀사가 귀 도시에서 사무용 기기를 수입하는데 관심을 가지고 있는 유능한 기업으로 소개하였습니다.
④ 당사는 사무용 기기를 수입하는데 관심을 가지고 유능한 기업으로 귀 도시에 있는 몇몇 기업들을 당사에게 소개해 주시면 고맙겠습니다.

해설
shall be obliged if ~ : ~라면 고맙겠습니다/ competent firms : 유능한, 적임의 회사(기업)

[26-30] 다음 우리말을 영어로 옮길 때 가장 잘 된 것을 고르시오.

26 당사는 전자제품 수출업자입니다.

① We are importers of electronic products.
② We are exporters of electric products.
③ We are manufacturers of electric products.
④ We are exporters of electronic products.

해설
전자제품 : electronic products

27 동 상사는 중국으로 그들의 영업을 확장하려고 노력 중입니다.

① They are extending their business to China.
② They are trying to extend their business to China.
③ They are trying to extend our business to China.
④ They are trying to handle their business to China.

해설
노력 중이다 : be trying to/ 그들의 영업(사업)을 ~로 확장하다 : extend their business to ~

정답
26 ④ **27** ②

28 당사는 이 품목에 관심 있는 신뢰할 만한 회사들을 물색 중입니다.

① We are looking for reliable firms who are interested in this line

② We are looking reliable firms which are interested in those line

③ We are looking for some firms who are interested in this lines.

④ We look at reliable firms which is interested in this line.

해설
물색하다(찾다) : look for/ firm(회사)은 관계대명사 who로 받는다.

29 몇 곳의 스포츠용품 수출업체를 소개해 주시면 고맙겠습니다.

① We should be obliged if you would introduce to us some exporters of sporting goods.

② We shall be obliged your introducing us to some importers of sporting goods.

③ We are obliged for introducing to us some exporters in sporting goods.

④ We appreciate if you recommend us some reliable export firms of sporting goods.

해설
18번 문제 해설 참조

30 We have inserted your advertisement in the next issue of our bulletin a copy of which will be sent to you upon publication.

① 당사는 다음 월간지에 귀사의 광고를 보게 될 것이며, 발간되는 대로 한 부 보내 드리겠습니다.

② 당사는 다음 회보에 귀사의 광고를 게재하였으며, 발간되는 대로 한 부를 보내 드리겠습니다.

③ 당사는 다음 월간지에 귀사의 광고를 보게 될 것이며, 발표되는 대로 귀사에게 그 사본을 보내드리겠습니다.

④ 당사는 다음 회보에 귀사의 광고를 게재할 예정이며, 공고가 되는대로 그 사본을 보내 드리겠습니다.

정답
28 ① 29 ① 30 ②

해설

insert : (기사 등을) 게재하다/ the next issue of our bulletin : 당사의 다음 회보/ copy : 사본, (한)부/ upon publication : 발간되는 즉시

[31-33] 다음 우리말을 영어로 옮길 때 잘못된 것을 고르시오.

31 귀사로부터 곧 소식 있기를 고대하고 있습니다.

① We look forward to hearing from you soon.

② We look forward to your immediate reply.

③ We are looking forward to receiving your early response.

④ We are looking forward to receive your prompt respond.

해설

20번 문제 해설 참조

32 당사는 각종 자동 봉합기의 수입업자이며 싱가포르에 있는 신뢰할 만한 회사들과 거래개설을 열망합니다. 위의 제품 수출에 관심 있는 도매업자들의 명단을 보내주시면 감사하겠습니다.

① We are importers of all kinds of Auto Suture Machines.

② and desirous of opening an account with reliable firms in Singapore.

③ We appreciate your sending us a list of retailers

④ who are interested in exporting the above products.

해설

③의 retailers는 소매업자이다/ 도매업자 : wholesaler

33 아래 우리말을 영문으로 작성할 때 괄호 안에 들어갈 가장 적절한 것은?

> 당사는 한국산 섬유제품, 특히 여성의류의 수출에 특화된 서울에 있는 선도회사의 하나입니다.
>
> [영작]
>
> We are one of the leading firms in Seoul (　　) in the export of Korean textile goods especially clothes for women.

정답

31 ④ **32** ③ **33** ①

① specialized ② commencing
③ experienced ④ interesting

해설
특화하다 : specialize

[34-37] 다음 우리말을 영어로 옮길 때 괄호 안에 적합한 것으로 짝지어진 것을 고르시오.

34 당사는 지난 35년 동안 각종 청바지 수출에 종사해 왔습니다.

⇒ We have (　　) ourselves in the export of various kinds of blue jeans (　　) the past 35 years.

① engaged – over ② engaged – for
③ produced – on ④ established – during

해설
당사는 ~에 종사해 왔다 : We have engaged ourselves in ~, 또는 수동형으로 We have been engaged in ~

35 당사는 문구류의 수출업자로서 20년이 넘도록 거래를 해 오고 있습니다.

⇒ We have been (　　) business for over twenty years (　　) of stationery.

① doing – as importers ② do – of exporters
③ doing – as exporters ④ do – to importers

해설
거래를 해 오고 있다 : 현재완료진행형 형태인 have been doing business로 표현한다.

정답
34 ② 35 ③

36 5월 16일자 귀사 서한에 대한 답신으로, 귀사에 이 회사를 기꺼이 추천합니다.

⇒ (　　) your letter of May 16, we are pleased to (　　) you this company.

① In response to – accept　　② Replying – supply
③ In reply to – quote　　④ Replying to – recommend

해설
~에 대한 답신으로 : in response to, in reply to, replying to 등의 표현이 있다.(17번 문제 해설 참조)

37 동 상사는 완구류에 대한 일류의 제조업자 중의 하나입니다.

⇒ They are (　　) the (　　) manufacturers of (　　).

① in – leading – toys　　② one of – leading – toys
③ of – leading – sundry goods　　④ one of – leading – sundry goods

해설
일류의 : leading, first–class, foremost, prime/ sundry goods : 잡화류(sundries, general goods)

[38–39] 다음 우리말을 영어로 옮길 때 괄호 안에 들어갈 내용이 가장 올바르게 배열된 것을 고르시오.

38 당사는 창업한 지 오래된 운동구류 수출업자입니다.

⇒ We are (　　).
(1) sporting goods　　(2) exporters　　(3) of
(4) established　　(5) long

① (4) – (5) – (2) – (3) – (1)　　② (5) – (4) – (1) – (3) – (2)
③ (5) – (4) – (2) – (3) – (1)　　④ (4) – (2) – (5) – (1) – (3)

해설
창업한지 오래된 수출업자 : long established exporters

정답
36 ④ **37** ② **38** ③

39 당사는 귀 지역의 무역업자와 거래 관계를 개설하고 싶습니다.

⇒ We hope to (　　　　　　　　　　　　).
(1) in your area　　(2) traders　　(3) with
(4) an account　　(5) open

① (5) − (1) − (3) − (2) − (4)　　② (5) − (4) − (3) − (2) − (1)
③ (5) − (4) − (1) − (2) − (3)　　④ (5) − (4) − (2) − (3) − (1)

해설
무역업자와 거래관계를 개설하다 : open an account with traders

40 다음 문장의 구성이 논리적으로 배열이 잘된 것을 고르시오.

(A) they are producing and exporting a wide range of foods such as canned tuna, frozen food, Kimchi, etc.
(B) please contact overseas trading team at info@ korcham.com if you wish to open an account with them.
(C) we are glad to introduce to you Korcham Trading Co., Ltd.
(D) who export various foods of high quality to all over the world.

① (A) − (B) − (C) − (D)　　② (B) − (A) − (C) − (D)
③ (C) − (D) − (B) − (A)　　④ (C) − (D) − (A) − (B)

해설
「(C) 당사는 귀사에게 Korcham 무역회사를 소개하는 바입니다.
(D) 그 회사는 좋은 품질의 다양한 식품을 전 세계에 수출합니다.
(A) 그 회사는 참치통조림, 냉동식품, 김치 등과 같은 다양한 종류의 식품을 생산하고 수출하고 있습니다.
(B) 「귀사가 그 회사와 거래를 시작하고 싶다면, 해외무역팀(info@ korcham.com)으로 연락하십시오.」

정답
39 ② 40 ④

41 다음 문장에 논리적으로 이어지는 문장을 고르시오.

> We have no connections in your market and are looking for importers with whom we can open an account.
> (　　　　　　　　　　　　　　　　　　　　　　　　　)

① It certainly does not match the original sample you sent us. We must express our surprise at their quality.

② It certainly matches the original sample you sent us. So we thank you for your efforts for the excellent quality.

③ We should, therefore, appreciate it if you would inform us of the names of reliable importers of consumer goods.

④ We therefore appreciate it as you informed us of the names of reliable exporters of consumer goods.

해설

「당사는 귀국 시장에 거래처가 없습니다. 그래서 당사가 거래를 시작할 수 있는 수입업자를 찾고 있습니다.」이 다음에 나올 문장으로는 「③ 그래서 귀사가 당사에게 소비재의 믿을만한 수입업자들의 이름을 알려주시면 고맙겠습니다.」가 가장 적절하다.

정답

41 ③

제2절 거래제의 및 회신(Business Proposal and Reply)

제1절에서 살펴본 바와 같이 거래처의 소개 의뢰에 대한 회신에 의해서 목적시장내의 유망한 거래처를 알게 되거나, 광고, 관련정보 매개물 또는 전시회 참가 등을 통해 거래처를 알게 되면 거래제의 통신문을 보내게 된다. 이를 거래제의장(proposal) 또는 권유장(circular letter)이라고 한다.

거래권유장은 기존 또는 미지(未知)의 고객에게 구매(또는 판매)의욕을 자극 하는 통신문이다. 따라서 권유장에는 일반적으로 상대방을 알게 된 경로, 거래개시의 희망, 취급상품의 명세, 업계에서의 자사(自社)의 위치, 신용조회처(credit reference), 거래조건, 특히 가격 및 결제조건 등을 기재한다. 권유장에 대한 회신이 있고 거래관계가 진전되면 취급상품의 목록(catalog), 가격표(price list)등을 첨부하기도 하고 견본(sample)을 송부하기도 하나 첫 서한에서는 가격이나 결제조건 등과 같은 자세한 거래조건은 밝히지 않는 것이 일반적이다.

거래제의를 할 때는 자신의 신용상태를 상대방에게 확실하게 알려 믿음을 줄 필요가 있으며, 이를 위해 신용조회처를 제공하기도 한다. 신용조회처로는 자신의 거래은행을 제공하는 것이 일반적이다.

한편 거래권유장과 유사하게 쓰이는 것으로 일반통지(general announcement)가 있는데, 이는 회사의 신설 또는 해산, 지점 · 대리점 등의 설치 및 폐지, 조직변경, 합병, 중요한 인사이동, 기타 영업상으로 상대방에게 주지시킬 필요가 있는 사항을 통지하는 것을 말한다.

1 무역서한

Model Letter 1. 대한상공회의소에서 소개한 Kotex사에 거래제의 서한

Kotex Co., Ltd.
669 - 13 Nonhyeon - dong
Gangnam - gu, Seoul, Korea

Dear sir,

Through the Korean Chamber of Commerce & Industry, Seoul, Korea, we have learned that you are one of the leading importers of Textiles and we take this opportunity to place our name before you[1)] as an influential manufacturer[2)] of Synthetic Textiles.

For the past six years we have been selling various Textiles to wholesalers[3)] and large retailers[4)] in Japan, and have built up a considerable number of well - established connections showing excellent business results.

Until recently we were not in a position to[5)] look for overseas customers, as we were concentrating our efforts on domestic sales. However we have now enough ability to expand our sales to overseas markets, we are, therefore, writing you with a keen desire[6)] to enter into business connections with you.

We are sending you a copy of our latest catalog separately. Should any information be required, please let us know[8)] immediately.

We look forward to[9)] your kind consideration in this matter.

Very truly yours,

1) take this opportunity to place our name before you : 귀사에 당사를 소개할 이 기회를 가졌습니다. take this opportunity to ~의 문장은 무역통신문에서 사용되는 대표적인 상투적 표현(hackneyed phrase)이다.
2) influential manufacturer : 영향력 있는 제조업자

3) wholesalers : 도매상 유사표현 distributor(유통업자)
4) retailers : 소매상
5) be in a position to ~ : ~할 입장이다, 할 수 있다
6) with a keen desire : 열망을 가지고
7) latest catalog : 최신 카다로그, 즉, 최신 제품들을 담은 카다로그 또는 가장 최근에 만든 카다로그를 말한다.
8) let us know : 알려 주십시오.
9) look forward to ~ing : ~을 기대합니다. 기다리는 바입니다. to 이하에는 명사 또는 동명사(~ing)가 나온다. 유사표현 be looking forward to

Model Letter 2. 앞 서한의 거래제의에 대한 Kotex사의 회신

Gentlemen :

Thank you for your letter of January 10, in which you expressed your willingness to open an account with us. From your letter, we are glad to learn that you are specially interested in shipping[1] Synthetic Textiles to our market and we may say that we are also specialists.

Despite the fact that dullness rules the market[2] at present, we are able to do a fairly good business with you if you are in a competitive position[3].

But before we accept your proposal, it is usual with us to[4] take up[5] the reference named[6]. We should, therefore, appreciate receiving from you a list of your references so that we may contact them directly.

We thank you for your courtesy in making the proposal and hope we may soon be able to work with you to our mutual advantage[7].

Very truly yours,

1) shipping : 선적하다. 여기서는 수출하다(exporting)의 의미로 사용됨
2) dullness rules the market : 시장이 침체되어 있다.
유사표현 the market is downward, the current prices are bearish(declining, inactive)

3) competitive position : 경쟁적인 위치, 즉, 경쟁에 이길 수 있는 위치
4) It is usual with us to ~: ~하는 것이 우리의 관례이다.
   유사표현 it is our custom to~, We make it a rule to ~
5) take up : 채택하다.
6) reference named : 지명(지정)된 신용조회처
7) to work with you to our mutual advantage : 상호 이익을 위하여 귀사와 거래하다.

Model Letter 3. 한국무역협회의 광고를 보고 수입거래를 제의하는 서신

Gentlemen :

From the KITA's monthly bulletin, 「Toward the World」, we have found that you are interested in exporting automatic copying machines to China, and we are writing to you with eager wishes[1] to introduce your products in this country.

We have been importing office equipments such as computers, printers and its parts from U.S.A. for many years and we have a wide network of reliable distributors[2] over the country. We are now interested in the copying machines of Korean make[3] as the demand for them has become so large in our market.

Therefore, we shall be glad if you will send us your complete catalogue[4], informing us of prices and best terms[5]. If your prices are reasonable[6] and terms are satisfactory, we shall soon place a large order with you.[7]

For any information as to our financial standing[8], we refer you to[9] the Commercial Bank of China. Shanghai. who will furnish you with every information you desire.

We hope we may have the pleasure of serving you[10] in the very near future.

Yours very truly,

1) with eager wishes : 간절한 바람을 가지고, 갈망하면서 유사표현 with a keen desire, with an eager desire
2) distributor : 유통업자, 무역거래에서는 특히 특약판매점의 의미로 많이 쓰인다. 즉, 수입특약판매점의 형태로 외국으로부터 직접 수입하여 판매하는 상인형태이다. 이에 대해 agent는 거래를 대리 또는 중개하고 commission을 받는 형태이다. distributor에는 exclusive(독점)와 non - exclusive (일반) 형태가 있다.
3) Korean make : 한국제(製)
4) complete catalogue : 완전한 카다로그, 즉, 전품목이 게재된 카다로그
5) best terms : 최상의 거래조건, 거래조건은 보통 terms and conditions라고 하나 terms만으로도 거래조건을 의미한다.
6) reasonable price : 합리적인 가격, 즉 싼 가격을 뜻한다. 유사표현 competitive price, low price.
7) place a large order with ~ : ~에게 대량 주문을 하다.
8) financial standing : 재정상태 유사표현 financial status
9) refer you to ~ : 귀사가 ~에 조회하십시오.
10) serving you : 귀사에게 도움을 주다. 귀사에게 편의를 제공하다.

Model Letter 4. 수입거래의 제의에 대한 회신

Gentlemen :

We thank you for your letter of May 5 and are pleased to hear that you find our products satisfactory[1] and you think there is room for sales expansion in China[2].

We shall be pleased to discuss the possibility of coming to[3] a special business relation with you, but we have not yet made any decision concerning it. We would like to know your idea of the terms on which you are willing to handle our products. We have pleasure in sending you our export catalog with full details of[4] our discount prices by airmail today. We hope these supplies are what you have been looking for.

We trust that mutually satisfactory business relations would be shortly established[5].

Yours truly.

1) we are pleased to hear that you find our products satisfactory : 귀사가 당사제품에 만족한다는 것을 듣게 되어 기쁩니다.
2) there is room for sales expansion in China : 중국에서 판매확장의 여지가 있다.
3) coming to ~ : ~에 돌입하는
4) full details of ~: ~에 대한 상세한 내용
5) mutually satisfactory business relations would be shortly established : 상호 만족스러운 거래관계가 곧 시작될 것이다.

Model Letter 5. 일본대사관을 통해 소개된 회사에 거래제의하는 서한

Gentlemen :

Embassy of Japan in Korea was kind enough to suggest that you would probably find our manufactures interesting[1]. We are happy to inform you of our position in the trade and our desire to establish business connections with you.

In introducing ourselves to you, we can take a pride in knowing technology changes of your market and in having long experience in the trade[2].

The brochure enclosed herewith will be of help to you,[3] we believe, in deciding your business policy. We are always willing to forward you terms and conditions of business such as delivery, quotation[4], payment and other detailed information upon your request.

1) Embassy of Japan in Korea was kind enough to suggest that you would probably find our manufactures interesting : 주한 일본 대사관에서 친절하게도 귀사가 당사 제품에 흥미를 가질 것이라고 시사했습니다.
2) we can take a pride in knowing technology changes of your market and in having long experience in the trade : 당사는 그러한 거래에서 귀국 시장의 기술변화를 알고, 그리고 오랜 경험을 가지고 있다는 것을 자랑할 수 있습니다.
3) be of help to you : 귀사에게 도움을 주다
4) quotation : 견적, 가격

Model Letter 6. 면제품의 수출거래제의

Gentlemen :

We were indebted to[1)] the KOTRA. L.A. for your esteemed name[2)] as importers of Cotton Goods. We take the liberty of introducing[3)] ourselves to you as the leading manufacturers and exporters of Cotton Goods.

For more than 15 years, we have been engaged in exporting various kind of cotton goods and are looking for a trustworthy firm to assist us in selling our products in your market. Our long experience in the trade and close connections with the best sources of supply[4)] of this country gives us confidence that we can meet[5)] any requirements from you.

For your reference, we have the pleasure in forwarding to you our selected sales materials to suit your market by registered airmail[6)] and also enclosing new patterns[7)] specifically designed for young people.

It is our practice to ask all new customers for references and we should appreciate it if you submit these as soon as possible.

We trust this will receive your prompt attention and favorable business relationship will result.

Yours faithfully,

---

1) be indebted to A for B : B에 대해서 A에게 신세를 지다. 즉 A를 통해서 B를 알게 되었다.
   유사표현 Through(from) the A we have learned (understand, known) B,
   B has been given to us by A, A has recommended B to us
2) your esteemed name : 귀사의 이름, 귀사, 여기서 esteemed는 형식적인 표현이므로 빼는 것이 좋다. 유사표현 respectable, valued, valuable
3) take the liberty of introducing(to introduce) : 실례를 무릅쓰고 소개하는 바입니다. 실례이지만 소개하고자 합니다. 전형적인 상투적인 표현으로 현대문에서는 피하는 것이 좋다.
4) best sources of supply : 최상의 공급처

5) meet : 충족시키다 비교 This article will meet with a ready sale 「이 상품은 판매가 잘 될 것이다」
6) by registered airmail : 항공 등기우편으로 유사표현 Via airmail 항공편으로 비교 by surface mail : 선박(열차, 트럭)편으로
7) patterns : (옷감 · 무늬 따위의) 견본
8) attention : 배려, 고려, 돌봄

Model Letter 7. 면제품 수입제의에 대한 회신

Gentlemen :

We have this day your favor[1)] of 14th April asking for import of our Cotton Goods, for which we thank you very much. We are interested in your proposal and would like to discuss trade terms with you.

Our vice president, Mr. Kim who has a supervisory interest[2)] in importing from KOREA will fly over to visit your company three week later. Please advise us of[3)]suitable dates for him to visit your organization[4)].

Your early attention to this matter will be much appreciated.

Yours faithfully.

1) favor : 서한 편지. 무역통신문에서 답신을 보낼 때 먼저 받은 서신의 의미로 쓴다.
2) supervisory interest : 감독권 supervisor : 관리자, 감독관, 감시자 interest : 권리, 소유권, 주식의 의미가 있다.
3) advise us of ~ : 우리에게 ~을 알리다. 목적어 앞에 전치사 of가 수반된다.
4) organization : 조직, 단체, 조합 등의 의미가 있으며 회사를 지칭하기도 한다.

Model Letter 8. 거래처로부터 소개를 받은 거래제의

Dear sir,

One of our business friends indicates your name as a party who may be interested in importing our products, and we are writing this in order to establish business relations with you.

We are sending our latest complete catalogs under separate cover and we are sure it will explain the whole details of our products and show the rich variety of our products[1]. However, if you find it necessary to get further information on our products, please let us know your opinion. We will immediately inform you of the necessary details.

We shall be obliged if you will furnish us with your idea for the terms of business[2], against which we will do our utmost to meet your requirements[3].

In regard to the references, please refer to our bankers[4], Korea Exchange Bank, Seoul, Korea.

We hope you will take special consideration for this matter and are awaiting[5] your prompt reply.

1) rich variety of our products : 풍부하고도 다양한 당사제품들
2) your idea for the terms of business : 거래조건에 대한 귀사의 의견
3) meet your requirements : 귀사의 요구사항을 충족시키다.
4) our bankers : 당사의 거래은행 비교 bank : 은행, banker : 은행가(은행 경영자), 금융업자
5) await : 기다리다 유사표현 wait for

Model Letter 9. 뉴스위크의 광고를 보고 수입을 제의하는 서신

Gentlemen :

We are very interested in "Bright" potable TV sets, which you have advertised in the April issue[1)] of Newsweek.

We should like you to give us a quotation[2)] for 3000(three thousand) of this TV. set together with your latest catalog. At the same time let us have[3)] your terms of payment[4)] and assurance that delivery can be performed within five weeks after receipt of our order.

In regard to our financial standing and business integrity[3)], you may please refer to the Korea Exchange Bank, Seoul, Korea

Your cooperation will be highly appreciated.

Yours faithfully,

1) April issue : 4월 호(号)
2) quotation : 가격. 견적서. 확정된 상태가 아니고 대체로 이 가격으로 판매할 용의가 있음을 표현할 때 적용한다.
3) let us have : 보내 주십시요
4) terms of payment : 대금결제조건, 보통 terms만을 쓰기도 한다.
5) financial standing and business integrity : 재정상태와 기업의 성실성

Model Letter 10. 무역박람회에서 제품을 보고 구매를 제의하는 서한

Dear Sirs,

A few days ago we had the opportunity to see a display of your products[1)] at the Seoul International Trade Fair, and we were most impressed with[2)] their quality and low prices.

We should like to offer you our services as a trading firm, and would mention that we have excellent connections in the trade and are fully experienced with the import business[3] for this type of product.

In addition, we operate our own advertising agency, and we can use the latest marketing procedures[4] efficiently. You can be sure of increasing your turnover[5] considerably if you would allow us to promote sales of your products throughout Japan[6].

Regarding our business status, we refer you to the Hana Bank, Seoul who will be glad to furnish you with all the information you require, such as credit standing and business prospect.

We look forward to hearing from you soon.

Yours sincerely,

---

1) a display of your product : 귀사 제품의 전시
2) be most impressed with : 깊은 감명을 받다.
유사표현 be deeply interested in
3) are fully experienced with import business : 수입 업무에 정통해 있다.
4) marketing procedures : 판매촉진의 방법
5) turnover : 매출액, 거래액
6) throughout Japan : 일본 전국에 걸쳐

2 평가문제

[1-4] 다음 서한을 읽고 물음에 답하시오.

> Your name and address have been given us by the Japanese Chamber of Commerce and Industry as reliable importers of electronic products. and we desire to (ㄱ) open an account with you.
>
> We are engaged in exporting washing machines, TV and so on, and willing to (ㄴ) provide you with quality products at low prices.
>
> (가) Regarding our credit standing, we wish to (나) refer you to Korea Exchange Bank, Seoul, and will give you any information upon (다) your request.
>
> (라) Your favorable reply will be appreciated.

01 위 서한의 내용과 일치하지 않는 것은?

① 서한 작성자는 세탁기, TV 등의 전자제품 수출업자이다.

② 위 서한은 상대방 회사에 대한 신용조회를 의뢰하는 내용이다.

③ 일본 상공회의소를 통해서 수신 회사명과 주소를 알게 되었다.

④ 서한 작성자는 저렴한 가격으로 양질의 제품을 제공할 것을 제의하고 있다.

해설

「일본 상공회의소가 귀사(의 명칭과 주소)를 전자제품의 믿을만한 수입업자로 당사에게 (알려)주었습니다. 그리고 당사는 귀사와 거래를 시작하기를 원합니다.
당사는 세탁기, TV 등과 같은 제품들을 수출하고 있으며, 귀사에게 좋은 품질의 제품을 저렴한 가격으로 기꺼이 제공할 것입니다.
당사의 신용상태에 관해서는 귀사가 서울에 있는 한국외환은행에 조회하시길 바랍니다. 그 은행은 귀사의 요청에 따라 귀사에게 정보를 제공해 줄 것입니다.
귀사가 호의적인 회신을 보내주시면 고맙겠습니다」
신용조회처를 알려주는 것이지 신용조회를 의뢰하는 서한은 아니다.

02 밑줄 친 (ㄱ)과 의미가 같은 것은?

① enter into business relations with you

정답

01 ② 02 ①

② cut off business connections with you
③ look forward to establish with you
④ offer you firm

해설
open an account with you : 거래를 시작하다. 유사표현으로는 enter into business relations with you, establish(commence, begin, start) a business connection with, 등이 있다.
offer you firm : 귀사에게 확정청약을 하다.

03 밑줄 친 (ㄴ)과 바꾸어 쓸 수 있는 것은?

① ready to buy
② quoted to provide
③ ready to supply
④ prepared to inform

해설
provide A with B : A에게 B를 공급(제공)하다. provide를 대체할 수 있는 단어로 supply, furnish 등이 있다.

04 밑줄 친 (가), (나), (다), (라) 중 그 의미가 틀린 것은?

① (가) 당사의 신용상태에 관하여
② (나) 귀사가 한국외환은행에 조회하십시오.
③ (다) 귀사가 요청하시면
④ (라) 귀사가 호의적인 답장을 보내주셔서 감사합니다.

[5-9] 다음은 한글 서한을 영작한 것이다. 물음에 답하시오.

근계 :
일본 상업회의소를 통해서 귀사께서 전자제품을 취급하는 <u>(가) 믿을 만한 수입업체</u>라는 것을 알게 되어 당사는 <u>(나) 귀사와 거래관계를 개설하기</u>를 열망합니다.
당사는 세탁기, 텔레비전 등의 <u>(다) 수출에 종사하고 있으며</u>, 저렴한 가격으로 양질의 상품을 <u>(라) 귀사에게 제공하고</u> 싶습니다.

정답
03 ③ 04 ④

당사의 신용상태에 관하여는 서울에 있는 가나은행에 문의해 보시기 바라며, 귀사께서 요청하는 즉시 어떠한 정보라도 제공해 드릴 것입니다.
(마) 귀사께서 호의적인 답장을 해 주시면 감사하겠습니다.

[영작]
Gentlemen :
Through the Japanese Chamber of Commerce, we have learned that you are the (가) of electronic products and we desire to (나).
We (다) washing machines, TV sets and so on, and willing to (라) quality products at low prices.
Regarding our credit standing, we wish to refer you to Gana Bank, Seoul which will give you any information upon your request.
(마)

Yours very truly,

05 다음 중 (가)에 들어갈 가장 적합한 문구는?

① reliable exporters
② leading importers
③ various exporters
④ reliable importers

해설
믿을 만한 수입업체 : reliable(trustworthy) importers

06 다음 중 (나)에 들어갈 가장 적합한 문구은?

① do business you
② open an account with you
③ enter business with you
④ establish relation with you

해설
거래를 개설하다 : open an account with you, 유사표현으로는 do(begin, commence) business with you , enter into business with you, establish business relation with you 등이 있다.

정답
05 ④ 06 ②

07 다음 중 (다)에 들어갈 가장 적합한 문장은?

① engage ourselves in exporting
② are engaged to exporting
③ have been engaged ourselves in exporting
④ have been exported

해설
당사는 수출에 종사하고 있다 : We engage(have engaged) ourselves in exporting (능동형), We have been engaged in exporting(수동형), We have exported 등의 표현이 있다.

08 다음 중 (라)에 들어갈 수 없는 문구는?

① provide you with ② supply you with
③ furnish you with ④ refer you with

해설
귀사에게 (견본을) 제공하다 : provide(supply, furnish, favor) you with (sample)

09 다음 중 (마)에 들어갈 가장 적합한 문장은?

① We will appreciate your early reply.
② Your prompt reply is appreciated.
③ Your favorable reply will be appreciated.
④ Your unfavorable reply will be received with thanks

해설
호의적인 답장 : favorable reply
Your favorable reply will be appreciated.(=We will appreciate your favorable reply.)

[10–14] 다음 문장의 밑줄 친 부분과 같은 의미를 갖는 것을 고르시오.

10 <u>Through</u> Nara Bank, we have <u>learned</u> that you are exporters of electronic products.

① From – come to know ② With – understood

정답
07 ① 08 ④ 09 ③ 10 ①

③ For – known ④ As for – found

해설

「나라은행을 통해서 귀사가 전자제품의 수출업자라는 것을 알았습니다.」
~을 통해서(로부터) : through(from) ~
알다 : learn, know, come to know, find, understand, see, note

11 Please furnish us with the goods that will prove to be <u>thoroughly</u> satisfactory to us.

① through ② throughout
③ wholly ④ partially

해설

「당사에 완전하게 만족스러운 것으로 입증될 물품을 당사로 보내주십시오.」
thoroughly : 충분하게, 완전하게(wholly)

12 There is almost no <u>market</u> here for these goods.

① articles ② demand
③ supply ④ market price

해설

market : 시장, 수요, 시세, 시황 등의 의미가 있다./ be in the market : 구매하려 한다.

13 Our price will be <u>competitive</u> in your market.

① profitable ② low
③ acceptable ④ expensive

해설

competitive : 경쟁적인, 경쟁할 수 있는, 즉, 가격이 저렴하다는 의미, 유사표현으로 low, inexpensive, reasonable, cheap 등이 있다.

정답

11 ③ **12** ② **13** ②

14 Please <u>look into</u> this matter at your end once more.

① correspond ② match
③ go through ④ ask

해설
look into : 조사하다, 연구하다(go through)

[15-16] 다음 문장의 밑줄 친 부분과 의미가 다른 것을 고르시오.

15 <u>Many thanks for</u> your inquiry of March 20.

① We have received with thanks ② We would appreciate
③ We thank you very much for ④ We appreciate

해설
「3월 20일자 귀사의 문의에 감사드립니다.」
We would appreciate(감사드리겠습니다)는 미래형이다.

16 <u>As requested</u>, we quote you as follows:

① In reply to your inquiry ② Unless otherwise stipulated
③ In accordance with your request ④ Agreeably to your request

해설
「요청하신대로, 귀사에 아래와 같이 견적합니다.」
Unless otherwise stipulated : 별도로 명시되지 않는다면

[17-18] 다음 문장의 ( ) 안에 가장 적합한 표현을 고르시오.

17 Wilson & Co. are ( ) to open an account with us.

① referred ② angry
③ anxious ④ entered

해설
be anxious to ~ : ~을 갈망하다(be desirous of ~ing, want to)

정답
14 ③ 15 ② 16 ② 17 ③

18 (　　) the courtesy of the U.S. Embassy in Korea, we have learned that you are makers of stainless flatware in Korea.

① Due to　　② Through
③ Because of　　④ For

해설
(Through or From) the courtesy of the U.S. Embassy : 미국대사관의 호의를 통해서, 미국대사관으로부터. courtesy of는 생략해도 좋음

[19-27] 다음 문장 또는 밑줄 친 부분의 해석이 가장 잘된 것을 고르시오.

19 Concerning our credit status, <u>we wish to refer you to ABC Bank</u>.

① 당사는 ABC은행에 문의해 보았습니다.
② 귀사께서 ABC은행에 조회해 보시기 바랍니다.
③ 당사는 ABC은행에서 조회하였습니다.
④ 당사는 ABC은행에 조회해 보고자 합니다.

해설
refer A to B : A가 B에게 조회하다.

20 We are <u>handling</u> only <u>the best and finest quality</u> in washing machines.

① 제공하는 – 최고의 제품　　② 취급하는 – 최고급품
③ 유지하는 – 최신의 모양　　④ 거래하는 – 최대의 수

해설
handle : 취급하다/ the best and finest quality : 최고급 품질

21 Thank you for your letter of 18th <u>ultimo</u>.

① 이 달　　② 지난 달
③ 다음 달　　④ 전전 달

해설
ultimo(=ult) : 지난 달/ proximo(=prox) : 다음 달/ instant(=inst) : 이번 달

정답
18 ② **19** ② **20** ② **21** ②

22 Messrs. Carter & Co., have recommended your firm to us as one of the largest Importers and exporters in Japan. It so happens that we are not represented in your country.

① 공교롭게도 현재 당사는 귀국에 대리점이 없다.
② 우연히 당사는 현재 귀국을 대리하지 않고 있다.
③ 당사는 당분간 귀국에서는 활동하지 않으려 한다.
④ 공교롭게도 당분간 당사는 귀국에서 활동하지 않으려 한다.

해설

Messrs. Carter & Co. : 수신자 앞에 붙이는 경칭으로 회사이름이 인명(人名)과 관련되어 있을 경우에는 Messrs.를 붙인다. Messrs.는 프랑스어의 Monsieur(=Mr.) 복수형 Messieurs의 약자이다.
we are not represented : 당사는 대리점이 없다.

23 We learn from your homepages that you are producing MP3 Players for export in a variety of the latest models.

① 당사는 귀사가 다양한 종류의 모델 학생용 MP3 플레이어들을 대량으로 생산하여 수출하고 있음을 귀사의 광고를 통하여 알게 되었습니다.
② 당사는 귀사가 수출용 MP3 플레이어를 생산하여 내수용으로 판매하고 있다는 사실을 광고를 통하여 알게 되었습니다.
③ 당사는 귀사가 다양한 최신 모델의 수출용 MP3 플레이어들을 생산하여 내수용으로 판매하고 있다는 사실을 광고를 통하여 알게 되었습니다.
④ 당사는 귀사가 다양한 종류의 최신 모델 수출용 MP3 플레이어들을 생산하고 있음을 귀사의 홈페이지를 통하여 알게 되었습니다.

해설

learn from your homepages : 홈페이지를 통하여 알다/ MP3 Players for export : 수출용 MP3 플레이어들/ a variety of the latest models : 다양한 종류의 최신 모델

24 You have been introduced to us by the Asian Mart in Hongkong as the reliable importers of condensers. Attachment file is an advertised brochure showing the captioned item.

정답

22 ① **23** ④ **24** ④

① 홍콩 소재 아시안 마트가 귀사를 변전기의 신뢰할만한 수입업자로서 당사에게 소개해주었습니다. 동봉한 파일은 하기의 품목을 보여주는 광고 자료입니다.
② 홍콩 소재 아시안 마트가 귀사를 변전기의 신뢰할만한 수입업자로서 당사에게 소개해주었습니다. 첨부 파일은 언급한 품목을 보여주는 광고 자료입니다.
③ 홍콩 소재 아시안 마트가 귀사를 축전기의 신뢰할만한 수입업자로서 당사에게 소개해주었습니다. 동봉 파일은 하기의 품목을 보여주는 광고 소책자입니다.
④ 홍콩 소재 아시안 마트가 귀사를 축전기의 신뢰할만한 수입업자로서 당사에게 소개해주었습니다. 첨부 파일은 언급한 품목을 보여주는 광고 소책자입니다.

해설
condenser : 축전기/ captioned item : 언급한 품목

25 Our goods are well received by people throughout the world because of their exquisite workmanship.
① 당사 물품은 정교한 재료 때문에 전 세계의 사람들로부터 환영을 받고 있습니다.
② 당사 물품은 저렴한 가격 때문에 전 세계의 사람들로부터 환영을 받고 있습니다.
③ 당사 상품은 정교한 광고 때문에 전 세계의 사람들로부터 환영을 받고 있습니다.
④ 당사 상품은 제품의 정교한 솜씨 때문에 전 세계의 사람들로부터 환영을 받고 있습니다.

해설
exquisite workmanship : 정교한(섬세한, 훌륭한) 솜씨(기술)

26 We are desirous to extend the market for electronic equipment. If you are interested in our proposal, we will supply you with a sample of

정답
25 ④ **26** ④

commercial value.

① 당사는 전자장비에 대한 시장을 확대하고 싶습니다. 만약 귀사가 당사의 제의에 관심이 있으시다면, 무상견품을 제공하겠습니다.

② 당사는 전자장비에 대한 시장을 확대하고 싶습니다. 만약 귀사가 당사의 제품에 관심이 있으시다면, 무상견품을 제공하겠습니다.

③ 당사는 전자장비에 대한 시장을 확대하고 싶습니다. 만약 귀사가 당사의 제품에 관심이 있으시다면, 유상견품을 제공하겠습니다.

④ 당사는 전자장비에 대한 시장을 확대하고 싶습니다. 만약 귀사가 당사의 제의에 관심이 있으시다면, 유상견품을 제공하겠습니다.

해설

our proposal : 당사의 제의/ sample of commercial value : 유상견품. 이에 대해 무상견품은 sample of no commercial value, free sample, gratis sample 등으로 표현한다.

27 Your prompt cable amendment, upon receipt of this letter, will be appreciated.

① 이 서한을 받으시고 즉시 전신으로 통보하여 주셔서 감사합니다.

② 이 서한 수령과 동시에 귀사의 신속한 전신 수정이 있었음을 감사드립니다.

③ 이 서한을 받는 즉시 신속하게 전신으로 정정하여 주시면 감사하겠습니다.

④ 본 서한 수령과 동시에 귀사에서 전신으로 수정하여 주셔서 매우 다행스럽습니다.

해설

upon receipt of this letter : 이 서한을 받는 즉시/ Your prompt cable amendment : 신속한 귀사의 정정/ will be appreciated : 감사되어질 것입니다(감사하겠습니다)

[28-31] 다음 우리말을 영문으로 옮겼을 때 가장 잘 된 표현을 골라 표기하시오.

28 당사의 제의에 관심이 있으시다면, 귀사에게 무상견품을 제공해 드리겠습니다.

① If you are interested in our proposal, we will supply you with a sample of no commercial value.

② If you are interesting in our proposition, we shall supply you for a

정답

27 ③ 28 ①

sample of no commercial price.

③ If you are interested to our proposal, we will furnish you a gratis sample.

④ Should you be interested in our proposition, we are able to send you with our free samples.

해설

제의 : proposal, proposition/ ~에 관심이 있다 : be interested in~
A에게 B를 제공하다 : supply(furnish, provide) A with B
무상견품 : sample of no commercial value, gratis sample, free sample

29 당사의 판매조직에 관하여 좀 더 많은 정보를 원하시면 당사의 인터넷 홈페이지를 방문해 주십시오.

① You can visit our internet homepage for more information on our sales organization.

② You are required to come to our internet homepage for farther information on our sales network.

③ You are invited to our internet home for more information on our sales network.

④ You may visit my home for further information on our sales network.

해설

판매조직 : sales organization/ 더 많은 정보 : more(farther) information

30 귀사가 당사의 제품에 관심을 갖고 있다면 이메일로 당사의 거래조건을 보내겠습니다.

① If you are interested in our produces, we are willing to sending our business terms through e-mail.

② If you are interested our products, we would be happy to send you our business conditions by e-mail.

③ If you are interesting our products, we are willing to send you our business conditions through e-mail.

정답

29 ① 30 ④

④ If you are interested in our products, we would be happy to send you our business terms by e-mail.

해설
~에 관심을 갖다 : be interested in ~/ 이메일로 보내다 : send by e-mail

31 재정 상태에 관하여는 당사의 거래은행이 귀사에게 필요한 정보를 제공할 것입니다.

① Regarding credit standing, our banker will supply you necessary information.

② As to capital standing, our bankers will supply you of necessary information.

③ Regarding finance standing, our banks will supply you information.

④ As to financial standing, our bank will supply you with necessary information.

해설
재정 상태에 관하여 : As to(regarding, concerning, As for) financial standing (status)/ 당사의 거래은행 : our bankers/ A에게 B를 제공하다 : supply A with B

32 다음 문장을 영작한 부분 중 틀린 것을 고르시오.

> 당사는 대한민국에 있는 www.gobizkorea.com의 웹사이트에서 비디오폰, 무전기 등과 같은 통신기기의 신뢰할만한 수입업자로서 귀사명과 주소를 입수하였습니다. 당사는 중국산 사무 자동화 기기의 수출에 종사하고 있으며, 귀사와 거래개설 제의를 원합니다.

① We owe your name and address the website at www.gobizkorea.com in the Republic of Korea

② as reliable importers of telecom units such as video phones, transreceivers, etc.

③ We are engaged in the export of OA appliances of Chinese make,

④ and wish to propose to open an account with you.

정답
31 ④ 32 ①

해설

owe를 사용하여 A를 통하여 B를 알게 된 표현을 할 때는 We owe B to A의 형태가 된다. 따라서 ①번 문장은 We owe your name and address to the website ~가 되어야 한다.

[33-43] 다음 서한의 내용을 읽고 물음에 답하시오.

> 당사는 해외 고객들의 주문을 조달하는 데에 어떠한 어려움을 기대하지 않음. 당사는 1990년에 무역업을 개설하였고, 연간 매출액은 4만 유로를 초과함.
> 당사 섬유의 우수한 품질과 경쟁적 가격으로 인해 당사는 좋은 평판을 받고 있음. 귀사의 호의적인 이메일을 고대함
> We do not expect to have any difficulty in filling orders from overseas clients. We (　가　).
> (　나　).

33 다음 중 (가) 안에 들어가야 할 문장으로 적합한 것은?

① opened a foreign agency in 1990, and the annual sales exceed EUR40,000

② opened a foreign trade in 1990, and the annual sales exceed to EUR40,000

③ established a foreign trade business in 1990, and the annual sales exceed EUR40,000

④ established a foreign trade business in 1990, and the annual sales exceed to EUR40,00

해설

무역업을 개설하다 : establish a foreign trade business/ ~을 초과하다 : exceed ~

34 다음 중 (나) 안에 들어가야 할 문장의 구성이 잘못된 부분이 있는 것은?

① We are enjoying a good reputation

② owing to

③ the excellent quality and competitive price of our textiles.

정답

33 ③ **34** ④

④ We look forward to receive your favorable E-mail.

해설

④ We look forward to receive your favorable E-mail.에서 receive를 빼거나, 아니면 receiving으로 바꿔야 한다.

35 아래 문장의 괄호 안에 들어갈 가장 적합한 구문을 고르시오.

> Consequently, it will be a pleasure for us to service you and we're (귀사의 회신을 기다리겠습니다).

① looking forward to hearing your reply
② appreciate receiving your reply
③ asking your immediate reply
④ looking for your reply

해설

~를 기다리다 : be looking forward to(look forward to) ~(명사 또는 동명사)

36 다음 우리말을 영어로 옮길 때 잘못된 것을 고르시오.

> 귀사께서 당사에게 편물 견품을 보내주시기 바랍니다.

① We want you to furnish us with the samples of knitwear.
② We hope that you will favor us with the patterns of knitwear.
③ We should be obliged if you would favor us with the samples of knitwear.
④ We appreciate your sending us the samples of knitwear.

해설

We appreciate your sending us the samples of knitwear.의 문장은 appreciate가 현재형이므로 「보내주셔서 고맙습니다」이다. 따라서 We will(would) appreciate ~로 되어야 한다.
pattern : 직물류의 견본(swatch)

정답

35 ① **36** ④

[37-43] 다음 문장을 영문으로 옮길 때 그 표현이 틀린 것을 고르시오.

37 ① 동 상사는 모든 면에서 신뢰할 만합니다.
⇒ The firm is reliable in every respect.
② 당사는 귀사의 신속한 회신을 고대합니다.
⇒ We await your prompt reply.
③ 당사 제품가격은 저렴합니다.
⇒ Our prices are competitive.
④ 당사의 상품 목록을 별도로 보내드렸습니다.
⇒ We have sent you our price list by separate.

해설
상품목록 : catalog(ue)/ price list : 가격표/ 별도로(별봉으로) : by(under) separate cover, separately/ 고대합니다(기다립니다) : await 또는 wait for

38 ① 당사는 5월 3일자 귀사의 상품목록을 잘 받았습니다.
→ We have received with thanks your catalog dated May 3.
② 당사는 동 상사와 거래가 시작되기를 원합니다.
→ We want to start business with them.
③ 당사는 귀사의 호의적인 회신을 기대합니다.
→ We look forward to receive your favorable reply.
④ 당사는 특사 편으로 견품을 귀사에게 보내드립니다.
→ We are sending you our samples by courier.

해설
③ to receiving 또는 to your favorable reply이 되어야 한다.

[39-43] 다음 우리말을 영어로 옮길 때 ( ) 속에 들어갈 알맞은 것을 고르시오.

39 당사는 서울에 있는 한국 무역 협회를 통해서 완구의 수입업자로서 귀사명과 주소를 알았습니다.

⇒ We ( ) your name and address to the KITA, Seoul as importers of toys.

정답
37 ④ **38** ③ **39** ③

① indebt ② learn ③ owe ④ acquire

해설

32번 및 51번 문제 해설 참조

40 당사는 국내의 도매업자들 사이에서 좋은 평판을 받고 있습니다.

⇒ We enjoy a good ( ) among the local ( ).

① reputation – wholesalers ② reputation – producers
③ responsibility – wholesalers ④ reference – consignees

해설

좋은 평판을 받고 있다 : enjoy a good reputation/ 도매업자 : wholesaler

41 당사 제품의 견품을 항공 소포편으로 발송하였습니다.

⇒ We have ( ) our samples to you ( ).

① forward – by ship ② been received – by separate
③ been send – by air post ④ sent – by air parcel post

해설

발송하였다 : have sent(forwarded)/ 항공 소포편으로 : by air parcel post

[42-45] 다음 우리말을 영어로 옮길 때 괄호 안에 들어갈 내용이 가장 올바르게 나열된 것을 고르시오.

42 당사 상품에 대한 귀사의 조회에 감사드립니다.

⇒ We ( ).

(1) our commodity (2) about (3) your
(4) inquiry (5) appreciate

① (5) – (4) – (1) – (2) – (3) ② (5) – (4) – (1) – (3) – (2)
③ (5) – (2) – (3) – (4) – (1) ④ (5) – (3) – (4) – (2) – (1)

정답

40 ① 41 ④ 42 ②

43 당사는 동 상사가 주로 어떠한 업종에 종사하시는지 알고 싶습니다.

⇒ We are interested (   ) are mainly engaged.

(1) in	(2) to	(3) line	(4) know	(5) they	(6) what

① (1) − (6) − (3) − (4) − (2) − (5)
② (2) − (4) − (1) − (6) − (3) − (5)
③ (1) − (4) − (3) − (5) − (2) − (6)
④ (2) − (5) − (1) − (4) − (3) − (6)

해설
~을 알고 싶다 : be interested to know/ 어떠한 업종에 종사하는지 : in what line they are engaged(=what line they are engaged in)

44 당사의 재정상태에 관해서는, 파란은행에 조회해 보시기 바랍니다.

⇒ Concerning our financial status, (   ) to Paran Bank.

(1) we	(2) you	(3) to	(4) like	(5) refer	(6) would

① (2) − (4) − (6) − (5) − (3) − (1)
② (2) − (6) − (4) − (3) − (5) − (1)
③ (1) − (6) − (4) − (2) − (3) − (5)
④ (1) − (3) − (6) − (4) − (2) − (5)

[45−45] 다음 우리말을 영어로 옮기려고 할 때 (   ) 안에 적합하지 않은 것은?

45 위 상품은 귀 시장에 적합할 것으로 확신합니다.

⇒ We are sure that (   ) goods will (   ) suitable for your market.

① the above − turn out
② the said − be
③ the − prove
④ the following − look

해설
위(상기, 언급된) 상품 : the(the above, the said) goods/ ~에 적합하다 (적합한 것으로 판명되다) : be(prove, turn out) suitable for ~

정답
43 ② **44** ③ **45** ④

46 한국외환은행에서 동 상사의 신용상태를 귀사에게 알려줄 것입니다.

⇒ Korea Exchange Bank will (   ) you of their credit standing.

① supply ② inform
③ advise ④ notify

해설
A에게 B를 알리다 : inform(advise, notify) A of B

[47-47] 다음 (A), (B)의 문장이 같은 뜻이 되도록 (   )안에 알맞은 말을 고르시오.

47

(A) As you requested, we have sent you our samples by airmail.
(B) (   ) your request, we have (   ) our samples.

① Complying with – airmailed ② By – mail
③ According to – been mailed ④ To – airmail

해설
As you requested(귀사가 요청한 대로, 귀사의 요청에 따라서) : Complying with, According to, In response to 등의 표현이 있다.
we have sent you our samples by airmail. : 당사는 항공우편으로 견품을 보냈습니다.(= we have airmailed our samples.)

48

(A) As to our credit standing, we wish to refer you to Korea Exchange Bank.
(B) Please (   ) Korea Exchange Bank (   ) our credit status.

① referring to – about ② refer to – concerning
③ refer you to – considering ④ refer – on

해설
「당사의 신용상태에 관해서 귀사가 한국외환은행에 조회하시기 바랍니다.」
A에 조회하다 : refer to A, refer you to A/ ~에 관해서 : concerning(about, for, as to) ~

정답
46 ① **47** ① **48** ②

49

> (A) Please refer to Nara Bank as to our credit standing.
> (B) Nara Bank will (　　) you with necessary information (　　　) our credit (　　　).

① supply – for – status
② favor – concerned – condition
③ provide – regards – letter
④ send – on – inquiry

해설

「당사의 신용상태에 관해서는 나라은행에 조회하십시요」「나라은행은 당사의 신용상태에 관해 귀사에게 필요한 정보를 제공할 것입니다.」
제공하다 : supply(provide, favor, furnish)
당사의 신용상태에 관해 : for(concerning) our credit status(standing)

50 다음 주어진 문장 또는 단어를 배열하였을 때 맞게 배열된 것은?

> (A) We introduce ourselves as one of the leading importers of all kinds of office supplies.
> (B) This will, we hope, meet with your prompt attention and await your favorable reply.
> (C) Concerning our financial standing, please refer to our bankers, Korea Bank, Seoul.
> (D) We are willing to order these goods from you if your prices and quality suit our trade.

① (A) – (D) – (C) – (B)
② (A) – (C) – (D) – (B)
③ (A) – (D) – (B) – (C)
④ (A) – (B) – (D) – (C)

해설

「(A) 당사는 모든 종류의 사무용품의 일류 수입업자의 하나로 당사를 소개하는 바입니다.
(D) 귀사의 가격과 품질이 당사의 거래에 적합하다면 당사는 이 물품들을 귀사에게 기꺼이 주문고자 합니다.
(C) 당사의 재정상태에 관해서는 당사의 거래은행인 서울의 한국은행에 조회하십시오.

정답

49 ①　50 ①

(B) 이것에 대해 귀사가 신속히 배려해 주기를 바라고, 귀사의 호의적인 회신을 기다립니다.」

51 다음 문장 중 잘못된 것을 골라 표기하시오.

① Your name and address have been given through the Chamber of Commerce of New York as one of the well-known importers handing various travel bags.

② We owe your name and address to the Chamber of Commerce of New York as one of the well-known importers handling various travel bags.

③ We are indebted to your name and address from the Chamber of Commerce, New York as one of the well-known importers handling various travel bags.

④ Through the Chamber of Commerce of New York, we have learned that you are one of the well-known importers handling various travel bags.

해설

상대방을 알게 된 경위를 표현하는 문장으로 indebt를 사용하면, We are indebted to your name and address from the Chamber of Commerce, New York에서 from 대신 for를 써야한다.

'A를 통해 B를 알게 되다'의 표현은 다음과 같이 다양하다.

Through(From) A, we have learned(known, found, understood) B

A has recommended(given) us B

B was given(recommended) to us by A

We indebted to A for B 또는 We indebted for B to A

We owe B to A

[52-55] 다음 대화를 읽고 물음에 알맞은 답을 고르시오.

A : Mr. Park, we're looking for a good supplier of cellular phones. Does your company (가) the goods?

B : No, but I think I can let you contact some new <u>(나)firms</u>.

A : Good, but remember that the quality must be (다).

B : Don't worry, leave it to me, Mr. Taylor.

정답

51 ③

52 위의 (가)에 들어갈 가장 적합한 단어는?

① handle ② order
③ offer ④ contract

해설

「A : 미스터 박, 우리는 휴대폰의 좋은 공급업자를 찾고 있습니다. 당신 회사에서 이 제품을 취급하고 있습니까?
B : 아닙니다. 그러나 몇몇 새로운 회사를 귀사에게 연결시킬 수는 있다고 생각합니다.
A ; 좋습니다. 그렇지만 품질은 우수해야 한다는 것을 명심해 주십시오.
B ; 미스터 테일러, 걱정 말고 나에게 맡겨 두십시오.」

53 위의 (나)와 바꾸어 사용할 수 있는 단어는?

① persons ② companies
③ agents ④ departments

54 위의 (다)에 들어갈 가장 적합한 단어는?

① bad ② commodity
③ condition ④ excellent

55 위의 대화 내용으로 볼 때 대화자 A는 누구인가?

① supplier ② buyer
③ exporter ④ seller

정답

52 ① **53** ② **54** ④ **55** ②

제3절 신용조회 및 회신(Credit Inquiry and Reply)

무역거래는 일반적으로 언어, 제도, 관습 등의 사회적 조건이 상이한 국가간에 이루어지는 거래현상이므로 국내거래와는 달리 거래상품의 운송 및 보관에 관련된 위험, 상품가격 및 환율변동에 따른 위험, 무역거래상의 클레임 발생, 그리고 물품대금의 결제와 관련되어 발생하는 지급 불능이나 지급거절 등과 같은 다양한 위험에 직면하게 된다. 이러한 무역거래에서의 위험성은 인터넷 통신망을 비롯한 세계 교통 및 보험제도의 발달로 전보다는 상당한 정도 감소되기는 하였으나 아직도 도처에 상존해 있다.

대금결제와 관련해서는 신용장 이외의 대금결제방법 즉, D/P, D/A 와 같은 결제방법으로 거래를 할 때, 대금지급 거절 또는 대금지급 지연 등 대금회수상의 문제가 발생할 수 있고, 상품인도와 관련해서는 고의적인 클레임제기[3] 등이 제기될 수 있어 거래 당사자들을 불안하게 하고 있다.

이러한 무역거래상의 위험 및 불안을 제거하기 위해서는 각종 위험을 보완하는 제도[4]를 제대로 숙지하여 활용하는 것이 필수적이지만 가장 우선 시 되는 것은 거래 당사자간의 신뢰성 확보라 할 수 있다. 특히 무역거래는 신의성실의 원칙에 기반을 둔 상거래(商去來)로서, 무역을 관리하는 국제제도, 법규 등이 존재하더라도 당사자간 신뢰가 무너질 때는 여러 가지 어려움이 뒤따르게 된다.

따라서 무역거래의 당사자들은 거래가 긍정적으로 진행되는 단계에 들어서면 서로 상대방에 대한 신용조회를 하게 된다. 신용조회를 통해 상대방의 재정상태, 영업방침, 현지에서의 평판, 대표자의 인물, 사업능력, 성실성 등을 판단하고, 그 결과에 따라 거래의 계속 여부를 결정하게 된다.

신용조회는 일반적으로 거래처가 지명한 현지의 은행 또는 상사, 주재국 대사관 및 영사관, 관련협회, 각국 소재 상업회의소등을 통하여 이루어진다. 그

---

3) 고의적인 클레임의 제기만을 전문적으로 하는 자를 'Claim−hunter'라 한다.

4) 상품의 운송 및 보관상의 위험은 해상보험과 이에 부수되는 각종손해보험, 대금결제상의 위험은 신용장 및 수출보험제도, 상품가격 및 환율변동에 따른 위험은 선물(환)거래 등에 의해 보완되고 있다.

러나 언급된 기관들의 신용조회 회신을 통해서는 각 국가마다 관계법규의 제약이 있어 좋은 정보를 기대하기 힘들다. 즉, 대부분의 국가는 다른 국내회사의 신용이나 명성을 해치는 행위를 법으로 규제하고 있기 때문에 불리한 내용에 대한 정확한 정보의 제공을 꺼리고 있다.

따라서 국내의 경우 신용보증기금이나 수출입 은행, 수출보험공사 등 신용조사를 전문적으로 하는 기관을 이용하거나 세계각처에 광범한 조사망을 갖고 각국에 소재하여 신용조회업무를 전문적으로 취급하는 있는 미국의 Dun & Bradstreet Inc., 영국의 Bradstreet British Ltd. 등과 같은 세계적으로 유명한 상업흥신소(mercantile credit agency, credit inquiry agency)를 이용하여 신용조사를 할 수 있다.

신용조회시 필수적으로 조사해야 할 내용으로 character(상도덕), capital(지급능력), capacity(거래능력)을 꼽고 있는데, 이를 신용조회의 「3C's」라고 한다.

character라 함은 해당기업의 거래성격 또는 상도덕성을 말하는 것으로 업체의 개성(personality), 성실성(integrity), 평판(reputatuon), 영업태도(mode of doing business) 등이 포함된다.

capital은 대금지급능력을 말하는 것으로 재무상태(financial standing), 결제능력(settlement ability) 등이 포함된다.

capacity는 거래능력 또는 지급능력을 말하는 것으로 연간매출액(turn - over), 영업경험(business carrier), 영업능력(business ability) 등이 포함된다.

이외에도 신용조사의 내용으로는 상대방 회사가 처해 있는 현지의 정치적, 경제적 상황도 중요하기 때문에 country(소속국가), currency(거래통화)에 대해서도 신중한 검토가 필요하며, 이와 함께 condition(거래조건), collateral(담보능력) 등이 신용조회의 대상이 된다. 언급된 「3C's」에 이 중 두 가지를 추가하여 「5C's」라고도 한다.

1 무역서한

Model Letter 1. Kotex사에서 알려준 신용조회처에 신용조사를 의뢰하는 서한

Dear Sirs,

We learned your esteemed name[1) as a reference[2) from the below firm in Seoul who would like to enter into business relations with us.

Kotex Co., Ltd., 232 – 3, Nonhyeon – dong, Gangnam – gu, Seoul, C.P.O. Box 123

We are interested in knowing their main items, your candid opinion on their financial responsibility[3), business mode, and general reputation in your country. We shall, therefore, be much obliged if you could give us enough information on them.

We assure you that all information will be kept as strictly confidential[4) and will be used for our files only[5).

We look forward to hearing from you soon.

Yours Truly,

---

1) your esteemed name : 존경하는 귀사의 이름, 현대문에서는 esteemed를 생략하는 것이 더 좋다.
2) as a reference : 신용조회처로서, 이때는 reference가 가산명사(countable noun)이다. 불가산 명사로 쓰이면 참조, 참고 등의 의미이다.
3) financial responsibility : 재정능력, 지불능력.
유사표현 financial ability, solvency, financial standing(status, position)
4) be kept as strictly confidential : 극비로 취급되다. 유사표현 be treated(held) in strict(absolute, complete) confidence
5) for our files only : 당사의 서류용으로만, 즉 비밀로

Model Letter 2. 신용조회처에서 신용조사 의뢰에 대한 회신

Export Manager,

In response to your request of March 5, we are happy to inform you that Kotex Co, Ltd, has set up business in Seoul since 1970 as General Importers & Exporters[1], and has enough capital volume for their requirements.

For more than twenty five years, they have kept a current account[2] with us, and always given enough satisfaction to us and their customers. And their latest financial status show us a healthy condition.

We trust that the above information, which is given for your confidential use[3] and without responsibility on our part[4], will prove helpful to you[5]. But we shall be pleased to be of any further services to you[6] if you require more details.

The enclosed note[7] shows the charges which we have paid on your behalf[8], for which we ask you to settle soon[9].

Yours very truly,

---

1) General Importers & Exporters : 종합수출입상, 몇 개 종목에 전문화되어 있지 않고 다양한 상품을 취급하는 수출입상을 뜻한다. 종합무역상사(General Trading Company)와는 구분된다.
2) current account : 당좌계정
3) for your confidential use : 귀사만 비밀로 사용하도록
4) without responsibility on our part : 당사측은 책임 없이
5) prove(be) helpful to you : 귀사에 도움이 되다.
6) be of services to you : 귀사에게 서비스 하다, 도움을 주다
7) enclosed note : 동봉된 계산서(청구서), 여기서 note는 bill 과 같은 의미로 쓰였음
8) the charges which we have paid on your behalf : 귀사를 대신해서 당사가 지불한 비용
9) ask you to settle soon : 귀사에게 곧 결제해 줄 것을 요청한다.

Model Letter 3. 타이찌사에 대한 신용조사를 의뢰하는 서한

Gentlemen :

Taitsi Co., Ltd. in your city would like to do business with us and we are also interested in their favorable proposal.

We are ready to make a major contract[1] with the firm, but we do not know anything about the said company's information such as founder, main directors, their reputations, and capital volume, etc. We would appreciate it very much if you could give us necessary information on them.

You are not, of course, responsible for[2] information you may give us. Any information will be appreciated and be treated in strict confidence[3].

Any expense to be incurred[4] in connection with the matter, please charge to our account[5].

Very truly yours,

---

1) make a major contract : 중요한 계약을 체결하려 한다
2) You are not responsible for ~ : 귀사는 ~ 에 대해 책임이 없다.
3) be treated in strict confidence : 극비로 취급되다.
4) Any expense to be incurred : 발생된 비용
5) charge to our account : 당사의 계정에 청구하시오.

Model Letter 4. Pan European사에 대한 신용조회를 의뢰하는 서한

Dear Sirs.

Pan European Co., Ltd. who has desired to do business with us, have given us your name and address as a reference.

We shall be very much thankful if you could inform us of information you may have regarding the below items. Preferably[1], please give us whatever data you may have[2] regarding your experience with the firm. You are assured of our discretion in treating your information[3].

(1) Establishment year
(2) Financial and business standing
(3) Organizer's reputation and business mode
(4) Payment methods
(5) Amount of credit[4]

Looking forward to hearing from you soon, and any expenses connected with this inquiry will be gladly paid upon receipt of your bill[5].

Yours truly,

---

1) preferably : 되도록이면, 할 수 있다면
2) whatever data you may have : 귀사가 갖고 있는 자료 무엇이던지
3) You are assured of our discretion in treating your information : 귀사의 정보를 신중히 다룰 것을 보증합니다.(=We assured you of ~)
4) Amount of credit : (외상거래시) 신용공여금액
5) upon receipt of your bill : 귀사의 청구서를 받는 즉시. 여기서 bill은 청구서, 계산서의 뜻으로 쓰였다. bill은 이외에도 어음, 법안의 뜻이 있다.

Model Letter 5. 신용조사 의뢰에 대한 회신

Dear Gentlemen :

Before reply to your inquiry of April 20, we are very sorry to late for answering your credit inquiry. We have the pleasure of reporting on the firm you mentioned as below.

The firm has been established since 1970 as a firm importing and distributing automobiles[1] with an authorized capital[2] of $2,000,000 fully paid up.[3] The firm is composed of all sincere and aggressive staffs in doing business activities.

They have had business relations with us for more than 10 years and have never failed to settle their payments, which means that they have always maintained amicable, friendly relations with us. Our opinion is that you will be able to trust them in extending credit for the amount of business[4] you mentioned.

This letter is written in answer to your request with the understanding that its source and contents will not be divulged. The correctness of the information contained herein is not guaranteed and neither the bank nor the writer[5] assumes any responsibility therefor.

Yours truly,

---

1) a firm importing and distributing automobiles : 자동차를 수입하고 판매하는 회사
2) authorized capital : 수권자본, 주식회사를 설립할 때 인가된 자본금을 말하며, 납입자본을 제한 나머지 수권자본은 자금이 필요할 때 주식을 발행할 수 있다.
3) fully paid up : 전액 납입한
4) in extending credit for the amount of business : 거래금액에 대해 신용을 확대함에 있어, 외상거래금액을 늘리는데 있어
5) neither the bank nor the writer ~ : 당 은행이나 작성자 모두 ~하지 않는다.

Model Letter 6. 신용조회에 대한 불리한 회신

Gentlemen :

We are pleased to report on the firm referred to[1] in your letter of May 20 as follows.

We are sorry that we have been unable to obtain any satisfactory information about the company as we have no business with them for over two years.

It is rumoured, however, that[2] they have made many questionable and dubious business[3] with their customers in the past and suffered a heavy loss by the recent depression[4].

Lately the company seems to be short of cash and meets its engagement's[5] with difficulty. Business with them is recommended on a fully secured basis only[6].

We would suggest you to pay most careful attention to the business with them. However, it is our personal opinion and we wish you to make further investigation on your part.[7]

We ask you to treat this information in strict confidence and without any responsibility on our part.

Yours faithfully,

---

1) firm referred to : 언급한 회사, 신용조회한 회사
2) It is rumoured that ~ : that ~ 라는 소문이 있다.
3) questionable and dubious business : 의심이 가는 애매한 사업
4) recent depress : 최근의 경기침체
5) meet its engagement's : 채무를 이행하다 유사표현 obligation
6) fully secured basis only : 충분한 담보조건에서만
7) we wish you to make further investigation on your part. : 귀사 측에서 추가로 조사하기를 바랍니다.

Model Letter 7. 신용조회에 대한 호의적인 내용의 회신

<u>The DORIM Chemical Co., Ltd.</u>

This is a report on[1] the company of which you inquired[2] in your letter dated April 1. We wish you to understand that information is supplied in confidence.

The company you mentioned is one of the oldest and best established corporations[3)] here and commenced operations[4)] in 1950 as manufacturers of chemical goods. They have many good business relations both at home and abroad and have been doing business on a large scale[5)].

They have opened an account with us since september, 1995. Since then we have been maintaining excellent business relations with them in complete satisfaction[6)]. Their latest financial statements[7)] show a healthy condition.

The managing staff[8)] of the company is well – known to us and we have high reliability for their character, integrity, and financial responsibility[9)]. We would think them as A1[10)] and you would not run the least risk[11)] in establishing a connection with the firm.

Youth faithfully,

---

1) a report on~ : ~에 관한 보고서
2) the company of which you inquired : 귀사가 문의한 회사
3) oldest and best established corporation : 최고의 전통있는 회사
4) commenced operations : 사업을 시작하다, operation : (사업 등의) 경영, 운영
5) on a large scale : 대규모로
6) in complete satisfaction : 완전히 만족스럽게
7) financial statement : 재무제표
8) managing staff : 경영진
9) character, integrity, and financial responsibility : 성격, 성실성, 재정적 책임
10) A1 : 일류의, 최상의, 주로 구어체(口語體)로 사용됨
유사표현 first class, foremost, excellent, best 등
11) you would not run the least risk : 귀사는 최소한의 위험도 부담하지 않을 것이다. run the risk : 위험을 부담하다.

Model Letter 8. 신용조사를 의뢰하는 서한

Dear Sirs,

We have learned your name as an important trade reference from the Koyo Industry Co., Ltd., Seoul, Korea.

We will open an account with them if they turn out to be reliable and trustworthy[1]. Therefore we would much appreciate your providing us with[2] any information you might have[3] concerning the above company.

Any information, of course, will be held as strictly confidential[4] and expenses will be gladly paid by us upon receipt of your information.

We shall be happy to be able to reciprocate your assistance when a similar occasion arises.[5]

Yours truly,

---

1) turn out to be reliable and trustworthy : 믿을 만하고 신뢰할 수 있는 것으로 판명되다.
2) your providing us with ~ : 귀사가 당사에게 ~을 제공하는 것에 대해
3) any information you might have : 귀사가 가지고 있을 정보
4) be held as strictly confidential : 극비로 취급되어지다.
   유사표현 as absolutely confidential
5) to reciprocate your assistance when a similar occasion arises : 유사한 경우가 발생할 때 귀사의 도움에 보답하다.

Model Letter 9. 전 서한에 대한 신용조회 회신

Gentlemen :

In response to your inquiry of May 1, we are pleased to inform you that the firm you referred to[1] seems to us quite trustworthy. Their financial status has been perfectly sound since their opening of business[2)].

Upon dealing with[3)] them you will immediately find that they are not only entirely reliable in financial matters but very capable in their business affairs.

However, please note that this is our personal opinion and this information is given without responsibility on the part of this bank and its officers[4)] as a matter of business courtesy[5)] in answer to your inquiry.

Yours faithfully,

---

1) the firm you referred to : 귀사가 조회한(=언급한) 회사
2) since their opening of business : 사업을 시작한 이래
3) deal with ~ : ~와 거래하다. 비교 deal in ~ : ~을 취급하다, 장사하다
   deal with a firm : 회사와 거래하다, deal in toys : 완구류를 취급하다
4) on the part of this bank and its officers : 은행이나 은행직원 측에서는
5) as a matter of business courtesy : 거래상의 예의로서

2 평가문제

[1–4] 다음 내용을 읽고 맞는 것을 골라 표기하시오.

> Gentlemen :
>
> We have just received from the Bank of California information regarding (가) the firm referred to in your letter of July 6.
>
> This is a private company run as a family concern and operating (나) on a not very large scale. We have no occasion to make an investigation of their finance and (다) we would like you not to make an binding engagement with them for the time being.
>
> Yours truly,

01 밑줄 친 부분(가)을 바르게 해석한 것을 고르시오.

① 언급하신 그 회사　② 제의하신 그 조건
③ 문의하신 그 문제　④ 검토해 보신 그 제안

해설
「당사는 6월 6일자 귀사의 서한에서 언급한 회사에 관한 정보를 캘리포니아 은행으로부터 방금 받았습니다.
이 회사는 가족회사로 경영되는 개인회사이며, 그리 크지 않은 규모로 운영되고 있습니다. 당사는 그 회사의 재정상태를 조사할 기회가 없었으며, 그래서 당사는 귀사가 그 회사와 당분간 계약을 체결하지 않기를 바랍니다.」

02 밑줄 친 부분(나)을 바르게 해석한 것을 고르시오.

① 대단히 큰 규모로　② 대량 주문이 아닌 경우에
③ 소규모로　④ 대량구매 시 기준으로

정답
01 ①　02 ③

03 밑줄 친 부분(다)을 바르게 해석한 것을 고르시오.

① 계약을 체결할 수밖에 없습니다.
② 채무를 결제하지 않으셔도 좋습니다.
③ 재정상 어려움이 없는 것이 좋겠습니다.
④ 계약을 체결하지 마시기 바랍니다.

해설
bind a engagement : 계약을 체결하다

04 위 서한의 내용은?

① 거래제의에 대한 회신　② 거래제의 서한
③ 신용조회 의뢰 서한　④ 신용조회에 대한 회신

[5–8] 다음 서한을 잘 읽고 물음에 알맞은 답을 고르시오.

Angeles & Co., Inc.
30 East St., New York, N.Y.10020, U.S.A.

The above firm has been engaged in importing electric machinery for over 20 years and has sufficient capital for their requirements.

As far as we know, they have always settled their accounts promptly on the net dates.(가)

We believe that thanks to their steady way of conducting business(나), they enjoy a good reputation among the local wholesalers in our district.

Please note that this information is supplied without any responsibility on our part and should be kept in strict confidence(다).

05 위 서한은 어떠한 내용인가?

① 거래처 소개 의뢰　② 거래 수락

정답
03 ④ **04** ④ **05** ④

③ 신용조회 의뢰 ④ 신용조회에 대한 회답

> **해설**
> 「상기 회사는 20년 이상 전기기계를 수입하는데 종사해 왔으며, 그 회사가 필요로 하는 충분한 자본금을 가지고 있습니다.
> 당사가 알고 있는 바로는, 그 회사는 꼭 제 날짜에 즉시 대금 결제를 해왔습니다.
> 당사는 사업을 수행하는 그 회사의 꾸준한 방식 때문에 그 회사가 이 지역의 국내 도매업체 가운데 좋은 평판을 얻고 있다고 믿고 있습니다.
> 이 정보는 우리 측에 아무런 책임 없이 제공되는 것이고 그리고 극비로 취급되어야 한다는 것을 유의해 주십시오.」

06 밑줄 친 (가) 문장을 올바르게 해석한 것을 고르시오.

① 당사는 동 상사의 계정을 잘 알고 있기 때문에 제 날짜에 결제를 하지 않을 수 없습니다.
② 당사가 알고 있는 바로는, 동 상사는 꼭 제 날짜에 대금 결제를 해왔습니다.
③ 당사가 정해진 날짜에 대금 결제한다는 사실을 동 상사는 잘 알고 있습니다.
④ 동 상사는 항상 정해진 날짜에 결제를 해 주시기를 계속 요청해 왔습니다.

07 밑줄 친 (나)와 같은 의미를 갖는 것을 고르시오.

① because of their steady mode of doing business
② through their sufficient way of doing business
③ whether their steady mode of conducting business
④ because their various way of starting business

> **해설**
> thanks to ～ : ～ 덕택에, ～ 때문에

08 밑줄 친 (다)와 같은 의미를 갖지 않는 것을 고르시오.

① treated as strictly confidential
② held in absolute confidence
③ informed in complete confidential
④ held in strict confidence

정답
06 ② **07** ① **08** ③

해설

극비로 취급되다 : be treated(held, kept) in strict(absolute, complete) confidence, be treated(held, kept) as strictly(absolutely) confidential)

[9-13] 다음은 한글서한을 영작한 것이다. 각 문항의 물음에 답하시오.

6월 17(나)일자 귀사의 조회 서한(가)에 대한 회신으로, 말씀하신 (라)회사는 (마)이 지역에 있는 당사의 우수한 고객이며, 이 업계에서는 (바)평판이 좋다는 것을 알려드리게 되어 (다)기쁘게 생각합니다.

이 회사는 (아)말씀드릴만한 (사)어떠한 손실을 입은 적이 없는 것으로 알고 있습니다. 귀사께서 (A)이 회사와 거래하시는 데 전혀 위험부담이 없다는 것이 당사의 솔직한 의견입니다.

이 자료는 (자)당사 쪽에서는 아무런 책임 없이 (B)극비로 제공해 드린다는 것을 유의하십시오.

[영작]

(가) your inquiry (나) June 17, we are (다) to inform you that the said (라) is our best customer in this (마) and enjoying a good (바) in the trade.

As far as we know, they have never sustained (사) loss worth (아). It is our frank opinion that you will not run a risk in (A) the firm.

Please note that this information is given (B) without any responsibility (자) our part.

09 앞의 서한의 (가), (나), (다) 안에 적합한 단어로 나열된 것은?

	(가)	(나)	(다)
①	Replying to	– dated	– happy
②	Answering for	– of	– pleased
③	In response to	– for	– forced
④	Replying	– made	– obliged

해설

~에 대한 회신 : replying(in response) to ~/ ~일자 서한 : letter of(dated) ~/ 기쁘게 ~하다 : be pleased(happy) to ~, have the pleasure of ~

정답

09 ①

10 앞의 서한의 (라), (마), (바) 안에 적합한 단어로 나열된 것은?

	(라)	(마)	(바)
①	company	– area	– reputation
②	firm	– street	– report
③	firm	– order	– good
④	client	– place	– famous

해설
회사 : company, firm, corporation, enterprise 등/
이 지역에 있는 : in this area(district)/ 평판 : reputation

11 앞의 서한의 (사), (아), (자) 안에 적합한 단어로 나열된 것은?

	(사)	(아)	(자)
①	an	– mentioned	– of
②	some	– said	– at
③	a	– saying	– for
④	any	– mentioning	– on

해설
어떠한 손실: any loss/ 말씀드릴만한(언급되고 있는) : mentioning,
당사 쪽(측)에서는 : on our part

12 밑줄 친 부분 (A)에 쓸 수 없는 것은?

① opening an account with
② doing business with
③ proposing business with
④ entering into business with

해설
~와 거래하다 : opening an account(doing business, entering into business) with

13 밑줄 친 부분(B)에 가장 알맞은 것은?

① with complete confidence
② as strictly confidential
③ in strict confidential
④ as openly as possible

정답
10 ① 11 ④ 12 ③ 13 ②

해설

극비로 : as strictly confidential, in strict(complete, absolute) confidence

14 아래의 서신은 무엇에 관한 내용인가?

> British Imports have recently proposed to represent us in the sale of our cylinders and have given us your name as a reference.
>
> We shall appreciate it if you will advise us of your experience with this firm.
>
> Any information that you may give us will be held in strict confidence, and we shall be only too pleased to reciprocate when an opportunity turns up.

① Circular Letter
② Trade Terms Inquiry
③ Credit Inquiry
④ Asking Quotation

해설

「British Import사는 최근 당사의 실린더 판매에서 당사의 대리점을 맡겠다고 제안해 왔으며, 귀사를 신용조회처로 알려주었습니다.
귀사가 그 회사와의 (거래한) 경험을 당사에게 알려주시면 고맙겠습니다.
당사에게 주는 정보는 극비로 보관될 것이며, 그리고 기회가 되면 당사는 기꺼이 보답할 것입니다.」
신용조회를 의뢰하는 서한이다.

[15-18] 다음 문장의 밑줄 친 부분과 의미 또는 용법이 같은 것을 고르시오.

15 <u>Concerning</u> our credit standing, Korea Bank, Seoul Head Office will supply necessary information.

① As of
② Because of
③ As for
④ According to

해설

concerning ~ : ~에 관하여(as for, regarding, about)

정답

14 ③ **15** ③

16 Could you give us any information for us on their financial <u>status</u> and reputation?

① standing ② statute

③ statutory ④ stature

17 Please let us know your <u>frank</u> and objective opinion on the credit standing of their company.

① candid ② concise

③ concrete ④ correct

해설

frank and objective opinion : 솔직하고(candid) 객관적인 의견

18 Therefore, it will be much appreciated, if you <u>look into</u> the matter and let us know the result.

① look on ② investigate

③ respect ④ see

해설

look into : 조사하다(investigate)

19 다음 용어와 관련이 있는 것을 고르시오.

<u>Trade Reference</u>

① Credit Inquiry ② Sales Letter

③ Offer Sheet ④ Order Sheet

해설

trade reference : 거래조회

정답

16 ① **17** ① **18** ② **19** ①

[20-22] 다음 밑줄 친 부분과 뜻이 다르거나 먼 것을 고르시오.

20 Please favor us with your frank opinion as to their credit standing.

① Capital ② Claim
③ Character ④ Capacity

해설
credit standing(신용상태)관해 조사할 내용으로는 character(상도덕), capital(자본력), capacity(거래능력)를 일컫는다. 이를 신용조회의 3C's라고 하며, 이외에도 country(국가상황), currency(거래통화), condition(거래조건), collateral(담보능력) 등이 신용조회의 대상이 된다.

21 As far as we know, they enjoy a good repute here.

① are enjoying a good credit
② have been of good repute
③ have been enjoying a good reputation
④ are in good order

해설
be in good order(condition) : 좋은 상태로 있다.

22 As to our credit standing, we wish to refer you to Korea Exchange Bank.3

① please refer to ② we refer you to
③ we want you to refer to ④ we would like to refer to

해설
we wish to refer you to ~ : 당사는 귀사가 ~에 조회하기 바랍니다.
we would like to refer to ~ : 당사는 ~에 조회하고 싶다

[23-24] 다음 문장의 괄호 ( )안에 들어갈 가장 알맞은 단어를 하나 고르시오.

23 Credit standing may be revealed through analysis of capital, capacity and ( ).

정답
20 ② 21 ④ 22 ④ 23 ②

① credit ② character
③ capability ④ conduct

해설
「신용상태는 capital, capacity 그리고 character의 분석을 통해 알게 된다.」

24 We regret we have to give you ( ) information about the firm.

① unlimited ② unessential
③ unfavorable ④ unknown

해설
「귀사에게 그 회사에 대해 좋지 않은 정보를 알리게 되어 유감스럽습니다.」

25 다음 문장의 괄호( )안에 들어갈 단어의 순서가 올바르게 된 것 하나를 고르시오.

> "We have had (가) of a large scale with this (나) for more than 10 years and (다) these years they have always been prompt and punctual in their (라)."

① (가) transactions, (나) firm, (다) during, (라) payment
② (가) firm, (나) payment, (다) during, (라) transactions
③ (가) payment, (나) transactions, (다) firm, (라) during
④ (가) payment, (나) during, (다) firm, (라) transactions

해설
「당사는 이 회사(firm)와 10년 넘게 대규모의 거래(transactions)를 해 왔으며, 이 기간 동안(during) 그 회사는 그들의 결제(payment)에 있어서 항상 신속했고 그리고 제 때에 해 왔습니다.」
punctual : 시간(기간)을 지키는/ punctual delivery : 적기인도

[26-34] 다음 문장 또는 밑줄 친 부분의 해석이 가장 잘된 것을 고르시오.

26 We furnish this information <u>without any responsibility</u> on our part.

정답
24 ③ **25** ① **26** ①

① 어떠한 책임이 없이　　② 모든 책임을 있게
③ 책임이 있는 상태　　④ 책임을 가지고

27 We are especially interested to know <u>your frank opinion on their financial status and their mode of doing business</u>.

① 동 상사의 지급능력과 영업종목에 관한 귀사의 바람직한 견해
② 동 상사의 재정상태와 영업방식에 대한 귀사의 솔직한 의견
③ 동 상사의 신용상태와 주업종에 관한 귀사의 광범위한 의견
④ 동 상사의 재무제표와 경영방침에 대한 귀사의 정직한 의견

28 Would you please get information for us on their <u>credit standing</u>, <u>business capacity</u> and <u>character</u>?

① 신용상태 – 경영능력 – 상도덕　　② 신용상태 – 거래능력 – 자본금
③ 신용조회 – 경영태도 – 재정상태　　④ 지급능력 – 거래관계 – 생산능력

29 Concerning our credit status, <u>we wish to refer you to ABC Bank</u>.

① 당사는 ABC은행에 문의해 보았습니다.
② 귀사께서 ABC은행에 조회해 보시기 바랍니다.
③ 당사는 ABC은행에서 조회하였습니다.
④ 당사는 ABC은행에 조회해 보고자 합니다.

30 The Haesung Ind. Ltd. were established in 1960 as general importers and exporters <u>with an authorized capital of US$1,000,000 fully paid-up.</u>

① 납입 자본금 미화 1백만 달러를 전액 지급하여
② 수권 자본금 미화 1백만 달러를 전액 납입하여
③ 납입 자본금 미화 1백만 달러를 전액 청산하여
④ 수권 자본금 미화 1백만 달러를 전액 청산하여

해설

authorized capital : 수권자본금/ fully paid – up : 전액 납입하다

정답

27 ② **28** ① **29** ② **30** ②

31 Any information provided by you will be treated as strictly confidential and expenses will be paid by us upon receipt of your bill.

① 귀사가 제공한 어떠한 정보는 엄격히 비밀로 하겠으며 경비는 귀사의 청구서를 받는 즉시 지급될 것입니다.

② 귀사가 제공해 주시는 어떠한 정보든지 극비로 취급하겠으며 비용은 청구서를 받는 즉시 지급하겠습니다.

③ 귀사가 제기한 모든 정보는 엄격한 비밀로 취급되며 이에 따른 비용은 환어음을 수령하는 대로 지급될 것입니다.

④ 귀사에 의한 정보는 엄격히 비밀로 받아드리며 이로 인한 경비는 대금청구서를 받게되면 송금해 드리겠습니다.

32 The line of credit we have extended reached about US $ 5 million last year.

① 지난 해 당사가 공여한 여신한도는 약 5백만 달러에 달했습니다.

② 지난 해 당사에게 공여된 신용장 금액은 약 5백만 달러이었습니다.

③ 지난 해 당사에게 공여된 여신 금액은 약 5백만 달러를 상회하였습니다.

④ 지난 해 당사가 수혜한 신용장 금액은 약 5백만 달러를 넘었습니다.

해설

The line(limit) of credit we have extended : 당사가 공여한(준, 확대한) 여신(신용공여, 외상거래)한도

33 The monthly limit of credit we may safely grant them is about moderate six figures in Yen currency.

① 당 은행이 안심하고 받을 수 있는 월간 외상금액 한도는 엔화로 약 1~2만 엔입니다.

② 당 은행이 안심하고 공여할 수 있는 월간 신용장 개설한도는 엔화로 약 70~90만 엔입니다.

③ 당 은행이 안심하고 공여할 수 있는 월간 신용공여 한도는 엔화로 약 30~40만 엔입니다.

④ 당 은행이 안심하고 받을 수 있는 월간 신용공여 한도는 엔화로 약 50~60만

정답

31 ② **32** ① **33** ③

엔입니다.

해설

moderate six figures : 약 30~40만. six figures는 100,000(십만 단위)를 말하며, moderate는 3~4의 수치를 의미한다. low는 1~2, medium은 5~6, high는 7~9 정도의 범위를 나타내는 것으로 정확하지 않은 수치를 표현할 때 이런 용어를 사용하기도 한다.

34 As far as our information goes, they are punctually meeting their commitments, and a credit line you mentioned would seem to be safe.

① 당사의 정보에 관한 한, 동 회사는 필요시 채권을 확보하고 있으며 귀사가 언급한 신용장 한도는 안전한 것으로 보입니다.

② 당사의 정보와는 달리, 동 회사는 제 때에 채무를 융통하고 있으며 귀사가 언급한 신용공여 한도는 안전한 것으로 보입니다.

③ 당사의 정보에 관한 한, 동 회사는 제 때에 채무를 변제하고 있으며 귀사가 언급한 신용공여 한도는 안전한 것으로 보입니다.

④ 당사의 정보에 관한 한, 동 회사는 필요시 채권을 변제하고 있으며 귀사가 언급한 신용장 한도는 안전한 것으로 보입니다.

해설

punctually : 제 때에, 적기에/ meet commitments(obligation) : 채무를 이행하다.

[35-44] 다음 문장의 영작이 가장 잘된 것을 고르시오.

35 귀사명은 영 무역 회사에 의하여 신용조회처로 당사에게 제공되었습니다.

① We have given to you your name of Young Trading Company as a reference.

② Your name has been given to us as a reference by Young Trading Company.

③ Your name has provided us with a reference through Young Trading Company.

④ Through Young Trading Company, you supply us with your name as a reference.

정답

34 ③ **35** ②

36 재정 상태에 관하여는 당사의 거래은행이 귀사에게 필요한 정보를 제공할 것입니다.

① Regarding credit standing, our banker will supply you necessary information.

② As to capital standing, our bankers will supply you of necessary information.

③ Regarding finance standing, our banks will supply you information.

④ As to financial standing, our bank will supply you with necessary information.

해설

A에게 B를 제공하다 : supply(provide, furnish, favor) A with B

37 그 회사는 항상 만족스럽게 10년 이상 당사와 당좌거래를 지속하고 있습니다.

① The firm have been maintaining a current account with us for ten years or more always to our satisfaction.

② The firm have been maintaining an open account with us for ten years or more always to our satisfaction.

③ The firm have been maintaining a current account with us for ten years or more always for our satisfaction.

④ The firm have been maintaining an open account with us for ten years or less always for our satisfaction.

해설

당좌거래(당좌계정) : current account/ 당사에 만족스럽게 : to our satisfaction

38 귀사가 문의하신 Pana Trading은 모든 면에서 다소 의심스럽습니다.

① Pana Trading you inquired about is somewhat questionable on every respects.

② Pana Trading you inquired to is somewhat out of the question in every respect.

정답

37 ① **38** ③

③ Pana Trading you inquired about is somewhat questionable in every respect.

④ Pana Trading you inquired to is anywhat question in every respect.

해설

~에 관해 묻다 : inquire about(또는 of를 수반) ~/ 모든 면에서 : in every respect, in all respects

39 동 상사는 그들이 필요로 하는 충분한 자본을 갖고 있습니다.

① They have capacity for their requirements.

② They have sufficient capital for their requirements.

③ We have sufficient capital for our requirements.

④ They have sufficient capacity for their requirements.

40 그 바이어는 어음 만기일에 지급해야 할 금액을 결제할 수 없었습니다.

① The buyer could not pay the amount due from mature date.

② The buyer could not pay for the amount dued on mature date.

③ The buyer could not pay the amount due on maturity date.

④ The buyer could not pay for the amount duing on mature date.

해설

지급해야 할 금액 : the amount due/ due : 지급기일이 된, 당연히 치러야 할, 어음 만기일 : maturity date

41 당행은 3~4천만 정도의 여신을 동 회사에 공여하여 왔다.

① We have given credit facilities to them in the low five figure range.

② We have given credit facilities to them in the high eight figure range.

③ We have given credit facilities to them in the moderate eight figure range.

④ We have given credit facilities to them in the medium five figure range.

정답

39 ② **40** ③ **41** ③

해설
천만(10,000,000) : eight figure(여덟 개의 숫자라는 의미에서)/ 개략의 수치를 표현할 때 1~2는 low, 3~4는 moderate, 5~6은 midium, 7~9는 high로 표기한다.

42 귀사가 조회하신 Sunstar, Inc.는 모든 면에서 의심할 여지가 없습니다. 그들의 사명은 주문자 상표 부착 상품 생산의 고객들에게 허용 가능한 가격으로 우수한 품질의 제품을 제공하는 것입니다.

① Sunstar, Inc. you inquired about is out of the question in every respect. Their mission is to provide ODM customers with quality products at affordable prices.

② Sunstar, Inc. you inquired about is not questionable in every respect. Their mission is to provide OEM customers with quality products at affordable prices.

③ Sunstar, Inc. you inquired about is out of the question in every respect. Their mission is to provide ODM customers with quantity products at permissive prices.

④ Sunstar, Inc. you inquired about is not in question in every respect. Their mission is to provide OEM customers good products at permissive prices.

해설
의심할 여지가 없다 : be not questionable/ be out of the question : 문제가 없는/ 주문자 상표 부착 상품 생산의 고객들 : OEM (Original Equipment Manufacturing) customers/ ODM(Original Development Manufacturing) : 제조업자 개발생산방식

43 당사가 은행에서 입수한 더 상세한 정보는 이번은 당사가 주의를 주고 싶은 경우임을 암시해 주고 있습니다. 이 정보는 비밀로 하십시오.

① More detailed information we got from the bank suggests that this is a case in which we would advice caution. This information should be holding as strict confidence.

② More detailed information we got from the bank suggests that this is a

정답
42 ② 43 ③

case in which we would advice caution. This information should be keeping in strictly confidential.

③ More detailed information we got from the bank suggests that this is a case in which we would advise caution. This information should be held as strictly confidential.

④ More detailed information we got from the bank suggests that this is a case in which we would advise caution. This information should be kept in strictly confidence.

해설

이 정보는 비밀로 하십시오(이 정보는 비밀로 취급(보관)되어야 합니다) : This information should be held(kept, treated) as strictly(absolutely) confidential 또는 in strict(absolute, complete) confidence

44 이 조회와 관련된 일체의 비용은 귀사 청구서를 받자마자 기꺼이 당사가 지급하겠습니다.

① Any expenses connected with this inquiry will be gladly paid by us on receipt of your check.

② Any expenses connected with this inquiry will be gladly paid by us on receipt of your bill.

③ Any expenses regarding with this inquiry will be gladly paid by us on receipt of your bill.

④ Any expenses regarding with this inquiry will be gladly paid by us on receipt of your check.

해설

~에 관련된(관한) : connected with(regarding) ~/ 청구서 : bill, note/ check : 수표

45 다음 우리말을 영어로 옮기려고 할 때 적합하지 않은 것을 고르시오

> 당사의 신용상태에 관해서는 서울에 있는 한국외환은행이 필요한 정보를 제공할 것입니다.

정답

44 ② **45** ③

① Concerning our credit status, Korea Exchange Bank, Seoul, will supply necessary information.
② As to our credit standing, Korea Exchange Bank, Seoul, will supply necessary information.
③ Regarding our credit division, Korean, Exchange Bank, Seoul, will supply necessary information.
④ As for our credit position, Korea Exchange Bank, Seoul, will supply necessary information.

해설
신용상태 : credit status, credit standing, credit position

[46-47] 다음 문장을 영작한 부분 중 틀린 곳을 고르시오.

46 귀 은행은 Sun Plant에 의해 신용 조회처로 당사에게 제공되었습니다. 동 회사가 결제조건 보증금 40%, 잔액은 서류상환급 조건으로 5만 유로까지의 신용에 대한 지급능력이 있는지 여부에 관해 몇 가지 정보를 당사에게 알려 주시기 바랍니다.
① Your bankers have been given us as a reference by Sun Plant.
② Please inform us some informations as to
③ whether the firm would prove good for credit
④ up to EUR50,000 – terms 40% deposit balance CAD.

해설
A에게 B를 알려 주십시오 : inform(advise, notify) A of B/ CAD(cash against document) : 서류상환급

47 그 회사는 5년 이상 당 은행과 항상 만족스럽게 당좌거래를 해오고 있으며, 그들의 최근 재무제표는 참고로 본 이메일에 첨부되었습니다.
① The firm have been maintaining an open account with us
② for 5 years or more to our satisfaction,
③ and their latest financial statements are attached
④ to this e – mail for your information only.

정답
46 ② **47** ①

해설

당좌거래 : current account

48 다음 우리말을 영어로 옮기려고 할 때 (　　) 안에 적합하지 않은 것을 고르시오.

> 더 자세한 내용에 대해서는 감정인의 보고서를 참고하십시오.
> ⇒ For further (　　), (　　　　　) the surveyor's report.

① materials – we wish to refer to
② descriptions – we refer you to
③ details – we want you to refer to
④ particulars – please refer to

해설

자세한 내용 : descriptions, details, particulars/ we wish to refer to ~ : 당사가 ~에 조회(참고)하고 싶다

[49–50] 아래에 주어진 단어를 이용하여 아래 문장을 만들었을 때의 배열이 맞는 것을 골라 표기하시오.

49

> 이 비밀보고를 분별하여 사용하십시오.
> (1) with　(2) every　(3) information　(4) confidential
> (5) this　(6) use　(7) please　(8) discretion

① (1) – (3) – (4) – (8) – (7) – (6) – (5) – (4)
② (7) – (6) – (5) – (4) – (3) – (1) – (2) – (8)
③ (3) – (4) – (5) – (6) – (1) – (2) – (7) – (8)
④ (7) – (8) – (2) – (3) – (1) – (4) – (5) – (7)

해설

with (every) discretion : (아주) 신중하게, 분별있게

정답

48 ① **49** ②

50

> 당사는 항상 만족스럽게 10년이 넘도록 동 상사와 거래하고 있습니다.
> → We have (   ) 10 years always to our satisfaction.
> (1) with (2) done (3) for (4) them (5) business (6) over

① (5) – (2) – (3) – (4) – (1) – (6) ② (5) – (2) – (1) – (4) – (6) – (3)
③ (2) – (5) – (6) – (4) – (1) – (3) ④ (2) – (5) – (1) – (4) – (3) – (6)

해설
~와 거래하다 : do business with ~/ 10년 이상 동안 : for over 10 years

[51–38] 다음 문장 중 잘된 것을 골라 표기하시오.

51 ① They have been exported 2 million US dollar's worth of goods per annum.
② The following company will supply you, upon request, many informations you require.
③ Sharie Co., Ltd. has proposed to do business with us and given your name reference.
④ Any data you may give us will be treated in strict confidence.

해설
① US dollar's worth → US dollars' worth ② supply you with ~ : 귀사에 ~을 제공하다/ many informations→ a lot of information ③ your name reference → your name as a reference

52 ① We hope that this piece of informations will be of any help to you.
② We hope that this piece of informations will be of some help to you.
③ We hope that this piece of information will be of some help to you.
④ We hope that this piece of information will be for any help to you.

해설
「이 (하나의) 정보가 귀사에게 도움이 되기를 바랍니다.」
이 (하나의) 정보 : this piece of information/ ~에게 도움이 되다 : be of (some) helpful to ~

정답
50 ④ **51** ④ **52** ③

53

> Their account with us is on quarterly settlement terms, but we did not allow it to the line of credit you mentioned.
> Please note that (   ).

① this information shall be treated as strictly confidential
② the above information may be treated as unveiled as you can
③ they have done business with us satisfactorily
④ they are experienced businessmen and aggressive in business

해설
「당사와 그 회사와의 결산은 분기 결제조건입니다. 그러나 당사는 귀사가 언급한 여신한도까지 허용하지 않았습니다. that 이하에 주의해 주십시오」 신용조회 내용을 알리는 내용이므로 ①의 내용이 나오는 것이 가장 적절하다.

[53-55] 다음 문장들이 논리적으로 잘 연결된 것을 고르시오.

54

> (A) their exports is estimated to be EUR5,000,000 per annum
> (B) but, as for granting credit to them on a quarterly account
> (C) and they are regarded as one of the safest accounts in the UK
> (D) please refer to Barclays Bank, UK

① (A) – (C) – (D) – (B)
② (A) – (C) – (B) – (D)
③ (B) – (D) – (A) – (C)
④ (D) – (B) – (A) – (C)

해설
(A) 그 회사의 수출액은 년간 500만 유로 정도로 추정됩니다. (C) 그리고 그 회사는 영국에서 가장 안전한 고객들 중의 하나로 간주됩니다. (B) 그러나 분기 결산조건으로 그 회사에 여신을 공여하는 것에 대해서는 (D) 영국 Barclays 은행에 조회하시기 바랍니다.

55

> (A) We would very much appreciate your informing us of your experience with this company and giving us your opinion as to their financial standing and the scope of their transactions as well.

정답
53 ① 54 ② 55 ③

(B) Any kind of credit information you may give us will be treated with strict confidentiality.
(C) John Trading Co., Ltd. 60 Liver Street, New York has recently proposed to start business with us and given us your name as a reference.
(D) When a similar opportunity comes for us to serve you, we will be more than glad to reciprocate your kindness.

① A – B – C – D ② A – C – B – D
③ C – A – B – D ④ C – B – A – D

해설
(C) 뉴욕에 있는 John 무역회사는최근 당사와 거래를 시작하자는 제안을 해 왔고, 신용조회처로 귀사를 알려 주었습니다. (A) 이 회사와 귀사의 거래경험 그리고 그 회사의 거래영역과 함께 재정상태를 알려 주시면 대단히 고맙겠습니다. (B) 귀사가 당사에게 주는 어떠한 정보도 극비로 취급하겠습니다. (D) 당사가 귀사에 도움을 줄 유사한 기회가 오면, 귀사의 도움에 기꺼이 보답하겠습니다.

[56–58] 다음 대화를 읽고 물음에 알맞은 답을 고르시오.

James : (가) 동 상사는 어떻게 결제합니까?
Bank clerk : They settled their accounts on time without fail.
James : What is the line of credit that you can extend?
Bank clerk : It is about US$10,000. (나) 1개월마다

56 위 대화의 내용은?

① Business Proposal ② Credit Inquiry
③ Contracting ④ Trade Inquiry

해설
「그 회사는 결제를 틀림없이(without fail) 제 때에(on time) 하고 있습니다. 귀사가 공여하는 여신한도는 얼마입니까?」 등의 내용으로 볼 때 신용조회(Credit Inquiry)에 관한 내용이다.

정답
56 ②

57 위 대화에서 (가)에 적당한 내용은?

① How about their settlement?
② How about their reputation?
③ How about their competition?
④ How about your settlement?

58 위 대화에서 (나)에 적당한 내용은?

① of month　② by months
③ per month　④ in months

[59-58] 다음 회화를 읽고 물음에 답하시오.2

J. J. Makabi	: How about their financial stability?
ABC Bank	: They have been maintaining (가) a current account with us to our satisfaction, and (나) for your information only.
J. J. Makabi	: Can you tell us the amount now owing?
ABC Bank	: It's almost (다) negligible.
J. J. Makabi	: OK, We will hold the information in strict confidence.
ABC Bank	: I hope so.

59 위의 상황에서 밑줄 친 (가)의 번역이 잘 된 것은?

① 상호 계산　② 당좌 계정
③ 현금 계정　④ 경상 수지 계정

해설
상호 계산 : open account, 이를 청산계정이라고도 한다.

60 대화의 내용으로 보아 (나) 안에 가장 알맞은 것은?

① their shipping schedule will be strictly met
② they are experienced business persons

정답
57 ① 58 ③ 59 ② 60 ③

③ their financial statements will be emailed to you today

④ their accounts will be paid on net dates

해설

뒤에 for your information only(귀사의 정보용으로만)의 문장이 나오고 있다.
financial statements : 재무제표

61 밑줄 친 (다)의 의미를 고르시오.

① of little satisfaction
② of much satisfaction
③ of much importance or size
④ of little importance or size

해설

negligible : 무시해도 좋을 정도의, 사소한

62 Credit Information을 제공하는 Letter의 마지막 부분에 거의 예외 없이 들어가야 할 문장 하나를 고르시오.

① They enjoy a good reputation
② They deserve your confidence.
③ You may safely grant them the credit.
④ This is without responsibility on our part.

해설

책임소재를 분명하게 하기 위해 ④의 문장이 들어간다.

정답

61 ④ **62** ④

제2장

거래협상과 포괄계약 체결

Trade Negotiation and Master Contract

무역거래에 임하는 당사자 간의 신용조회 결과 믿을 만한 거래처로 판명되면 거래 당사자들은 본격적으로 거래의 세부내용에 대한 협상에 들어간다. 거래 협상과정에서 무역통신문의 교환을 통해 거래 조건에 관해 상호간 이견(異見)을 좁히고 전반적인 거래 내용에 합의가 되면 거래 형태에 따라 포괄계약(master contract) 또는 개별계약(case by case contract)을 체결하게 된다.

여기서 포괄계약이란 동일한 당사의 자간에 동일한 품목의 거래가 지속되는 경우에 거래할 때마다 매번 계약을 체결하는 불편을 해소하기 위해 연간 또는 일정기간을 정하여 일반적인 거래조건을 합의하는 계약형태를 말한다. 포괄계약에 의거 개별거래가 이루어질 때는 각 거래 건별로 수출상의 청약(offer)이나 수입상의 주문(order)의 제시에 의해 개별계약이 체결되고 이에 따라 거래가 진행된다.

한편 당사자 간의 거래가 1, 2회에 그치는 단발적인 거래의 경우에는 포괄계약서를 작성하지 않고 개별계약을 체결하여 거래를 진행시킨다.

제1절 거래문의 및 회신(Trade Inquiry and Reply)

거래의 양 당사자 간 신용조회가 호의적인 것으로 완료되면 본격적인 거래의 교섭에 들어가게 된다. 그 첫 단계가 거래의 문의 또는 조회(inquiry or trade inquiry)인데 이는 상품 매매에 관련된 제반 사항에 대하여 구체적으로 문의하는 것이다.

즉, 거래문의란 거래의 권유를 받은 자가 그 권유에 대하여 관심이 있거나, 물품을 구매할 의사가 있음을 나타내는 것이다. 따라서 수출상의 거래 권유에 대해 수입입상이 거래문의 또는 조회서한을 보낼 때에는 보통 수입 희망 품목에 대한 품질(quality), 가격(price), 수량(quantity), 인도시기(delivery), 포장(packing) 등과 함께 거래 이행시 결제조건(terms of payment), 보험(insu - rance), 클레임 해결 등 구체적인 거래조건을 묻고 이와 함께 상품목록이나 견품 또는 가격표의 발송을 요청하기도 한다.

한편 거래문의에 대해서는 거래를 성사시키겠다는 각오로 열과 성을 다하여 상대방의 구매의욕을 이끌어내도록 신속하게 조치하여야 한다. 즉, 거래문의에 대한 감사의 표현과 함께 문의 사항에 대한 내용은 물론 자사(自社) 상품을 충분하고도 제대로 인식시킬 수 있는 내용으로 간결하고 정확하게 작성해야 한다. 이와 함께 상대방의 이해를 넓힐 수 있는 상품목록(catalog), 가격표(price list), 견품(sample) 등을 보내는 것도 필요하다.

1 무역서한

Model Letter 1. 양복 판매를 제의하는 서한

Dear Sirs,

In the field of businessmen's suits, our brand "Gootex" has been considered as the best for quite a long time[1]. Competition has not affected its quality or attraction[2]. Its reputation is spread by everyone who wears them ; they are recommended by words of people[3] to many prospective customers.

We are happy to tell you that our new season's suits are more attractive than last year's and that our prices will compare very favorably with those of any of our competitors. We believe, you will agree that our samples enclosed[4] prove the truth of our claims[5].

Please refer to the enclosed price list[6], and let us know[7] your requirement by return mail. You may be able to profit special terms[8] on your initial order.[9] Delivery can be made within two weeks after receiving your order.

We look forward to hearing from you soon.

Yours sincerely,

---

1) for quite a long time : 상당히 오랫동안
2) Competition has not affected its quality or attraction : 경쟁이 심했지만 그 제품의 품질이나 인기에는 영향이 없었다.
3) by words of people : 사람들의 입소문에 의해
4) samples enclosed : 동봉된 견품
5) our claims : 당사의 주장
6) Please refer to the enclosed price list : 동봉된 가격표를 참조하십시오.
7) let us know ~ : ~을 알려 주십시오. 비교 let us have ~ : ~을 보내 주십시오.
8) profit special terms : 특별한 조건의 이익을 얻다.
9) initial order : 첫 주문 유사표현 first order

Model Letter 2. 전 서한에 대한 회신

Dear Sirs,

We thank you for your letter of September, 16 enclosed samples and price list. We are interested in suits for both men and women and also for children.

We are the leading dealers of various suits in this city and have branches in five neighbouring towns. Recently we have received a number of inquiries from our customers for the businessmen's suits and think we may be able to place a regular order[1] for fairly large numbers, if the quality of your suits is satisfactory and prices are right[2].

Will you please say whether, in these circumstances, you are able to allow us a special discount[3]. This would enable us to[4] maintain the low selling prices that have been an important reason[5] for the growth of our business.

We certainly look forward to having your opinion on this matter.

Yours faithfully,

---

1) to place regular order : 정기적으로 주문하다.
2) right : 적당한, 적절한, 알맞은 유사표현 reasonable
3) allow special discount : 특별 할인을 해 주다.
4) This would enable us to ~ : 이것이 당사가 ~할 수 있도록 해 줄 것입니다. 이렇게 해 줌으로써 당사가 ~를 할 수 있습니다.
5) the low selling prices that have been an important reason : 중요한 이유가 되어 왔던 낮은 가격

Model Letter 3. 전시회를 통해 알게 되어 수입을 제의하는 서한

Dear Sir,

We had seen your exhibition[1] at the Seoul Trade Fair last year and we were very interested in your sporting goods, especially running machine.

Having been well reputed[2] as a large sporting goods dealer in England, we wish you to avail yourselves of[3] our services as selling agent. A number of our trade connections here have been in touch with[4] us regarding the supply of running machine. Please quote your best prices for the items on CIF, London[5] and state (1) discounts allowable, (2) terms of payment (3) earliest possible date of delivery[6].

We would particularly stress the importance of price since the principal market here[7] is for mass-produced goods[5] at popular prices[6]. In view of this, we should appreciate your special discount.

Yours truly,

---

1) exhibition : 전시회, 박람회의 뜻으로 주로 쓰이나 전시회에 전시된 상품, 즉, 전시품을 의미하기도 한다.

2) be well reputed : 평판이 좋다, 호평을 받다.
   유사표현 enjoy(obtain) a good repute(reputation)
3) we wish you to avail yourselves of our services : 귀사가 당사의 서비스를 이용하기를 바랍니다. avail oneself of ~ : ~을 이용하다.
4) be in touch with ~ : ~와 교류(접촉, 연락)하고 있다.
5) on CIF London : 런던 항 도착 운임, 보험료 포함 가격 조건으로
6) earliest possible date of delivery : 가능한 가장 빠른 인도기일
7) the principal market here : 이곳에서의 주된 수요
5) mass-produced goods : 대량생산되는 물품
6) popular price : 저렴한 가격, popular : 대중적인, 값싼

Model Letter 4. 전 서한에 대한 회신

Dear Sirs,

We are pleased to have your inquiry and we remember well the talk with you when you visited our stand[1] at the Seoul Trade Fair last year.

It gives us great pleasure to[2]send you our quotations which contains details about the model you are interested in. You will find our quotations satisfactory.

We will allow you a discount of 5%[3], but only on items ordered in quantities of 100 or more[4], in addition, there would be a discount of 2% on total amount if payment will be made within one month from the date of shipment.

Owing to the very large orders, we have taken at the exhibition[5], we cannot promise delivery within four weeks. We hope we may have your order within the couple of days[6] so that we can put your order in our earliest production schedule.

We look forward to the pleasure of your initial order[7].

Yours faithfully,

1) stand : 매장, 상품진열대(stall, booth), 판매대, 여기서는 전시장을 말한다.
2) It gives us great pleasure to ~ : ~를 하게 되어 매우 기쁩니다.
3) allow you a discount of 5% : 5% 할인을 해주다.
4) 100 or more : 100대 이상
5) order we have taken at the exhibition : 전시회에서 받은 주문
6) couple of days : 2, 3일
7) the pleasure of your initial order : 귀사의 첫 주문을 받는 즐거움

Model Letter 5. 전 서한에 대한 회신으로서 가격인하를 요구하는 서한

Dear Sirs,

Thank you very much for your letter of August 20, along with[1] quotation describing your best discount[2] on sporting goods.

We fully admit the satisfactory quality of your improved running machine, but we regret that your present quotation does not induce our customers to[3] purchase their requirements[4] from your firm. Your competitors are offering similar goods at much lower prices.

However, our customers are favorably impressed by your goods and consequently whether we pass the order to[5] you or another maker depends upon[6] the possibility of making the price substantially easier[7]. We might be in a position to[8] place the order with you provided[9] you could allow us a discount of 15% on the price indicated in your quotation. If you cannot do so, then we must regretfully decline your offer[10] as it stands[11].

We trust you will do your best in this matter.

Very truly yours,

1) along with ~ : ~와 함께. with 만 써도 좋다.
2) best discount : 최대 할인율
3) does not induce our customers to purchase ~ : ~를 구매하도록 우리 고객들을

유인하지 못하고 있다.
4) their requirements : 그들의 필요량(구매하고자 하는 량)
5) pass the order to ~ : ~에게 주문하다
6) A depends upon B : A는 B에 달려있다.
7) make the price easier : 가격을 더 싸게 하다. 비교 easy market : 한산한 시장, easy money : 저리의 돈
8) be in a position to ~ : ~할 입장에 있다. 할 수 있다.
9) provided ~ : 만약 ~ 한다면, ~을 조건으로 유사표현 on the condition
10) decline your offer : 귀사의 제안을 거절하다 유사표현 refuse, your offer
11) as it stands : 현재 상태로는

Model Letter 6. 전 서한에 대한 회신으로서 가격인하요구를 수락하는 서한

Dear Sirs,

We note with much regret[1)] from your letter that our price is not low enough to meet competition[2)].

We carefully considered your proposal and decided to accept the price you asked for. We believe that this price will compare favorably with[3)] that of our competitors[4)], whether American, Chinese or Japanese[5)].

In fact, our revised price has been cut to a point where[6)] the margin of profit[7)] is almost negligible, and we shall not be able to make any further shading of price[8)] in spite of our eagerness to materialize an initial business with you.

We thank you for your having given us the opportunity of making this offer and trust that this will mark the happy start[9)]of our mutually advantageous business relationship[10)].

Very truly yours,

1) note with much regret : 알게 되어 유감스럽다.
2) is not low enough to meet competition : 경쟁에 이길(맞설) 만큼 충분히 낮지

않다.

3) compare favorably with ~ : ~에 유리하게 비교되다. 더 쌀 것이다.
4) that of our competitors : 경쟁자들의 가격, 앞에서 this price(단수)가 나왔으므로 those가 아닌 that로 받는다.
5) whether American, Chinese or Japanese : 미국, 독일, 일본의 어느 나라 회사이건, whether 다음에 our competitors are가 생략된 문장임.
6) cut to a point where ~ : ~의 점(선)까지 인하하다.
7) margin of profit : 이익, of profit를 생략해도 좋다. fair margin of profit : 상당한 이익
8) any further shading of price : 더 이상의 가격인하, shade : 가격을 인하하다.
9) mark the happy start : 즐거운 시작을 기록하다(만들다)
10) our mutually advantageous business relationship : 상호 이익이 되는 거래관계

Model Letter 7. 견적서를 받고 가격인하를 요구하는 서한

Dear Sirs,

Thank you for your general catalog[1] listing your complete line of chinaware[2] together with quotations for wholesaling

In view of the quotation now ruling in the market[3], we regret that competition is very keen and that rival firms are making attempt to get our business[4].

For example, British make[5] is lower in price US$2 to US$4 per set than yours and design and style are excellent. Our end-users[6] report that yours will be competing with other best selling chinaware in price if the price reduction is made by US$3.

Under such circumstances, we would like to cancel placing an order with you if our revised price is unacceptable to you. Your cooperation for us not to miss this opportunity[7] will be appreciated.

yours faithfully,

1) general catalog : 종합 카다로그 비교 general goods(sundries) : 잡화류
2) complete line of chinaware : 도자기 전 품목
3) the quotation now ruling in the market : 시장에서 유지(형성)되고 있는 가격, the ruling price : 일반적인 시세, 시가
4) rival firms are making attempt to get our business : 경쟁사들이 당사의 거래를 차지하기 위한 시도를 하고 있다.
5) British make : 영국산 제품, make 대신 made를 쓰면 안 된다.
6) end－user : 최종 소비자
7) Your cooperation for us not to miss this opportunity : 이 기회를 놓치지 않는 당사에 대한 귀사의 협조

Model Letter 8. 가격인하 요구를 거절하나 대량 주문시에는 5% 인하를 제의하는 서한

Dear Sirs,

We thank you for your inquiry of July 5 and are pleased to hear that you saw our advertisement in "Best Products" .

From your letter, we regret to learn that you find our quotations are rather expensive and that you ask us for a special price discount of 5% off the list price[1]. While appreciating your order, we feel must point out that[2] our list prices have already been cut to the minimum possible[3], and that our goods are unobtainable elsewhere at our rates[4]. Furthermore, we may soon have to raise[5] our prices because the price of raw materials has been rising steadily for the past half year.

We therefore regret that we are unable to allow you any discount in this instance[6]. We should, however, be pleased to allow you the requested 5% if you consider increasing[7] your order to 150,000 pieces and we await your confirmation before putting the matter in hand[8].

With our best regards.

Yours faithfully,

1) discount of 5% off the list price : 정가에서 5%할인. list price는 제시된 가격. 가격표에 기재된 가격의 의미로 보통 정가라고 한다.
2) While appreciating your order, we feel must point out that ~ : 귀사의 주문에 감사하기는 하지만, ~를 지적해야만 한다고 생각한다.
3) to the minimum possible : 최저한도로
4) at our rates : 당사 가격으로, rate : 비율, 가격, 요금
5) raise : (가격을) 올리다. 비교 rise : (가격이) 오르다
6) in this instance : 이 경우에, in most instances : 대개의 경우에
7) consider increasing ~ : ~을 늘리는 것을 고려한다면, consider는 동명사만을 목적어로 취한다.
8) in hand : 실시중인, 수중에, business in hand : 착수중인 사업

Model Letter 9. Buying Sample을 보내면서 거래를 제의하는 서한

Dear Sirs,

We have a large order for the supply of approximately 30,000 meters of blue serge. We enclose our buying sample[1] which will show you the shade[2] and quality required.

Please send us by airmail your samples corresponding to our buying samples with the best price[3] on FOB Nagoya[4]. Also, inform us that you can supply them within two months after placing the order and present your best discount possible[5] on your price for the above quantity.

Payment will be made by paying your sight draft[6] under our irrevocable letter of credit[7]. We shall be obliged if you will give us your immediate and careful attention.

Yours faithfully,

1) buying sample : sample은 일반적으로 판매자가 보내는 것이나 구매자가 원하는 제품의 sample을 만들어서 보내기도 하는데 이를 buying sample이라 한다.
2) shade : 색상

3) best price : 가장 저렴한 가격 유사표현 lowest price, competitive price 등
4) on FOB Nagoya : 나고야 항 출발 FOB 조건으로, FOB(Free On Board) : 본선인도가격조건
5) present your best discount possible : 가능한 최대 할인을 제시해 주십시오.
6) paying your sight draft : 귀사가 발행하는 일람출급 환어음에 대한 지급으로
7) under our irrevocable letter of credit : 당사의 취소불능 신용장에 의하여

Model Letter 10. 생산중단으로 인한 대체품 구매를 권유하는 서한

Dear Sirs,

We thank you for your letter of April 28, in which you inquired about our business machine, model DNC－Ⅱ. We appreciate your interest but we can no longer supply it as the production has been discontinued. We are sure that our new product HNC－Ⅲ is an excellent replacement of the very nearest[1].

The quality and specifications[2] are much improved at very little extra cost[3] and the machine, we trust, would fit in well for your requirements. We have sent you the price list and catalogs by separate cover[4].

We look forward to receiving your valued order[5], which have our best effort and prompt attention.

Yours faithfully,

1) replacement of the very nearest : 아주 닮은, 거의 차이가 없는 대체품, 유사표현 substitute
2) specifications : 사양(서), 설계명세(서)
3) at very little extra cost : 추가비용이 거의 없이
4) by separate cover : 별도 우편으로 유사표현 separately
5) valued order : 값어치 있는 주문. 진부한 표현으로 valued는 생략하는 것이 좋다. 비교 your esteemed name, your kind letter

Model Letter 11. 만년필 거래문의에 대한 회신

Dear Sirs,

Please accept our thanks for your letter of 10th July concerning bulk supply[1)] of fountain pens. As you are no doubt aware, the pens produced from our factory enjoy an international reputation for reliability and long service[2)].

We are attaching two copies of[3)] our quotation and latest catalog to this letter so that you can forward one to your customers. Samples are also enclosed herewith. We have incorporated into the design entirely new ideas[4)] in fountain pen manufacture[5)]. Our aim has always been to produce something better for the market of discriminating pen users[6)].

In spite of the superior quality of these pens, we have been able to keep our prices advantage[7)] over competitors as you will see from the attached quotation. Further to our quotation. we are prepared to offer a special discount of 5% on all orders exceeding US $ 50,000.

Yours faithfully,

1) bulk supply : 대량공급, bulk cargo : 대량화물, 살(撒)화물(포장이 안 된 상태의 화물을 의미, bulk purchase : 대량구매 비교 bulk of trade : 거래의 대부분
2) long service : 장기간의 (아프터) 서비스
3) two copies of ~ : 여기서 copy는 사본이라기 보다는 부수를 뜻한다. 즉, 견적서와 최신 카다로그 2부
4) incorporated into the design entirely new ideas : 디자인에 완전히 새로운 개념을 도입하였다.
5) for the market of discriminating pen users : 미적 감각이 있는(심미안의) 사용자들의 수요(요구)에 대해
6) in fountain-pen manufacture : 만년필 제품에
7) prices advantage : 가격상의 우위

2 평가문제

[1-4] 다음 문장을 읽고 물음에 맞는 답을 골라 표기하시오.

Dear Sirs,

We have to thank you for the (가) samples and patterns you sent us on April 2.

Your prices are attractive with the exception of the 'Smart' range of Children's shoes. These prices do not seem to be too competitive as far as this market is concerned. ㉠ We would ask you, therefore, if you find it possible to reduce the prices on this range of 3%. ㉡ We are prepared to place an order amounting to U.S. $5,000.00 should you be able to so adjust your figures.

We are enclosing our Order No. 251 (나) for the rest of your items and would ask you to let us have this as soon as possible.

Yours faithfully,

01 밑줄 친 부분(가, 나)을 바르게 해석한 것을 고르시오.

	(가)		(나)
①	견본과 가격표	–	재고품에 대한
②	견 본	–	나머지 분에 대한
③	견본과 견적서	–	주문품에 대하여
④	견본과 상품목록	–	전 품목에 대하여

해설

「귀사가 4월 2일 보내 준 견본에 대해서 감사드립니다.
귀사의 가격은 아동용 신발인 'Smart' 품목을 제외하고는 저렴합니다. 이 가격은 이곳 시장에 관한 한 충분히 경쟁적이지 않은 것처럼 보입니다. 따라서 귀사가 3%정도 범위에서 가격을 인하해 줄 수 있는지를 요구하고 합니다. 귀사가 그렇게 금액을 조정해 주실수 있다면, 미화 5000 달러에 달하는 주문을 준비하고 있습니다.

정답

01 ②

나머지 품목에 대한 주문서 251번을 동봉하며, 가능한 빨리 이것을 당사로 보내주실 것을 요청하는 바입니다.」
견본으로 사용되는 용어는 sample, pattern, swatch, cutting, specimen 등이 있는데, 1)sample은 모든 상품에 적용되며, 2)pattern은 직물류, 3)swatch, cutting은 직물류나 가죽의 견본조각을 말하며, 4)specimen은 동,식,광물 등의 표본의 의미로 사용된다.

02 밑줄 친 ㉠의 바른 해석은?

① 이 가격은 매우 저렴하여 이곳 시장에서는 관심이 많습니다.
② 이 가격은 이 곳 시장에서 관심이 많은 만큼 별로 경제적이 못됩니다.
③ 이 가격은 이 곳 시장에 관한 한 그다지 싼 것이 아닙니다.
④ 이 가격은 이 곳 시장에 관한 한 경쟁력이 충분합니다.

03 밑줄 친 ㉡의 바른 해석은?

① 귀사께서 이 상품의 가격을 3%정도 공제해줄 가능성이 있으시다면
② 귀사께서 이 품목에 대해 3%까지 가격을 올려주실 의향이 있으신지 어떤지
③ 귀사께서 이 품목에 대해 3%정도 할인해 주실 수 있으신지 어떤지
④ 귀사께서 이 상품을 3%정도 가격을 올릴 가능성이 있으시다면

04 What is the intent of this letter?

① Letter of order asking for certainty of delivery.
② Letter accepting the request for discount.
③ Letter requesting discount for additional order.
④ Letter of order requesting discount.

해설

이 서한의 의도는 가격인하를 요구하면서 주문을 하고 있다.

정답

02 ③ **03** ③ **04** ④

[5-8] 다음은 국문서한을 영문서한으로 작성한 것이다. 읽고 물음에 답하시오.

(첫인사)
당사의 제품(다) 에 대한 깊은 관심을 보여주신 10월 12 (나) 일자 귀사의 이메일 통신문(가) 에 대해 감사합니다.
당사는 첨부 파일로 상품 목록과 가격표를 보내드립니다. 귀사께서 요청하시면 (라) 유상견품을 DHL편으로 보내드릴 수 있습니다. 위의 첨부 파일을 (마)검토해 보시면 (사) 당사로 주문하시는 것이 귀사에게 유리하다는 것을 (바) 아실 것입니다.
신속한 회답을 해 주시면 감사하겠습니다.
(끝인사)

[영문]
Gentlemen :
We have to thank you (가) your E – mail message (나) October 12 showing a deep interest (다) our products.
We are pleased to send you our catalog and price list by attachment files. We can dispatch (라) by DHL upon your request.
If you (마)examine the above attachment files, you will (바)see that it will be to your advantage (사).
Your early reply will be appreciated.
Yours very truly,

05 (가), (나) 및 (다) 안에 가장 알맞은 단어로 배열된 것을 고르시오.

① for – dated – of ② for – of – in
③ on – dated – for ④ on – of – to

해설
~에 대해 감사하다 : thank you for ~/ 10월 12 일자 귀사의 이메일 통신문 : your E–mail message of(dated) October 12/ ~에 관심을 보이다 : showing a interest in ~

정답
05 ②

06 (라)안에 맞는 것을 고르시오.

① free samples
② without samples
③ a sample of commercial value
④ a sample of no commercial value

해설
유상견품, 견품을 유상으로 : a sample of commercial value

07 밑줄 친 단어 (마), (바)와 뜻이 같은 것을 고르시오.

① send – sell
② look into – find
③ meet – buy
④ look for – meet

해설
~을 검토(조사, 연구)하다 : examine, look into ~, investigate, inquire into, study, 알다 : see, know, find, find out, realize/ look for ~ : ~을 찾다, ~ 을 기다리다(기대하다).

08 (사) 안에 적합하지 않은 것을 고르시오.

① to open an account with us
② to send an order to us
③ to give us an order
④ to place an order with us

해설
open an account with us : 당사와 거래를 시작하다

[9–14] 다음 문장의 밑줄 친 부분과 같은 의미를 갖는 것을 고르시오

09 You can expect our <u>initial</u> order if you grant us a special discount to 10%.

① repeat ② substantial ③ partial ④ first

10 You may be assured that our quotations are so <u>competitive</u> in your market.

정답
06 ③ 07 ② 08 ① 09 ④ 10 ①

① low ② high ③ standard ④ expensive

해설
competitive : 경쟁적인, 가격이 싼/ 싼 가격 : competitive(low, reasonable, inexpen－sive, cheap) price/ 비싼 가격 : expensive, (high, dear) price

11 The Seller must supply the Buyer with samples gratis.

① free of charge ② at their face value
③ for their commercial value ④ as many as possible

해설
gratis : 무료로(free of change)/ 무료 견본 : gratis sample, sample of no commercial value, free sample

12 We are in receipt of your telex inquiry, for which our reply has been dispatched today.

① had received ② have received
③ received ④ will receive

해설
be in receipt of ～ : ～을 받아 보았다.(현재 완료의 의미) have received ～로 바꿔 쓸 수 있으나 이보다는 겸손한 표현임.

13 You had better bear in mind that there is no market here for the higher-priced merchandise.

① market place ② sales ③ supply ④ demand

해설
market : 수요의 의미로 쓰였음.

14 Sellers shall accord a discount of 3% from the contract price.

① make － off ② allow － to
③ give － at ④ grant － out

정답
11 ① 12 ② 13 ④ 14 ③

해설

「매도인은 계약가격에서 3% 인하해 줄 것이다.」
가격을 인하하다 : accord(make, allow, give, grant) a discount (of ~%) from(off, on) the price

15 다음 밑줄 친 부분과 뜻이 반대인 것을 고르시오.

The price of cotton textile <u>increased</u> considerably since May.

① raised ② delayed ③ decreased ④ ceased

해설

increased considerably : 매우 상승하였다/ raise : 인상하다(타동사)/ rise : 상승하다, 오르다(자동사)

[16-26] 다음 문장의 ( )안에 들어갈 단어는?

16 ( ) both the costs of materials and labor having been on a steady rise earlier this year, we would suggest that you come forward to cover your requirement immediately.

① In view ② Seeing ③ In view of ④ Review

해설

「자재와 노동비용이 올해 초 꾸준히 상승하였다는 점에서, 귀사가 필요량을 즉시 구매할 것을 제안합니다.」

17 Their prices are cheaper than ( ) of any other competitors.

① these ② those ③ this ④ that

해설

those of any other competitors : 다른 경쟁자들의 그 것(가격), their prices와 비교되어야 하므로 복수형이어야 한다.

18 We have the pleasure of ( ) your letter of the 30th June requesting

정답

15 ③ 16 ③ 17 ② 18 ③

us to quote the very competitive prices on our cotton goods.

① informing ② advising

③ acknowledging ④ transmitting

해설

「당사의 면제품에 대해 매우 저렴한 가격을 제시할 것을 요구하는 6월 30일자 귀사의 서한을 기쁘게 받았으며, 아래와 같이 귀사에게 타전했음을 확인합니다.」
acknowledge : 받아서 확인하다

19 Terms : ( ) draft ( ) 60 d/s ( ) an irrevocable L/C.

① By – under – at ② By – at – under

③ Under – at – by ④ Under – by – at

해설

「(결제)조건 : 취소불능신용장 하에서(의거하여) 일람후 60일부 환어음에 의해서」/ ④결제조건 : terms of payment/ 취소불능신용장 하에서(의거하여) : under an irrevocable L/C/ 일람후 60일부 환어음에 의해서 : by a draft at 60 d/s(days after sight)/ 일람출급 환어음 : draft at sight

20 We are ( ) to accept your order as the price you requested can not cover the manufacturing costs.

① not in a position

② pleased to advise that our manager is

③ very glad

④ positively considering

해설

「귀사가 제안한 가격은 생산원가도 충당할 수 없기 때문에 당사는 귀사의 주문을 수락할 수 없습니다.」
not in a position to ~ : ~할 입장이 아니다, 할 수 없다

21 We are not interested in your products for the ( ) being.

① time ② period ③ inquired ④ utmost

정답

19 ② **20** ① **21** ①

해설
for the time being : 당분간

22 Delivery must be made within 45 days (   ) receipt of your L/C.

① upon ② for ③ with ④ after

해설
after receipt of your L/C : 귀사의 L/C 수령 후

23 We sincerely hope that our samples and prices will (   ) your requirements and look forward to (   ) your favorable replay.

① take – receive
② meet – receiving
③ give – receiving
④ take – receipt

해설
meet your requirements : 귀사의 요구를 충족시키다/ meet : (주문, 필요 따위에) 응하다, (의무 · 조건 따위를) 충족시키다(satisfy)

24 The samples you sent are (   ) for this market.

① suitable ② good enough ③ acceptable ④ wrong

해설
be suitable for ～ : ～에 적합하다

25 If you can (   ) us with goods of superior quality at (   ), we shall give you a large order.

① furnish – reasonable prices
② book – stiff prices
③ supply – competition prices
④ accept – best prices

해설
낮은 가격으로 : at reasonable(best, competitive, low) prices

정답
22 ④ 23 ② 24 ① 25 ①

26 For quantities of 50M/T or more we can extend a special discount of 5% ( ) the price list.

① at ② off ③ for ④ to

해설
가격표(의 가격)에서 5%의 할인을 해 주다 : extend(allow, make) a discount of 5% off(on, from) the price

[27-28] 다음 문장의 ( ) 안에 들어가야 할 단어의 순서가 올바르게 된 것 하나를 고르시오.

27

> "We have sent (㉮) a comprehensive selection of patterns and materials (㉯) new Nylon Fabric.
> We are (㉰) our price list, together (㉱) our terms.

① ㉮ enclosing, ㉯ separately, ㉰ with, ㉱ including
② ㉮ with, ㉯ including, ㉰ enclosing, ㉱ separately
③ ㉮ separately, ㉯ including, ㉰ enclosing, ㉱ with
④ ㉮ including, ㉯ enclosing, ㉰ separately, ㉱ with

해설
「당사는 새로운 나일론 직물을 포함하여 폭넓게 발췌한 견품과 재료들을 별도로 보냈습니다. 당사는 당사의 결제조건과 함께 가격표를 동봉합니다.」
별도로, 별봉으로 : separately, under(by) separate cover(post)

28

> "We hope that you will (㉮) the circumstances which make us (㉯) your orders this time, and that you will (㉰) us to (㉱) you in the future."

① ㉮ decline, ㉯ understand, ㉰ allow, ㉱ help
② ㉮ help, ㉯ allow, ㉰ understand, ㉱ decline
③ ㉮ understand, ㉯ decline, ㉰ allow, ㉱ help
④ ㉮ allow, ㉯ understand, ㉰ decline, ㉱ help

정답
26 ② **27** ③ **28** ③

해설

「이 번에 당사가 귀사의 주문을 거절해야 하는 이 상황을 귀사가 이해해 주시길 바라며, 다음에 귀사를 도울 수 있도록 해 주시길 바랍니다.」
주문을 거절하다 : decline(refuse) the order

[29-31] 다음 밑줄 친 부분에 연결될 적합한 표현을 고르시오.

29 Please note that your limit price barely covers the cost of production. ____________.

① We thank you increase you for your high price
② We hope you would increase your limit price
③ We are satisfied with your limit price.
④ When shall we ship your goods?

해설

「귀사가 지정한 가격은 생산원가를 겨우 충당한다는 것을 아십시오. 귀사의 지정가격을 인상해 주기 바랍니다.」

30 The German make is lower in price by $ 10 to 30 compared with yours. ____________.

① You had better lower your price more than $ 10 to $ 30
② You had better increase your price less than $ 10 to $ 30
③ We will lower our price more than $ 10 to $ 30
④ We will increase our price less than $ 10 to $ 30

해설

「독일제품은 귀사의 제품과 비교해서 가격에서 10－30 달러 저렴합니다. 귀사의 가격을 10－30 달러 이상 인하하는 것이 좋을 것입니다.」

31 If the quality of your products is satisfactory, ____________.

① you may expect a trial order from us in large quantities
② you state the best terms of payment and possible discounts for regular purchases

정답

29 ② **30** ① **31** ①

③ we are handling only the best and finest quality

④ please quote us on the cotton goods below

해설

「귀사 제품의 품질이 만족스럽다면, 귀사는 당사로부터 대량의 시험주문을 기대해도 좋을 것입니다.」

32 다음 주어진 문장에 이어지는 보기의 문장 중에서 뜻이 다르거나 가장 적합하지 않은 하나를 고르시오.

> We have not yet raised our prices, but may have to do so soon. Therefore, ________________.

① we advise to order soon.

② we suggest you send sales note by return.

③ we urge you to place order quickly.

④ we ask you to place an order without delay.

해설

「당사는 가격을 아직 올리지 않았지만, 곧 올려야만 할 것 같습니다.」 다음에 나올 문장으로 ②, ③, ④는 적절하다.
we advise to order soon. → we advise you to order soon.

[33-49] 다음 문장 또는 밑줄 친 부분의 해석이 맞는 것을 골라 표시하시오.

33 The goods are <u>out of stock</u>.

① 품절되었다 ② 재고가 있다

③ 생산이 중단되었다 ④ 수량이 부족하다

34 In view of the current price in this market, your price <u>is rather stiff</u>.

① 다소 높다 ② 다소 경쟁적이다

③ 상당히 높다 ④ 상당히 강하다

정답

32 ① **33** ① **34** ①

35 The cost of raw materials and the wages are on a steady rise.

① 원재료 원가와 경비 ② 원재료 단가와 일반관리비

③ 원자재 가격과 임금 ④ 재료비와 가공비

36 Market here is strong and our stocks are sold out.

① 재고가 바닥났다. ② 양말이 다 팔렸다.

③ 저축 잔고가 남아 있다. ④ 시장 규모를 축소했다.

해설

Market here is strong : 시황이 강세다(가격이 오르고 있다)

37 If you cannot decide on the matter right now, you can put the matter into abeyance for the time being.

① 거절할 수 있다 ② 보류시킬 수 있다

③ 관찰시킬 수 있다 ④ 싫어할 수 있다

해설

abeyance : 중지, 정지

38 If the quality of your goods is satisfactory and the prices are reasonable, we expect to place regular orders for fairly large numbers.

① 단골 거래처에서 대량으로 주문할 것으로 기대하고 있습니다.

② 해외 고객들로부터 대량주문이 있을 것으로 기대가 큽니다.

③ 많은 수량을 시험적으로 주문해 볼 것을 고려하고 있습니다.

④ 상당량을 정기적으로 주문할 것을 기대하고 있습니다.

해설

regular orders : 정기주문/ fairly large numbers : 상당히 많은 량

39 As the market becomes dull, we have decided to ask you to reduce your price to $20 in U.S. Currency.

정답

35 ③ **36** ① **37** ② **38** ④ **39** ④

① 시장이 축소되다 – 인상하다 ② 시장이 강세이다 – 올리다
③ 상품이 품절되다 – 줄이다 ④ 시장이 침체되다 – 인하하다

40 We are <u>handling</u> only <u>the best and finest quality</u> in washing machines.

① 제공하다 – 최고의 제품 ② 취급하다 – 최고급품
③ 유지하다 – 최신의 모양 ④ 거래하다 – 최대의 수량

41 Will you please <u>quote</u> us on various glass products, state <u>the best terms of payment,</u> and possible discounts for <u>regular purchase</u>?

① 결제하다 – 저렴한 가격조건 – 재 구입
② 견적하다 – 최상의 가격조건 – 정기적인 판매
③ 구매하다 – 최고의 결제조건 – 시험주문
④ 견적하다 – 최상의 결제조건 – 정기적인 구매

42 All the goods ordered are in stock and can be shipped to you by June 12 at the latest provided you open a letter of credit in our favor immediately.

① 주문한 모든 상품은 재고가 있으며 당사가 귀사를 수익자로 하여 즉시 신용장을 개설한다면 늦어도 6월 12일 까지 선적할 수 있습니다.
② 주문한 모든 상품은 재고가 있으며 귀사가 당사를 수익자로 하여 즉시 신용장을 개설한다면 늦어도 6월 12일 까지 선적할 수 있습니다.
③ 주문한 모든 상품은 재고가 있으며 귀사가 당사를 수익자로 하여 즉시 신용장을 개설한다면 적어도 6월 12일 까지 선적할 수 있습니다.
④ 주문한 모든 상품은 재고가 없으며 당사가 귀사를 수익자로 하여 즉시 신용장을 개설한다면 적어도 6월 12일 까지 선적할 수 있습니다.

해설

at the latest : 늦어도/ in our favor : 당사를 수익자로 하여

43 Our prices are competitive owing to mass production of high quality

정답

40 ② **41** ④ **42** ② **43** ①

goods, and we are prepared to grant you the right of sole distributorship of Sunny brand. If you need some samples, we will dispatch our quality product by courier.

① 당사의 가격은 고급품의 대량생산으로 인하여 저렴하며, 당사는 서니 표에 대한 독점 판매권을 귀사에게 부여할 용의가 있습니다. 견품 몇 개가 필요하시면 특사 편으로 품질을 보여주기 위한 제품을 보내드리겠습니다.
② 당사의 가격은 고급품의 대량생산으로 인하여 경쟁적이며, 당사는 서니 표에 대한 수입권을 귀사에게 부여할 용의가 있습니다. 견품 몇 개가 필요하시면 차량 편으로 품질을 보여주기 위한 제품을 보내드리겠습니다.
③ 당사의 가격은 고급품의 대량생산으로 인하여 저렴하며, 당사는 서니 표에 대한 독점 수입권을 귀사에게 부여할 용의가 있습니다. 견품 몇 개가 필요하시면 특사 편으로 고급 품질의 제품을 보내드리겠습니다.
④ 당사의 가격은 고급품의 대량생산으로 인하여 경쟁적이며, 당사는 서니 표에 대한 독점 판매권을 귀사에게 부여할 용의가 있습니다. 견품 몇 개가 필요하시면 차량 편으로 고급 품질의 제품을 보내드리겠습니다.

해설

to grant you the right of sole(exclusive) distributorship : 독점 판매권을 귀사에게 부여하다./ by courier : 특사 편으로

44 The attached brochure lists the rock–bottom prices and they are in the market for the lots.

① 동봉해드린 명세서에는 최저가격이며, 동 상사는 그 제품을 구입하였습니다.
② 첨부해드린 명세서에는 정상가격이 명시되어 있으며, 동 상사는 그 상품을 판매할 예정입니다.
③ 첨부해드린 소책자에는 최저가격이 기재되어 있으며, 동 상사는 그 상품을 매입할 의사가 있습니다.
④ 첨부해드린 목록에는 적정가격이 기재되어 있으며, 동 상사는 그 상품을 판매할 의사가 있습니다.

해설

rock–bottom price : 최저가격/ be in the market for ~ : ~을 사려고 한다.

정답

44 ③

45 Should your prices are competitive and suitable for our market, we are willing to place regular orders with you.

① 귀사의 가격이 저렴하고 당 시장에 합당하다면 귀사에게 약간의 시험주문을 할 용의가 있습니다.

② 귀사의 가격이 저렴하고 당 시장에 적합하다면 귀사에게 정기적인 주문을 할 용의가 있습니다.

③ 귀사의 가격이 경쟁적이고 당 시장에 적합하기 때문에 귀사에게 정기적인 주문을 할 용의가 있습니다.

④ 귀사의 가격이 경쟁적이고 당 시장에 적합합니까. 그러면 귀사에게 정기적인 규칙적인 주문을 하겠습니다.

해설

prices are competitive : 가격이 경쟁적이다, 가격이 저렴하다/ regular order : 정기주문/ 시험주문 : trial order

46 Your allowance would enable us to maintain the low selling prices that have been contributed largely to the growth of our business.

① 귀사에서 가격을 할인해 주시면 당사의 사업성장에 많이 기여했던 낮은 판매가격을 유지할 수 있습니다.

② 귀사에서 허락을 해주시면 당사의 사업성장에 많이 기여했던 낮은 판매가격을 유지해 나가겠습니다.

③ 귀사에서 가격을 할인해 주시면 낮은 판매가격을 유지할 수 있게 되어 당사의 사업성장에 많은 도움이 될 것입니다.

④ 귀사에서 허락해 주시면 낮은 판매가격을 유지할 수 있게 되어 당사의 사업성장에 많은 도움이 될 것입니다.

해설

Your allowance would enable us to ~ : 귀사의 가격할인이 당사로 하여금 ~를 가능하게 해 준다. 즉, 귀사가 가격을 할인해 주시면 당사가 ~을 할 수 있다.

정답

45 ② 46 ①

47 We would appreciate receiving your best CIF New York on men's cotton shirts as well as several samples.

① 견품 몇 점은 제외하고 뉴욕항 출발운임 및 보험료포함 최고가격을 제공해 주시면 감사하겠습니다.

② 견품 몇 점과 함께 남성용 견직물에 대한 뉴욕항 도착 운임포함 최저가격을 제공해 주셔서 감사합니다.

③ 남성용 면셔츠의 견품 몇 점은 물론 뉴욕항 출발운임 및 보험료포함 최고가격을 보내 주셔서 감사합니다.

④ 남성용 면셔츠의 견품 몇 점은 물론 뉴욕항 도착운임 및 보험료포함 최저가격을 보내 주시면 감사하겠습니다.

해설

the best CIF New York : 뉴욕항 도착 운임, 보험료 포함 최저가격/ as well as several samples : 견품 몇 점은 물론

48 At the moment we are out of your required sample, so we are dispatching the closest one.

① 그 당시에 귀사에게 요구한 견품은 품절되었으므로 가장 비슷한 것을 보내 주시기 바랍니다.

② 지금 당장 귀사가 요구하신 견품은 품절되었으므로 가장 유사한 것을 발송해 드립니다.

③ 그 당시에 귀사에서 요구한 견품은 제조되지 않으므로 가장 좋은 것을 발송해 드립니다.

④ 지금 당장 귀사가 요구하신 견품은 외부에 있으므로 가장 비슷한 것을 제조하겠습니다.

해설

At the moment : 바로 지금, 마침 그때/ out of your required sample : 귀사가 요구한 견품의 품절/ the closest one : 가장 유사한 것, 가장 비슷한 것

49 In fact the offered prices barely cover the cost of production and then we shall all not be able to make any further shading of prices in spite

정답

47 ④ **48** ② **49** ②

of our eagerness to materialize an initial transaction with you.

① 사실 오퍼한 가격은 겨우 생산비를 충당하고 있으며, 귀사와 첫 거래에서는 원료공급을 하려는 당사의 열망에도 불구하고 더 이상 가격협상을 할 수 없을 것 같습니다.

② 사실 오퍼한 가격은 겨우 생산비를 충당하고 있으며, 귀사와 첫 거래를 실현하려는 당사의 열망에도 불구하고 더 이상 가격할인은 해드릴 수 없습니다.

③ 사실 오퍼한 가격이 생산비를 충분히 커버하기 때문에 귀사와 시험적인 거래개설을 실현하려는 당사의 욕망에도 불구하고 더 이상의 가격인상은 없을 것입니다.

④ 사실 오퍼한 가격이 생산비를 충분히 커버하기 때문에 더 이상의 가격인상은 없을 것이며 귀사와 첫 거래를 구현하고 싶습니다.

해설

barely cover the cost of production : 겨우 생산비를 충당하다/ make shading of prices : 가격을 할인하다/ materialize an initial transaction with you : 귀사와 첫 거래를 실현하다

[50-51] 다음 문장 중 밑줄 친 부분의 해석이 잘못된 것을 고르시오.

50

Owing to ① the rush of orders from America, ② the market is strong and our raw materials are ③ almost exhauste ④ Therefore, ④ the price we offered is the rock bottom.

① 주문쇄도 ② 시장 ③ 거의 소진된다 ④ 최저가

해설

market : 시황, 시세

51

① In view of the quotations ruling in this market, your price is ② slightly stiff. Digital cameras are now ③ in fierce competition here in our market and your competitors ④ are making endeavors to get our business by offering lower prices than yours.

정답

50 ② 51 ②

① …을 고려할 때 ② 극심하게 비싼
③ 열띤 경쟁에 ④ 노력하고 있습니다

해설
slightly stiff : 약간 비싼, 약간 오름세에 있는

[52–64] 다음 우리말을 영문으로 옮겼을 때 가장 잘 된 표현을 골라 표기하시오.

52 귀사가 참고할 수 있도록 가격표를 첨부합니다.

① We are including our catalogue for your information.
② Attached you will find our packing list for your reply.
③ For your information, we are attaching our price list.
④ For your reference, please attach our price list.

53 귀사의 가격을 5% 할인해 주십시오.

① Please allow us a 5% discount on your price.
② We would like to allow you 5% to your price.
③ Please allowed us a 5% discount to your price.
④ We are able to allow you discount of 5% on our price.

54 동 상사의 거래조건은 다음과 같습니다.

① Their term and condition of business are as followings.
② Their terms and conditions of business are as follows.
③ Their term and conditions of business are in the follows.
④ Their conditions of business are to follow.

해설
be as follows : 다음과 같다. 이 경우 언제나 s가 붙는다./ the followings : 다음의 것(the following goods)

55 그 상품의 품질은 귀사의 견품보다 불량합니다.

① The quantity of the goods are inferior to our samples.

정답
52 ③ 53 ① 54 ② 55 ③

② The quality of the goods are inferier than your samples.
③ The quality of the goods is inferior to your samples.
④ The quantity of the goods is inferier than our samples.

해설
～ 보다 불량(우수)하다 : be inferior(superior) to ～

56 인도는 귀사가 요청하는 수량에 달려 있습니다.
① Delivery will be independent upon the quality you may require.
② Delivery will be dependent the quality you may require.
③ Delivering will be made upon the quantity you may require.
④ Delivery will depend upon the quantity you may require.

해설
～에 달려 있다 : depend upon ～

57 당사의 재고가 급속히 감소되고 있으므로 귀사에서 조속히 주문을 내주실 것을 건의합니다.
① We would suggest that you place an order promptly as our stock is quickly running now.
② We would suggest that you place an order promptly as our stock is still over flowing now.
③ We would suggest that you delay the oder as our stock is not likely to be, exhausted for a long time.
④ We strongly request that you place an oder as our stock will exhausted soon.

해설
재고가 감소하다(고갈되다) : Stock is running(exhausted)/ ④ will exhausted → will be exhausted

정답
56 ④ 57 ①

58 귀사가 가격, 품질, 디자인 그리고 신뢰도를 고려해 볼 때, 어느 곳에서도 당사의 제품이 최고라는 것을 알게 될 것입니다.

① Your products are the best items to be found everywhere, especially when I consider price, quality, design and reliability.

② Our products are the best items to be found anywhere, especially when you consider price, quality, design and reliability.

③ Our products are the best items to be found anywhere, especially when I consider price, quality, design and reliability.

④ Our products are the best items to be found everywhere, especially when you consider price, quantity, design and reliability.

해설

귀사가 ~를 고려할 때 : when you consider ~

59 귀사의 결제조건에 대하여 말씀해 주시겠습니까?

① Would you tell me your terms of payment?

② Would you tell me your terms of packing?

③ Would you call me your payment?

④ Please tell me your terms of packing?

60 당사의 제의에 관심이 있으시다면, 귀사에게 무상견품을 제공해 드리겠습니다.

① If you are interested in our proposal, we will supply you with a sample of no commercial value.

② If you are interesting in our proposition, we shall supply you for a sample of no commercial price.

③ If you are interested to our proposal, we will furnish you a gratis sample.

④ Should you be interested in our proposition, we are able to send you with our free samples.

정답

58 ② 59 ① 60 ①

해설

제의에 관심이 있다 : be interested in proposal(proposition)/ 귀사에게 무상견품을 제공하다 : supply you with a sample of no commercial value(a gratis sample, free samples)/ ④ 동사 supply 대신 send를 쓰면 with가 나오면 안된다.

61 당사는 한국산 선풍기 5,000 세트의 매입을 고려 중이며, 이 수량에 대해 귀사의 가격표에서 최상의 할인을 견적해 주시면 감사하겠습니다.

① We consider buying 5,000 sets of electrical fans of Korean made, and shall be glad if you will quote the best discount off your price list for this quantity.

② We consider buying 5,000 sets of electrical fans of Korean make, and shall be glad if you will quote the best discount off your price list for this quantity.

③ We consider to buy 5,000 sets of electrical fans of Korean made, and shall be glad if you will quote the best discount off your price list for this quantity.

④ We consider to buy 5,000 sets of electrical fans of Korean make, and shall be glad if you will quote the best discount off your price list for this quantity.

해설

~할 것을 고려하다 : consider 동명사 ~. consider 다음에는 부정사를 쓸 수 없다.
한국산(제품) : Korean make

62 검사결과 당사는 귀사 상품의 우수성을 높이 평가합니다만 귀사의 가격은 유럽제의 가격과 비교해서 지나치게 높습니다.

① Upon inspection, we appreciate the superiority of your goods, but your price is exceedingly as high comparing with those of European make.

② Upon inspection, we appreciate the superiority of your goods, but your price is exceedingly high as compared with that of European make.

③ Upon inspecting, we appreciate the superiority of your goods, but your

정답

61 ② 62 ②

price is exceeding high as comparing with these of European made.

④ Upon inspecting, we appreciate the superiority of your goods, but your price is exceeding high as compared with it of European make.

해설
지나치게 높다 : be exceedingly high/ ~와 비교하여 : as compared with ~/ 유럽 제품의 그것(가격) : that of European make. 비교 대상이 your price(단수)이므로 that가 나와야 한다.

63 최근 원재료 가격 상승으로 인하여 당사는 이 품목의 가격을 8% 정도 올렸습니다.

① Because of a recent rise in the price of the raw materials, we have raised the price of this article by 8 percent.

② Because of a recent rise in the pricing of the raw materials, we have to raise the price of this article by 8 percent.

③ Recently the prices of the raw materials is raised, we have risen the price of this article by 8 percent.

④ Recently the prices of the raw materials is rised, we had to raise the price of this article to 8 percent.

해설
가격상승 : a rise in the price/ 가격이 상승하다(오르다) : The prices rise(자동사이므로 수동태가 될 수 없다)/ 가격을 인상하다(올리다) : raise the price/ have to raise : 올려야만 한다.

64 비록 당사는 귀사의 견품에 좋은 인상을 받았지만 귀사의 가격은 저렴하지 못하므로 당사는 이번에는 귀사에게 주문을 할 수 없습니다.

① Your prices are competitive and therefore we are unable to place an order with you at this time, even though we are favorably impressed with your samples.

② Your prices are not competitive and therefore we are unable to place an order with you at this time, even though we are favorably impressed

정답
63 ① 64 ②

with your samples.

③ Your prices are not competitive and therefore we are unable to do an order with you at this times, even though we are favorably impressing your samples.

④ Your prices are not competitive and therefore we are unable to place an order to you at this time, even though we are favorably impressed with our samples.

해설

가격은 저렴하지 못하다 : be not competitive/ ~에게 주문하다 : place an order with ~/ ~에 좋은 인상을 받다, 감명을 받다 : be impressed with ~

[65–70] 다음 문장을 영문으로 옮길 때 그 표현이 틀린 것을 고르시오.

65 당사는 15%를 할인해 드릴 용의가 있습니다.

① We are willing to give you a 15% discount.

② We are obliged to deduct the discount to 15%.

③ We are prepared to reduce the price by 15%.

④ We are ready to grant you an allowance of 15%.

66 귀사께서 당사에게 편물 견품을 보내주시기 바랍니다.

① We want you to furnish us with the samples of knitwear.

② We hope that you will favor us with the patterns of knitwear.

③ We should be obliged if you would favor us with the samples of knitwear.

④ We appreciate your sending us the samples of knitwear.

해설

We appreciate ~ : (보낸 것을 받아서) 감사합니다. 미래형이므로 We would appreciate ~ 이 되어야 한다.

정답

65 ② 66 ④

67 다음 네 가지 중 영역이 잘못된 것 하나를 고르시오.

① price adjustment – 가격협정 ② firm price – 확정가격

③ stipulated cost – 규정가격 ④ fair price – 공정가격

해설

price adjustment : 가격조정

[68–74] 다음 우리말을 영어로 옮길 때 ( ) 안에 들어갈 내용이 가장 적합한 것 또는 바르게 배열된 것을 고르시오.

68 시장 상황이 침체해짐에 따라 우리는 귀사 제품의 가격을 미화 20 달러로 인하해 주실 것을 귀사에게 요청하기로 결정했습니다.

⇒ As the market becomes ( ), we have decided to ask you to ( ) your price to $20 in U. S. currency.

① competitive – discount ② dull – contract

③ effective – reduce ④ dull – reduce

69 귀사가 당사의 견품과 가격을 검토해 보시면, 당사에게 주문하는 것이 유리하다는 것을 알게 될 것입니다.

⇒ If you examine our samples and prices, you will see that it is to your ( ) to ( ) your orders with us.

① advantage – place ② advantage – receive

③ profit – quote ④ possible – compete

70 동 상사에 대한 선적은 현금 조건으로만 하고 있습니다.

⇒ We are making ( ) to them ( ) a ( ) basis.

① shipments – only because – cash ② shipments – only on – cash

③ only on – shipments – cash ④ shipments – cash – only on

정답

67 ① 68 ④ 69 ① 70 ②

해설
현금 조건으로만 : only on a cash basis

71 귀사께서 당사의 요구를 수락해 주실 수 있는지 여부를 알려 주십시오.

⇒ please (   ) us (   ) our enquiry is (   ) to you.

① give, that, acceptable
② inform, whether, acceptable
③ advise, if, accept
④ notify, whether, accepted.

해설
be acceptable to you : 귀사에 수락되다

72 저는 본 휴대용 컬러 TV를 외상으로 살 수 있는지 또는 현금으로만 가능한지 알고 싶습니다.

⇒ I (   ) if I could buy this portable color T.V set (   ) credit, or (   ) cash only.

① wonder to know – in – on
② wish to know – in – in
③ wonder – on – in
④ wish – on – on

해설
알고 싶다 : wish to know, wonder/ 외상으로 : on credit/ deal on credit : 신용거래하다/ 현금으로만 : in cash only/ deal in cash only : 현금거래만 하다.

73 이 가격은 우리 시장에 관한 한 그다지 저렴하지 않은 것 같습니다.

⇒ These prices (   ) our market is concerned.

(1) not	(2) seem	(3) do
(4) too competitive	(5) as far as	(6) to be.

① (3) – (1) – (2) – (6) – (4) – (5)
② (1) – (4) – (2) – (3) – (6) – (5)
③ (3) – (1) – (6) – (2) – (4) – (5)
④ (2) – (6) – (3) – (1) – (4) – (5)

정답
71 ② **72** ③ **73** ①

해설
시장에 관한 한 : as far as our market is concerned/ ~인 것 같지 않다 : do not seem to be ~

74 당사는 신용장에 의거 거래하는 것을 당사의 관례로 하고 있습니다.

⇒ We make ( ) a letter of credit.
(1) it (2) on (3) to (4) our (5) trade (6) custom

① (4) – (6) – (1) – (2) – (3) – (5) ② (4) – (6) – (3) – (1) – (5) – (2)
③ (1) – (6) – (4) – (2) – (3) – (5) ④ (1) – (4) – (6) – (3) – (5) – (2)

해설
당사의 관례로 하고 있다 : we make it our custom/ 신용장에 의거 거래하다 : trade on a letter of credit

[75 – 77] 다음 우리말을 영어로 옮길 때 ( )에 들어갈 내용으로 적합하지 않은 것을 고르시오.

75 대량주문에 대해서는 5%의 특별할인을 해 드립니다.

⇒ A special ( ) of 5 percent is to be given on a large order.

① allowance ② reduction ③ confirmation ④ discount

76 당사는 송장금액에서 10%를 특별 할인해 드릴 용의가 있습니다.

⇒ We are ( ) to ( ) a special ( ) of 10% off the invoice amount.

① willing – allow – discount ② prepared – give – discount
③ ready – grant – reduction ④ obliged – place – addition

해설
~ 용의가 있다 : be willing(prepared, ready) to/ 할인해주다 : allow(give, grant) a discount

정답
74 ④ **75** ③ **76** ④

77 당사 견적서 No.2를 동봉하오니 받아 주십시오. 당사는 귀사에 질이 좋은 견품을 별봉으로 보내드립니다.

> ⇒ (　　　) our estimate No.2. We (　　　) you some (　　　).

① Please find enclosed – are sending – quality samples under separate cover
② We are enclosed – are sending – quality samples separately
③ We have enclosed – are sending – quality samples under separate post
④ We are enclosing – are sending – quality samples separately.

해설
~을 동봉하다 : Please find enclosed, We have enclosed, We are enclosing
별봉으로(별도 우편으로) : under(by) separate cover(post), separately

[78~79] 다음 각 쌍의 문장이 같은 뜻이 되도록 (　　) 안에 들어갈 알맞은 말을 고르시오.

78

> Please advise us if you can accept our proposal.
> ⇒ Will you please (　　　) us (　　　) our offer is (　　　) to you.

① inform – whether – acceptable　　② know – that – acceptable
③ inform – because – accepted　　④ learn – whether – accepted

해설
「귀사가 당사의 제안을 수락할 수 있는지를 알려 주십시오.」

79

> According to your request, we have airmailed our samples to him.
> ⇒ In (　　　) with your request, we have (　　　) him our samples (　　　) air mail.

① as – sent – by　　② result – take – for
③ accordance – sent – by　　④ applying – taken – through

정답
77 ②　**78** ①　**79** ③

해설

「귀사의 요청에 따라 당사는 그에게 당사 견품을 항공우편으로 보냈습니다.」

[80-85] 다음 문장을 영어로 옮길 때 그 표현이 틀린 것을 고르시오.

80 ① 당사에게 대량 주문을 해 주시면 감사하겠습니다.

⇒ We shall be obliged if you will place a big order with us.

② 상기 품목을 별편으로 보내드리겠습니다.

⇒ We will send you the above item by separate cover.

③ 당사의 주문품을 6월 11일까지 선적할 것을 요청합니다.

⇒ We ask you to make shipment of our order by June 11.

④ 귀사의 서명이 있는 선화증권을 작성해주시기 바랍니다..

⇒ Please make out your contract note with your signature.

해설

선화증권 : Bill of Lading(B/L)/ contract note : 계약서

81 ① 당사는 5월 3일자 귀사의 상품목록을 잘 받았습니다.

⇒ We have received with thanks your price list dated May 3.

② 당사는 동 상사와 거래가 시작되기를 원합니다.

⇒ We want to start business with them.

③ 당사는 귀사의 호의적인 회신을 기대합니다.

⇒ We look forward to your favorable reply.

④ 당사는 특사 편으로 견품을 귀사에게 보내드립니다.

⇒ We are sending you our samples by courier.

해설

상품목록 : catalog(ue)/ price list : 가격표

82 ① 그 물품은 재고가 있습니다.

⇒ The goods are in stock.

② 귀사의 무상견품에 대해 감사합니다.

정답

80 ④ 81 ① 82 ③

⇒ Thank you for your free samples.

③ 귀사는 완구의 수입업자입니까?

⇒ Are you makers of dolls?

④ 당사는 최상의 품질만을 취급하고 있습니다.

⇒ We are handling only the best and finest quality.

해설

수입업자 : importer(s)/ maker : 제조업자

83 ① 당사는 제때에 물품을 수출하지 못할지도 모른다.

⇒ We may not import the goods in time.

② 동 상사는 귀사에게 도움이 되기를 원합니다.

⇒ They wish to be of help to you.

③ AY 상사는 설립된 지 오래되었습니다.

⇒ AY Company have been long－established.

④ 이 신용장은 9월 30일까지 유효합니다.

⇒ This letter of credit is valid until September 30.

해설

수출하다 : export

84 ① 귀사의 최선의 견적서를 보내주시기 바랍니다.

⇒ Please give us your best quotations.

② 동 상사는 다음의 상품을 긴급히 필요로 합니다.

⇒ They are in urgent need of the following merchandise.

③ 동 상사의 가격은 귀사의 가격보다 비쌉니다.

⇒ Their prices are more competitive than yours.

④ 당사는 귀사와 만족스러운 거래를 하고 싶습니다.

⇒ We hope to do satisfactory business with you.

해설

(가격이) 비싸다 : expensive, high

정답

83 ① **84** ③

[85-88] 다음 주어진 문장 또는 단어를 배열하였을 때 맞게 배열된 것은?

85

(A) Thank you for your letter of June 23 expressing your interesting for our products.
(B) We have attached a price list and a brochure which give more detail information about our products. If you have any further question, please contact me without hesitation.
(C) We are very sorry to say that we don't produce Nylon products you inquired about.
(D) But we manufacture a wide range of products you might be interested in.

① (A) − (B) − (C) − (D)　② (A) − (C) − (D) − (B)
③ (A) − (C) − (B) − (D)　④ (A) − (D) − (C) − (B)

해설

「(A) 당사 제품에 대해 귀사의 관심을 표한 6월 23일자 귀사의 편지에 대해 감사드립니다.
(C) 당사는 귀사가 문의한 나일론 제품을 생산하지 않는다는 것을 알리게 되어 미안합니다.
(D) 그러나 당사는 귀사가 관심을 가질만한 많은 종류의 제품을 제조하고 있습니다.
(B) 당사 제품에 관해 좀 더 상세한 정보를 주는 가격표와 브로셔를 첨부했습니다. 귀사가 추가로 물을 것이 있다면, 망설이지 말고 우리에게 연락하십시오.」

86

(A) Perhaps you may have already heard from Mr. Kim that we have very good connections with leading manufacturers in Korea and that we have been exporting our goods to European markets where we enjoy high reputation.
(B) However, we are prepared to allow a 8 percent discount on your trial order. As for method of payment, regulations here require all trans − actions to be based on irrevocable letter of credit.
(C) We are very glad to hear from our friend Mr. Kim who has recently returned home from your country that you are very

정답

85 ② 86 ③

interested in Korean Electronic goods.
(D) The enclosed catalogue will give you an idea of our lines. The prices shown on the price list are FOB Korean port for minimum of 300 sets.

① (D) – (C) – (B) – (A)　② (A) – (C) – (B) – (D)
③ (C) – (A) – (D) – (B)　④ (C) – (A) – (B) – (D)

해설

「(C) 당사는 귀국으로부터 최근 귀국한 친구인 미스터 김으로부터 귀사가 한국산 전자제품에 매우 관심이 있다는 것을 들어서 매우 기쁩니다.
(A) 아마 귀사는 이미 미스터 김으로부터, 당사가 한국내 일류 제조업자들과 매우 좋은 관계를 맺고 있다는 것과, 그리고 당사 제품을 유럽시장에 수출해 왔으며 그곳에서 좋은 평판을 받고 있다는 것을 들었을 것입니다.
(D) 귀사는 동봉된 카다로그를 보면 당사제품에 대해 아실 것입니다. 가격표에 있는 가격은 최소주문 300셋트에 대한 부산항 출발 본선인도가격입니다.
(B) 그러나 당사는 귀사의 시험주문에 대해 8%의 할인을 해 줄 것입니다. 결제방법에 관해서는 이곳의 규정이 취소불능 신용장을 기초로 하는 모든 거래를 요구하고 있습니다.」

87

(A) As requested, we are sending you separately our catalogs.
(B) It has won the Korean Government Good Design Award, and has been enjoying excellent sales.
(C) Among our best selling products, we recommended our Model CT – 8,000.
(D) As our market is now somewhat dull and prices are generally low, we would advise you to make purchase at this time.

① (D) – (B) – (C) – (A)　② (B) – (C) – (A) – (D)
③ (A) – (C) – (B) – (D)　④ (C) – (A) – (B) – (D)

해설

「(A) 요청한대로 당사는 카다로그를 별도로 귀사에게 보냅니다.
(C) 가장 잘 팔리는 당사제품 중에서 당사는 CT – 8000 모델을 추천합니다.

정답

87 ③

(B) 이 제품을 한국정부의 굿 디자인 상을 받았으며, 잘 팔리고 있습니다.
(D) 현재 이곳 시황은 약간 침체되어 있고 가격이 전반적으로 낮기 때문에, 귀사가 지금 구매할 것을 권하는 바입니다.」

88

(A) Our prompt and best attention will be given to any suggestions you may present.
(B) From the price list enclosed you will observe that our prices are exceptionally low.
(C) As regards the terms and conditions of business, we are enclosing our Memorandum of General Terms and Conditions of Business in duplicate.
(D) We acknowledge your letter of 22nd May, the contents of which have been carefully noted.

① (B) – (D) – (C) – (A)
② (D) – (C) – (B) – (A)
③ (D) – (B) – (C) – (A)
④ (D) – (A) – (B) – (C)

해설

「(D) 5월 22일자 귀사의 서한을 받았으며, 그 내용을 면밀히 검토했습니다.
(B) 동봉된 가격표에서 귀사는 당사의 가격이 이례적으로 낮다는 것을 아실 것입니다.
(C) 당사의 거래조건에 관해서는 일반거래조건 협정서를 2부 동봉합니다.
(A) 귀사가 주는 어떤 제안에 대해서도 당사는 신속하면서도 최상으로 배려할 것입니다.」

[89–90] 다음 문장 중 잘못된 것을 골라 표기하시오.

89 ① We placed an order for typewriters with the Seoul Trading Company.
② We gave an order for typewriters to the Seoul Trading Company.
③ We passed an order for typewriters to the Seoul Trading Company.
④ We ordered typewriters to the Seoul Trading Company.

해설

A를 B에게(로부터) 주문하다 : place an order for A with B, give an order for A to B, passe an order for A to B, order A from B

정답

88 ③ 89 ④

90 ① We look forward to receiving your valuable order.

② A 10% discount will be allowed for cash payment in advance.

③ They have been exported various kinds of sporting goods in Asia.

④ Under these terms of payment, we have no problems in accepting your proposal.

해설

They have been exported → They have been exporting/ for cash payment in advance : 현금으로 선지급에 대해

91 다음 회화의 흐름상 괄호 안에 가장 적합한 표현은?

> Joseph : Your stuffed toys are cute. How about your overseas market and exports of the item?
> Hansoo : We are exporting them to the UK and EU market except the U.S. ( ).
> Joseph : If so, we would like to import your products on an exclusive sales basis.

① The exports amounts to about US$5 million per year

② The imports amounts to nearly US$3 million every year

③ The employees were eager in making the stuffed toys

④ our dolls are hand – made and designs are original

해설

「J : 귀사의 봉제완구는 귀엽습니다. 그 제품의 해외시장과 수출은 어떻습니까?
H : 당사는 그 제품을 미국을 제외한 영국과 EU시장에 수출하고 있습니다. 수출은 년간 약 5백만 달러에 달합니다.
J : 그렇다면 당사는 독점판매조건으로 귀사 제품을 수입하고 싶습니다.」

정답

90 ③ **91** ①

[92-93] 아래의 대화를 읽고 물음에 답하시오.

Mr. Marcos : Could you please allow us a little more discount?
Mr. Park : (   ). You will find our price most competitive so far as EU market is concerned.
Mr. Marcos : Then, I will call you later.

92 대화의 흐름으로 보아 괄호 안의 내용으로 가장 적절한 것은?

① We can negotiate the price with you
② I'm sorry that there is no room to negotiate the price
③ Maybe 10% discount will be possible as our price is a little more expensive
④ Our business will be so profitable that we can negotiate about the EU market share

해설

「M : 좀 더 할인해 줄 수 있습니까?
P : 미안하지만 가격을 협상할 여지는 없습니다. EU시장에 관한한 당사 가격이 가장 저렴하다는 것을 아실 것입니다.
M : 그럼 나중에 전화 걸겠습니다.」

93 위의 대화에서 대화자 입장을 바르게 짝 지은 것은?

① Mr. Marcos – Buyer, Mr. Park – Carrier
② Mr. Marcos – Carrier, Mr. Park – Seller
③ Mr. Marcos – Buyer, Mr. Park – Seller
④ Mr. Marcos – Seller, Mr. Park – Buyer

정답

92 ② **93** ③

제2절 포괄계약서(Master Contract)

거래 당사자 간에는 개별 무역거래를 성사시키기에 앞서 앞으로 진행될 무역거래의 일반적 기준이 될 제반조건을 협정하고 이를 문서화하게 되는데 이를 거래조건 협정서(Memorandum of Agreement) 라고 한다. 이러한 거래 조건 협정서의 제목을 흔히 'General Agreement and Conditions of Business between … (…간의 일반거래조건 협정서)이라고 한다. 그러나 이와 같이 별개의 거래조건 협정서를 작성하지 않고 개개의 거래에서 앞면을 계약서(또는 오퍼, 주문) 형식으로 하고 그 뒷면에 거래조건을 명시하여 거래조건협정서로 사용하는 경우도 있다.

이러한 거래조건 협정서의 내용은 보통 ① 계약의 본질에 관한 조건, ② 계약내용에 관한 기초조건, ③ 계약의 성립에 관한 조건, ④ 분쟁해결에 관한 조건 및 기타 조건으로 구성된다. 그리고 개별 무역계약을 체결할 때는 거래조건 협정에 근거하여 수출상의 오퍼 제시에 대한 승낙 또는 수입상의 주문 제의에 대한 수락에 따라 개별계약서(Contract Sheet)가 작성된다.

1 무역서한

ModelForm1. 일반거래조건 협정서

Agreement on General Terms and Conditions of Business

This agreement has been reached[1)] between The Sunwoo Trading Co., Inc. of Seoul, Korea (in this Agreement called "seller") and The Union Import & Export Corporation of New York, U.S.A. (in this Agreement called "buyer") to do business on the following terms and conditions :

(1) Business : Business shall be conducted between the Seller and the Buyer as Principal to Principal[2)] for the sale of the Seller's Porcelain in New York.

(2) Samples and Quality : The Seller are to supply the Buyer with samples free of charge, and the quality of the goods to be shipped[3] should be fully equal to the sample on which an order is given[4].

(3) Quantity : The minimum quantity for an order[5] is to be the standard contents of one package[6] stated on Price List. Assortment of various articles[7] is to be accepted so long as the total quantity exceeds the minimum just mentioned.[8]

(4) Prices : Prices are to be quoted in U.S Dollars on the basis of CIF New York[9], unless otherwise specified.

(5) Offers : All offers are to be considered'firm' subject to reply being received within three(3) days from and including the day of dispatch.[10] Sundays and National Holidays are excepted[11].

(6) Orders : Except in cases where firm offers are accepted[12], all orders are to be subject to the Seller's final confirmation.

(7) Letter of Credit : Buyer shall open an Irrevocable Letter of Credit in favor of Seller[13]. Unless otherwise specified in each order, Buyer shall open the L/C so that seller may receive it within fifteen(15) days after order at latest. The credit shall be made effective ten(10) days beyond the contracted time of shipment.[14]

(8) Packing : Proper export wooden case packing is to be carried out. Each case bears port mark, running case numbers[15], and the country of origin.

(9) Shipment : Shipment is to be made within the time stipulated in each contract[16], except in circumstances beyond the Seller's control[17]. The date of Bills of Lading shall be taken as conclusive proof of the date of shipment[18]. If Seller fails to ship the goods within the period stipulated, Buyer shall have a right to cancel the order thus unshipped[19] and Seller shall bear the loss incurred in the consequence[20].

(10) Insurance : All shipments are to be covered on ICC(A) including W/SRCC[21] for a sum equal to the invoice amount plus ten(10) percent[22], and the insurance policy is to be made out in U.S. Dollars and claims payable at New York[23]. Special insurance, if required additionally by buyer, shall be covered for account of Buyer[24].

(11) Payment : Draft is to be drawn at 30d/s[25] under Irrevocable Letter of Credit for the full invoice amount[26], with full sets of shipping documents[27], viz[28] Bill of Lading, Insurance Policy, Commercial invoice and other documents which each contract requires.

(12) Force Majeure[29] : Seller is not responsible for the non – delivery or the delay in shipment caused by[30] prohibition of export, refusal to issue export license or permit, war or warlike operation, blockade, revolution, insurrection, mobilization, strikes, lockout, civil commotion, riots, plague or epidemics, destruction of goods by fire or flood, or any other causes beyond Seller's control. In the event of the aforementioned causes arising[31], documents proving its occurrence or existence[32] shall be submitted by Seller to Buyer without delay.

(13) Inspection : Unless otherwise stated[33], Seller shall undergo the export inspection[34] by Porcelain Goods Inspection Association authorized by Korean Government[35] and take the certificates issued by the above association.

(14) Shipping Sample[36] : In case shipping sample be required, the seller shall send them to the Buyer by airmail prior to shipment of goods[37].

(15) Claim : Any claim exceeding 10 per cent of invoice amount is to be filed by email within fourteen(14) days after the date of final discharge of goods at destination[38]. Certificates by recognized surveyors[39] shall be sent by airmail without loss of time.

(16) Arbitration[40] : All disputes, controversies or differences which may arise between the parties, out or in relation to or on connection with this contract or for the breach thereof, shall be finally settled by arbitration in Seoul, Korea in accordance with The Commercial Arbitration Rules of the

Korea Commercial Arbitration Board and Under the Laws of Korea. The award rendered by the arbitrator(s) shall be final and binding upon both parties concerned.

(17) Effective date and Term[41] : This Agreement shall become effective upon signing of the duly authorized representatives[42] of both parties and remain in effect until terminated by either party hereto[43] upon written to the other party given at 30 days prior the effective date of termination[44], which date shall be specified in the notice[45].

In witness where of[46], The Sunwoo Trading Co., Inc. have hereunto set their hand[47] on the 1st day of July, 2006 and The Gordon & Co., Ltd. have hereto[48] set their hand on the 10th day of August, 2008.

For THE SUNWOO TRADING CO., INC.

FOR THE UNION Import & Export corporation

---

1) has been reached : (합의에) 도달하였다. 체결되었다.
2) as principals to principals : 본인(本人) 대 본인으로, 각자의 명의와 비용 그리고 책임하에 이루어지는 거래형태를 말한다. (act in their own names and on their own account and responsibility) 무역거래는 대부분이 principal(s) to principal(s) 거래이며, 이외에 principal(s) to agent(s) (본인 대 대리인), agent(s) to agent(s) (대리인 대 대리인) 거래가 있다.
3) goods to be shipped : 선적품
4) sample on which an order is given : 주문을 한 견본, 즉 주문의 기초가 된 견본
5) The minimum quantity for an order : 최소 주문량
6) standard contents of one package : 한 포장 단위의 표준량
7) assorted of various articles : 여러 종류 상품의 혼합
8) so long as the total quantity exceeds the minimum just mentioned : 전체 수량이 언급된 최소 주문량을 초과하는 한
9) prices are to be quoted in U.S Dollars on the basis of CIF New York. : 가격

은 뉴욕항 도착 운임, 보험료 포함가격으로 제시되어야 한다.

10) subject to reply being received within three(3) days from and including the day of dispatch : 발송일로부터 3일 이내에 회신이 도착하는 조건으로
11) Sundays and National Holidays (at both ends) are excepted. : 〔양단일(兩端日)의〕 일요일과 국경일은 제외한다.
12) Except in cases where firm offers are accepted : 확정청약이 수락되어지는 경우를 제외하고
13) in favor of Seller : 매도인을 수익자로 하여, 즉, 수출상 앞으로 신용장을 발행한다.
14) The credit shall be made effective fifteen(15) days beyond the contracted time of shipment : 신용장은 규정된 선적일 후 15일간 유효하게 작성되어야 한다.
15) running case numbers : 상자의 일련번호
16) within the time stipulated in each contract : 각각의 계약에 명시된 기일 이내에
17) beyond the Seller's control : 매도인이 통제할 수 없는, 즉, 불가항력을 뜻한다.
18) The date of Bills of Lading shall be taken as conclusive proof of the date of shipment. : 선화증권의 날짜는 선적일의 결정적 증거로 간주된다.
19) right to cancel the order thus unshipped : 이와 같이 선적되지 못한 주문을 취소할 권리
20) Seller shall bear the loss incurred in the consequence. : 매도인은 그 결과 발생한 손실을 부담해야 한다.
21) All shipments are to be covered on ICC(A) including W/SRCC : 모든 선적품은 W/SRCC를 포함하는 ICC(A) 조건으로 부보되어야 한다. ICC는 Institute Cargo Clause(협회적화약관)으로 선박에 적재된 화물, 즉 수출입 화물에 대한 보험약관으로 보상범위에 따라 종류가 달라지는데 기본적인 적화보험의 종류는 ICC(A), ICC(B), ICC(C)가 있다. 이 중 ICC(A)조건이 보상범위가 가장 크다. 그러나 ICC(A)조건에서도 전쟁위험(war risk), 파업(strike), 폭동(riot), 시민소요(civil commotion) 등에 의한 손해는 보상되지 않으므로, 이에 대해 추가로 부보하는 경우가 있다.
22) for the invoice amount plus then(10) Percent : 송장금액에 10%를 더한 금액에 대해서, 해상보험에서는 거래금액의 110%에 대해 보험을 부보한다. 10%는 예상이익(expected profit)이다.
23) insurance policy is to be made out in U.S. dollars and claims payable at New York. : 보험증권은 미국 달러로 또 손해배상(보험금)은 뉴욕에서 지

급되도록 작성되어야 한다.

24) for account of Buyer : 매수인의 비용으로
25) Draft is to be drawn at 30d/s : 일람 후 30일부로 환어음이 발행된다. d/s : days after sight
26) for the full invoice amount : 전체 송장금액에 대해서
27) with full sets of shipping documents : 선적서류 전통(全通)과 함께, 즉 발행된 선적서류 원본 전부와 함께
28) viz. : 즉, namely라고도 읽는다.
29) Force Majeure : 불가항력, 천재지변 등을 말하며, Act of God이라고도 한다.
30) caused by -- : --로 야기된
31) in the event of the aforementioned cause arising : 앞에서 언급된 사유가 발생하는 경우
32) documents proving its occurrence or existence : 그러한 사고의 발생 또는 존재를 입증하는 서류
33) Unless otherwise stated : 별도로 명시되지 않는다면
34) Seller undergo the export inspection : 매도인은 수출검사를 받아야 한다.
35) authorized by Korean Government : 한국 정부에 의해 공인된
36) Shipping Sample : 선적견본. Shipment Sample 이라고 하며 선적품 중에서 견본을 선정하여 선적화물 전체의 품질을 대표하는 것으로 수입상이 도착화물의 품질을 미리 검사하여 필요한 조치를 취하도록 돕는다. 이에 비해 수요를 환기시키거나 상담을 촉진하는 수단으로서 매매계약이 성립되기 전에 발송되는 견본을 선발견본(先發見本 : advance sample)이라고 한다.
37) prior to shipment of goods : 상품의 선적 전에
38) the date of final discharge of goods at destination : 도착지에서 상품의 최종 하역일
39) Certificates by recognized surveyors : 인정된 감정인이 발급한 증명서
40) 중재 : 이 계약으로부터 또는 이 계약과 관련하여 또는 이 계약의 불이행으로 말미암아 당사자 간에 발생하는 분쟁, 논쟁, 의견 차이에 대해서는 대한민국 서울에서 대한상사중재원의 상사중재규칙 및 대한민국 법에 따른 중재에 의하여 최종적으로 해결한다. 중재인들에 의해 내려지는 판정은 최종적인 것으로 당사자 쌍방에 대하여 구속력을 갖는다.
41) effective date and term : 효력 발생일자와 유효기간
42) authorized representatives : 위임된 대표자들 cf. authorized surveyor 「공인(된)감정인」 authorized capital 「수권 자본」
43) until terminated by either party hereto : 이 계약에 관련된 어느 한 당사자에

의해 폐기될 때까지
44) at 30days prior to the effective date of termination : 계약폐기의 발효일 30 일 전에
45) which date shall be specified in the notice : 폐기 발효일이 그 통고에 명시 되어야 한다.
46) in witness where of : 이 계약의 증거로서, 특별한 의미를 갖고 있지는 않지만 계약서상에 말미문언(末尾文言)으로 많이 쓰인다.
47) set their hand : 서명하다
48) hereto(=hereunto) : 여기에

ModelForm2. 독점대리점 계약서

This Agreement entered into between Mirae Trading Co., Ltd., Seoul, Korea (hereinafter called Principal) and J. Smith & Co., Inc., New York, U.S.A (hereinafter called Agent) witnesses as follows :[1)]

(1) Appointment[2)] : Principal appoints Agent as his sole agent to solicit orders for the merchandise stipulated in Article 3 from customers in the territory stipulated in Article 2 and Agent accepts such appointment

(2) Territory[3)] : The territory covered under this Agreement is confined to the United States of America (hereinafter called Territory).

(3) Merchandise[4)] : The merchandise covered under this Agreement is confined to NC Lathe of Korean origin (hereinafter called Merchandise).

(4) Exclusiveness[5)] : Principal may not, directly or indirectly, sell merchandise for Territory through any channel other than Agent, and Agent may not sell, distribute or promote the sale of any other line similar to Merchandise manufactured in Korea. Further, Agent may not solicit or accept orders for the purpose of selling or delivering Merchandise outside Territory. Principal shall refer to Agent any inquiry or order for Merchandise which Principal may receive from others within Territory.

(5) End – User and End – Use[6)] : Agent shall inform Principal of the End – User's name and his End – Use in each case of transaction before Agent sells Merchandise in Territory.

(6) Expenses[7)] : Each Party shall bear their own expenses incurred in connection with the sale of Merchandise including travelling. postal and other incidental expenses.

(7) Commission[8)] : Principal shall pay to Agent commission in U.S. currency at the rate of 3% of the net invoice price of Merchandise on all orders obtained by Agent and received and accepted by Principal, provided, however, that no such commission shall be payable until Principal receives the full amount of payment due. Commission is to be settled at the end of every three months, or otherwise mutually agreed upon.

(9) Trade Terms[9)] : The trade terms used between Principal and Agent shall be governed and interpreted by the provisions of the latest Incoterms.

(10) Information and Report[10)] : Both Parties shall periodically and/or at the request of either party furnish information and market reports to promote the sale of Merchandise.

(11) Patents, Trade Marks, etc.[11)] : Principal shall be free from liabilities or responsibilities for any trade marks, design or stamp used by principal pursuant to instructions of agent. Agent hereby agrees to assume the responsibilities for any disputes resulting from such use.

(12) Duration[12)] : This Agreement shall be valid for a period of one year commencing from the l0th day of May, 2010 and shall be automatically renewed thereafter on a year to year basis unless either party gives the other party a three months' written notice to terminate this Agreement. No change, modification and amendment of this Agreement are binding upon Principal and Agent unless made in writing and signed by both parties.

(13) Arbitration[13)] : Any claim beyond the amicable adjustment between the Principal and the Agent is to be settled by the Korean Commercial

Arbitration Board in Korean according to the arbitrations rules of the said association

(14) Governing Law[14] : This Agreement shall be governed in all respects by Korean law

Principal :	Agent :
Mirae Trading Co., Ltd.	J. Smith & Co., Inc.
(signed)	(signed)
President	President

---

1) This Agreement entered into between --- witnesses as follows : ---간에 체결된 이 협정서는 다음과 같이 입증한다.
2) 임명 : 본인(principal)이 대리점을 독점(판매) 대리점(Sole Agent or Exclusive Agent)으로 임명, solicit orders :「주문을 권유하다」
3) 지역 : 대리점의 판매활동 지역을 미국 내로 제한(is confined to the United States of America)
4) 상품 : 대리점에 판매를 위임하는 상품을 한국산 수치제어식 선반(공작용 기계)으로 제한(is confined to NC Lathe of Korean origin), NC : numerical control
5) 독점권 : 본인 및 대리점 상호간에 독점권 인정을 명시, 본인은 다른 대리점을 통해 그(지정된) 지역에 직, 간접적으로 판매할 수 없고, 대리인 역시 그(인정된) 지역에서 유사한 한국산 상품을 판매나 판촉활동을 할 수 없다. 또한 대리인은 지역 밖으로 판매하기 위해 주문해서는 안 된다. 본인은 지역내의 다른 회사로부터 접수한 상품에 대한 주문이나 조회는 대리점에 넘겨주어야 한다.
6) 최종소비자 및 최종용도 : 대리점은 최종소비자의 이름과 그들의 최종 용도를 본인에게 알릴 것을 명시, 이는 기술이나 아프터 서비스가 필요한 경우를 대비한, 즉, 고객관리 차원에서의 조치이다.
7) 비용 : 양자의 비용부담을 명시, 양 당사자는 각자가 지출한 비용을 각각 부담한다. other incidental expenses : 기타 부가적인 비용
8) 수수료 : 대리점의 수수료에 관해 요율과 지급시기 등을 명시. 본인은 대리

인에게 대리인이 얻어내고 그리고 본인이 접수하고 받아들인 모두 주문에 대해 순 송장가액의 3%의 수수료를 미 달러로 지급한다. 단 결제되어야 할(payment due) 전체 금액을 본인이 받았을 때 수수료를 지급한다. 수수료는 별도로 합의되지 않는다면, 매 3개월 말에 정산한다.

9) 거래(가격)조건 : 최근의 Incoterms 규정에 준거함을 명시

10) 정보 및 보고 : 본인과 대리점 상호간에 정보, 판매촉진을 위한 시황보고의 정기적인 교환을 의무화

11) 특허 및 상표 등 : 대리점의 요구에 따라 본인이 사용한 상표, 디자인, 스탬프 등에 대해서는 본인이 책임이 없음을 명시, 대리이능ㄴ 그러한 사용으로 인해 발생한 분쟁에 대해 책임질 것을 여기에 동의한다.

12) 유효기간 : 계약기간 및 갱신방법을 명시. 이 협정은 2010년 5월 10일부터 1년간 유효하며, 이 협정을 종료하가 위해 한 당사자가 다른 당사자에게 3개월 전에 서면 통지를 하지 않으면 1년 단위로 자동적으로 갱신된다. 양 당사자에 의해 서면으로 작성되고 서명된 것이 아니면, 이 협정의 변경이나 수정은 양 당사자를 구속하지 못한다.

13) 중재 : 분쟁의 최종 해결 방법으로서 상사중재에 의할 것을 명시, 본인과 대리인 간에 우호적으로 조정되지 않는 클레임은 대한민국의 대한상사중재원에서 중재원의 규칙에 따라 해결된다.

14) 준거법 : 대한민국 법을 준거법으로 명시

2 평가문제

[1-4] 다음은 한국과 미국의 두 회사가 체결하려는 일반거래협정서의 일부이다. 읽고 물음에 답하시오

> This Memorandum of General Terms and Conditions of Business made and entered into between Haesung Ind. Co., Ltd.(hereafter called the Sellers) and Wilson & Co., New York(hereafter called the Buyers) witnesses as follows:
>
> (1) Business : (가)
> (2) Quality : (나)
> (3) Payment : Draft(s) shall be drawn at sight with documents attached for the full invoice amount under an irrevocable credit.
> (다)

01 위의 'This Memorandum ~ as follows:'까지를 통상 무엇이라고 부르는가?

① Force Majeure Clause ② Whereas Clause
③ Claim Clause ④ Special Clause

> 해설
> Whereas Clause : 본론 전의 단서(但書) 조항, 법률용어로 전문(前文)(preamble)이라고도 한다.

02 해성산업과 윌슨 회사의 당사자 사이에 체결되는 모든 거래는 각각 본인 대 대리인으로 거래할 것을 규정하려고 한다.(가) 안에 가장 적합한 것을 고르시오.

① All business entered into between the Parties shall be transacted as Principals or Agents.
② All business entered into between the Parties shall be transacted as Agents to Principals.
③ All business entered into between the Parties shall be transacted as Principals to Agents.

정답
01 ② **02** ③

④ All business entered into between the Parties shall be transacted as Agents or Principals.

해설
본인 대 대리인으로 : as Principals to Agents

03 선적품의 품질에 있어서는 명세, 품질, 디자인에 관련해서 견품과 일치할 것을 규정하려고 한다. (나) 안에 가장 적합한 것을 고르시오.

① All shipments shall be conforming samples with regard description, quality and design.

② All shipments shall be conforming to samples with regard to description, quality and design.

③ All shipments shall be confirming to samples with regard description, quality and design.

④ All shipments shall be confirming samples with regard to description, quality and design.

해설
~와 관련하여 : with regard to ~/ ~와 일치하다 : be conforming to ~

04 신용장이 없이 지급도 조건으로 거래할 때에는 거래할 때마다 매도인의 사전 승낙을 받도록 단서를 추가하려고 한다. (다) 안에 가장 적합한 것을 고르시오.

① Business against D/P base without L/C should be subject to Sellers' previous consent in each case.

② Business against D/P base without L/C should be subject to Sellers' previous notice in each case.

③ Business against D/A base without L/C should be subject to Sellers' previous consent in each case.

④ Business against D/A base without L/C should be subject to Sellers' previous notice in each case.

정답
03 ② **04** ①

해설

지급(인)도 조건 : D/P(Document against Payment) base/ 매도인의 사전 승낙 : Sellers' previous consent/ previous notice : 사전 통지

[5–6] 다음 문장에 밑줄 친 내용과 의미가 같은 것을 고르시오.

05 All claims which can not be amicably settled between Sellers and Buyers should be settled by Arbitration, Seoul whose award shall be final and binding upon both parties.

① reward ② decision ③ coward ④ confirmation

해설

「매도인과 매수인간에 우호적으로(amicably) 해결될 수 없는 모든 클레임은 서울에서 상사중재에 의해 해결되어야 한다. 그에 의한 판정 (award)은 최종적이고 양 당사자를 구속한다.」

06 In case of force majeure one month's delay is allowed. After the delay allowed the seller must get the buyer's consent before shipment of goods.

① Act of God ② facet
③ delayed shipment ④ riot

해설

「불가항력(force majeure)의 경우에 1개월간의 선적지연은 허용된다. 허용된 선적지연 후에 (상품을 선적할 경우) 매도인은 상품 선적 전에 매수인의 동의를 받아야만 한다.」

[7–8] 다음 문장에 밑줄 친 내용과 의미가 전혀 다른 것은?

07 Firm offers shall be effective for 48 hours excluding Sundays and National Holidays.

① except ② including ③ concluding ④ during

해설

「확정 청약들은 일요일과 국정 공휴일을 제외하고(excluding) 48시간 동안 유효하다.」

정답

05 ③ 06 ① 07 ②

08 We attach a revised price list and it shall <u>become effective</u> from October 10.

① come into force　　② become efficient
③ be open　　④ be valid

해설
「당사는 수정된 가격표를 첨부하며, 그것은 10월 10일부터 유효합니다(become effective, come into force, be open, be valid)」

[9-20] 다음 문장을 완성하기 위해 ( )안에 들어갈 가장 적절한 단어는?

09 All business transactions entered into between the parties shall be as ( ) to ( ) on their own account and responsibility.

① principles – principles　　② principle – agent
③ principle – agent　　④ principal – principal

해설
당사자간에 체결된 모든 거래는 그들 자신의 비용과 책임으로 하는(on their own account and responsibility) 본인 대 본인 거래(principal to principal)에서 본인(principal)의 역할을 설명하는 문장이다.

10 Goods sold on sample shall be guaranteed by ( ) to conform exactly to sample upon arrival at destination.

① seller　　② buyer
③ surveyor approved by seller　　④ surveyor approved by buyer

해설
「견품으로 판매된(견품에 의해 품질이 결정된) 물품은 최종 목적지에 도착 시 견품과 정확히 일치한다는 것을 seller가 보장하여야 한다.」
surveyor approved by ～ : ～에 의해 승인된 감정인

11 All the prices Party A quotes to Party B shall be in U.S. dollars ( ) American ports.

정답
08 ② **09** ④ **10** ① **11** ②

① account of FOB ② on the basis of CIF
③ made out in FOB ④ recognized by surveyors

해설
「A당사자가 B당사자에게 제시한 모든 가격은 미국항 도착 운임, 보험료 포함가격조건(on the basis of CIF American ports)의 미국 달러이다.」

12 ( ) otherwise specified in fax messages or letters, all price submitted by either party shall be quoted ( ) US Dollar ( ) a CIF New York ( ).

① unless, basis, on, in ② unless, in, on, basis
③ unless, on, basis, in ④ basis, in, on, unless

해설
「팩스나 서한에 별도로 명시되지 않는다면, 어느 한 당사자에 의해 제공된 가격은 뉴욕항 도착 CIF 조건(on a CIF New York basis)의 미국 달러로 제시된다.」

13 Shipment is to be made within the time stipulated in each contract, and the date of bills of lading shall be taken as ( ) proof of the date of shipment.

① initiative ② interpretative ③ conclusive ④ consistent

해설
「선적은 각 계약에서 명시된 기간 내에 이루어져야 한다. 그리고 선화증권의 날짜는 선적일의 결정적인 증거(conclusive proof)로 간주된다.」

14 Weight and quantity ( ) by the seller as ( ) in ( ) shall be final.

① specializing – unit – the letter of credit
② determined – set forth – the transport documents
③ fixed – as follows – the shipping notice
④ received – set – the selling offer

정답
12 ② 13 ③ 14 ②

해설

「운송서류(the transport documents)에 기재된 대로(as set forth) 매도인에 의해 결정된(determined) 중량과 수량은 최종적이다.」

15 We gave an agent the right to sell our products in Indonesia. We awarded him a[an] (　　　　).

① sales representative　　② distributor

③ exclusive agency　　④ chain store

해설

「당사는 인도네시아에서 당사 제품을 판매할 권리를 대리점에게 주었다. 당사는 그 회사에 독점 대리점(권)(exclusive agency)을 주었다.」

16 All (　　) which can not be (　　) settled between Seller and Buyer shall be finally settled by (　　) in Seoul, Korea in accordance with the Rules of The Korean Commercial Arbitration (　　).

① claims – arbitration – amicably – committee

② arbitrations – amicably – claim – Board

③ claims – amicably – arbitration – Board

④ arbitrations – amicably – arbitration – judgement

해설

All claims which can not be amicably settled : 우호적으로 해결될 수 없는 모든 클레임/ be finally settled by arbitration : 중재에 의해 최종적으로 해결된다/ The Korean Commercial Arbitration Board : 대한상사중재원

17 Shipment is to be made within the time (　　) in each contract, except in circumstances beyond the Sellers' (　　). The data of bills of lading shall be taken as (　　　) proof of the date of shipment. Unless expressly agreed upon, the port of shipment shall be at the Sellers' (　　).

정답

15 ③　16 ③　17 ④

① provided – option – conclusive – control
② decided – hand – constructive – decision
③ speculated – control – constructive – option
④ stipulated – control – conclusive – option

해설
the time stipulated in each contract : 각 계약에 명시된 기간/ circumstances beyond the Sellers' control : 매도인의 통제를 넘는(통제할 수 없는) 상황(force maejure, act of god)/ be at the Sellers' option : 매도인의 선택이다

18 The seller shall not be responsible for any delay in shipment due directly or indirectly to (   ) such as fires, earthquakes, tempests, strikes, lockouts, wars, riots, civil commotions, hostilities, blockades, requisition of vessels, embargoes, and to any other causes beyond the control of Sellers.

① failure to perform
② discharge
③ non-performance
④ force majeure

해설
「매도인은 직, 간접적으로 화재, …, 그리고 매도인의 통제를 벗어나는 기타 원인 등과 같은 불가항력(force majeure)으로 인한 선적지연에 대해서는 책임을 지지 않는다.」

19 The enclosed agreement is submitted for your comments. If you have (   ), sign and return the duplicate to us.

① not objections to any of its clause
② no objections to any of its clause
③ not objection to any of its clause
④ not objection to some of its clause

해설
「동봉된 협정서는 귀사의 견해를 (듣기) 위해 제공되었습니다. 귀사가 협정서 각 조항의 어디에도 반대가 없다면(If you have no objections to any of its clause), 서명하고 부본(副本)을 당사로 보내주십시오.」

정답
18 ④ **19** ②

20 The contract must be considered as running from the 1st June to the 31st May next year and will be renewable upon mutual (　　　).

① interests　② negotiation　③ concession　④ agreement

해설

「계약은 6월 1일부터 내년 5월 31일까지 유효한 것으로(as running) 간주되고, 상호 합의(mutual agreement) 즉시 갱신된다.」

21 다음 문장의 괄호 안에 들어갈 가장 알맞은 공통된 내용을 고르시오.

> (　　　　) : The Buyers shall be liable for and hold the Sellers harmless from and against suits and claims brought by the third parties due to any (　　　) with regard to patent, trade mark, design and/or copyright originated or chosen by the Buyers.

① Claim　② Infringement　③ Orders　④ Arbitration

해설

「매수인은 매수인에 의해 창안되었거나 선택된 특허권, 상표, 디자인, 저작권과 관련한 권리침해(infringement)로 인하여 제 3자에 의해 제기된 소송이나 클레임에 대해 책임을 져야하고, 매도인에게 해가 가지 않도록 하여야 한다.」

[22-27] 다음 문장 또는 밑줄 친 부분이 가장 올바르게 해석된 것을 고르시오.

22 Except in cases where firm offers are accepted, no orders shall be binding until acceptance is cabled by sellers. All orders shall be confirmed in writing, and orders thus confirmed shall not be cancelled unless by mutual consent.

① 확정오퍼를 수락한 경우에 어떠한 주문도 매도인이 이를 수락한다고 타전할 때까지는 구속력이 없다. 모든 주문은 서면으로 확인되어야 하고, 그렇게 확인된 주문은 상호 동의 없이는 취소할 수 없다.

② 확정오퍼를 수락한 경우를 제외하고는 어떠한 주문도 매도인이 이를 수락한다고 타전할 때까지는 구속력이 없다. 모든 주문은 서면으로 확인되어야 하고, 그렇게 확인된 주문은 상호 동의 없이는 취소할 수 없다.

정답

20 ④　21 ②　22 ②

③ 확정오퍼를 수락한 경우를 제외하고는 어떠한 주문도 매도인이 이를 수락한다고 타전할 때까지는 구속력이 없다. 모든 주문은 서면으로 확인되어야 하고, 그렇게 확인된 주문은 상호 동의가 있으면 취소할 수 없다.

④ 확정오퍼를 수락한 경우를 제외하고는 어떠한 주문도 매도인이 이를 수락한다고 우편전송할 때까지는 구속력이 없다. 모든 주문은 서명으로 확인되어야 하고, 그렇게 확인된 주문은 상호 동의 없이는 취소할 수 없다.

해설

Except in cases where firm offers are accepted : 확정오퍼를 수락한 경우를 제외하고/ until acceptance is cabled by sellers : 매도인이 이를 수락한다고 타전할 때까지/ in writing : 서면으로/ unless by mutual consent : 상호 동의 없이는

23 Claims, if any, shall be submitted by e-mail within fourteen(14) days after arrival of the goods at destination. Certificate issued by an independent surveyor shall be sent by mail without delay.

① 클레임이 있을 때에는 물품이 목적지에 도착한 후 14일 이내에 이메일로 제출되어야 하고 독립 감정인이 발행한 증명서를 지체 없이 우편으로 발송하여야 한다.

② 클레임이 있을 때에는 선박이 목적지에 도착한 후 14일 이내에 이메일로 제출되어야 하고 독립 감정인이 발행한 원산지 증명서를 지체 없이 우편으로 발송하여야 한다.

③ 클레임이 있을 때에는 물품이 항구에 도착한 후 14일 이내에 이메일로 제출되어야 하고 공적 검사인이 발행한 증명서를 지체 없이 우편으로 발송하여야 한다.

④ 부도사유가 있을 때에는 물품이 목적지에 도착한 후 14일 이내에 이메일로 제출되어야 하고 별도 검사인이 발행한 증명서를 지체 없이 우편으로 발송하여야 한다.

해설

after arrival of the goods at destination : 물품이 목적지에 도착한 후/ certificate issued by an independent surveyor : 독립 감정인이 발행한 증명서

정답

23 ①

24 The award rendered by the arbitrators shall be final and binding upon both parties concerned.

① 중재인들이 수여하는 상품은 쌍방 당사자가 반드시 수령하여야 한다.
② 배심원들이 내리는 판단은 관계 당사자들이 번복할 수 없다.
③ 중재인들에 의하여 내려지는 판정은 최종적인 것으로 당사자 쌍방에 대하여 구속력을 가진다.
④ 배심원들에 의하여 내려지는 판정은 불가침이고 당사자 쌍방을 묶어두고 있어야 한다.

해설
the award rendered by the arbitrators : 중재인들에 의하여 내려지는 판정

25 This agreement shall retroactively become effective on the first day of May, 1991.

① 당 계약서는 1991년 5월 1일에 소급하여 발효한다.
② 당 계약서는 1991년 5월 1일에 각각 발효한다.
③ 당 계약서는 1991년 5월 1일에 전향적으로 발효한다.
④ 당 계약서는 1991년 5월 1일에 각각 유효하다.

해설
retroactively : 소급하여

26 All ① disputes, controversies, or differences which may arise between the parties, out of or in relation to or in connection with this contract, or for ② the breach thereof, shall be finally settled by arbitration in Seoul, Korea in accordance with the Commercial Arbitration Rules of ③ the Korean Commercial Arbitration Board and under the laws of Korea. ④ The award rendered by the arbitrators shall be final and binding upon both parties concerned.

① ①분쟁, 반대 또는 차별 ②분해 ③한국상업중재위원회 ④지시
② ①분쟁, 논쟁 또는 의견차이 ②계약위반 ③한국상업중재위원회 ④지시

정답
24 ③ **25** ① **26** ③

③ ①분쟁, 논쟁 또는 의견차이 ②계약위반 ③대한상사중재원 ④판정
④ ①분쟁, 반대 또는 차별 ②계약위반 ③대한상사중재원 ④판정

27 The sellers shall not be responsible for the delay in shipment due to ㉠ force majeure, including ㉡ acts of God, ㉢ ordinances, by the government, war, blockade, ㉣ insurrection, mobilization and any other contingencies, which prevent shipment within the stipulated period.

① ㉠ 천재지변 ㉡ 불가항력 ㉢ 법령 ㉣ 징발
② ㉠ 불가항력 ㉡ 신의행위 ㉢ 명령 ㉣ 적대행위
③ ㉠ 천재지변 ㉡ 불가항력 ㉢ 명령 ㉣ 적대행위
④ ㉠ 불가항력 ㉡ 천재지변 ㉢ 법령 ㉣ 반란

28 다음 문장 중 밑줄 친 부분의 해석이 잘못된 것을 고르시오.

> In the event of cancellation of this contract and/or rejection of the goods, seller shall be entitled to resell the goods to third parties regardless of ① patent, ② trademark, brand, ③ utility model and ④ copyright etc. thereon buyer shall not raise any objection to such disposition.

① 특허권 ② 상표권 ③ 의장권 ④ 저작권

해설

「이 계약이 취소되거나 또는 상품(인수)을 거절하는 경우, 매도인은 특허권, 상표권, 실용신안품(utility model) 그리고 저작권과 관계없이 이 상품을 제3자에게 재판매할 권리를 갖는다. 그 후 매수인은 그러한 처분에 대해 이의를 제기하지 않는다.」

[29–30] 다음 우리말을 영어로 옮길 때 가장 잘된 것을 고르시오.

29 상품의 품질은 견품의 품질과 일치해야 합니다.

① The quality of the goods should be up to those of the sample.
② The quality of the goods should be equal to that of the sample.
③ The quantity of the goods should be the same as the sample.

정답

27 ④ 28 ③ 29 ②

④ The quantity of the goods will be equal to that of the sample.

해설

상품의 품질 : The quality of the goods/ 견품의 품질 : that of the sample(앞의 quality(단수형)를 받으므로 that)/ ~과 일치하다 : be up to ~, be equal to ~, be the same as~, be in accordance with ~

30 이 협정서는 2005년 6월 30일까지 유효하기로 합니다.

① This agreement is to end by July 30, 2005.
② This agreement is to be valid until June 30, 2005.
③ This memorandum are to be effect till July 30, 2005.
④ This memorandum shall be valid on June 30, 2005.

해설

협정서 : agreement/ memorandum : 비망록, 각서의 의미이나 거래조건에 관한 협정서의 제목으로 사용되기도 한다.(Memorandum of Terms and Conditions of Business)/ 6월 30일까지 : until(till, by) June 30/ 유효하다 : be(remain) valid (effective, in force, open, in effect)

31 다음 문장을 영작한 부분 중 틀린 곳을 고르시오.

어느 한 당사자의 계약 불이행으로 손실이 발생되는 경우 계약을 위반한 당사자는 상대방에게 그 손실을 보상하여야 한다.

① In case any loss may be incurred by non – performance
② of the contract by either party,
③ the party breaking the contract is
④ to compensate the other party the loss.

해설

상대방에게 그 손실을 보상하다 : compensate the other party for the loss

정답

30 ② **31** ④

32 다음 지문 설명과 가장 관련이 깊은 것을 고르시오.

> All disputes, controversies, or differences which may arise between the parties, out of or in relation to or in connection with this contract, or for the breach thereof, shall be finally settled by arbitration in Seoul, Korea.

① Claim Clause ② Arbitration Clause
③ Force Majeure Clause ④ Assignment Clause

33 우리말을 영어로 옮길 때 (　　) 안에 들어갈 내용이 바르게 배열된 것을 고르시오.

> 이 협정서는 2005년 7월 1일 이후 발효하기로 합니다.
> → This Agreement is (　　　　　　　　　　) July 1, 2005.
> (1) on　(2) to　(3) be　(4) and　(5) available　(6) after

① (5) − (1) − (4) − (6) − (2) − (3) ② (5) − (2) − (3) − (6) − (4) − (1)
③ (2) − (4) − (1) − (3) − (5) − (6) ④ (2) − (3) − (5) − (1) − (4) − (6)

해설
~ 하기로 하다 : be to ~/ 발효(유효)하다 : be available.
~ 이후 : on and after ~

[34–35] 다음 문장들을 가장 논리적으로 배열한 것을 고르시오.

34

> (A) Business is to be transacted between Sellers and Buyers
> (B) the sale of the sellers' sporting shoes in New York
> (C) as principals to principals,
> (D) on their own account and responsibility for

① (A) − (C) − (D) − (B) ② (A) − (C) − (B) − (D)
③ (A) − (B) − (C) − (D) ④ (A) − (B) − (D) − (C)

정답
32 ② 33 ④ 34 ①

35

(A) I(i)n accordance with the commercial arbitration rules of the Korean Commercial Arbitration Board and under the laws of Korea(.)

(B) A(a)ll disputes, controversies or differences which may arise(.)

(C) between the parties out of or in relation to or in connections with this contract(.)

(D) or for the breach thereof, shall be finally settled by arbitration in Seoul, Korea(.)

① (A) – (B) – (D) – (A)
② (A) – (D) – (B) – (C)
③ (B) – (C) – (D) – (A)
④ (B) – (D) – (A) – (C)

정답

35 ③

제3장

오퍼와 주문

Offer and Order

거래 당사자간에 포괄계약(master contract)이 체결되었거나, 단발적인 거래이어서 포괄계약을 체결하지 않은 경우에는 개별계약(case by case contract)을 체결하여 거래를 진행시킨다. 개별계약은 수출상이 제시하는 오퍼에 대해서 수입상이 승낙(acceptance)를 하거나. 수입상의 주문제의에 대해 수출상이 수락(acknowledgement)하는 2가지 형태가 있다.

개별계약이 체결되면 거래 당사자 중 일방이 2통의 계약서를 작성하여 2통 모두 서명 날인하여 상대방에게 보내면 상대방은 이를 검토하고 이의가 없으면 2통 모두에 서명 날인하여 한 통을 상대방에게 송부하고 한 통은 자기가 보관한다.

개별계약서는 거래 당사자 중 어느 쪽에서 작성하느냐에 따라 그 명칭이 달라지는데, 수출상(매도인)이 작성하면 confirmation of order, sale note, sale contract라 칭하고, 수입상(매수인)이 작성하면 order sheet, purchase note, purchase contract라 칭한다. 따라서 계약서의 명칭과 관계없이 계약서에서 다루어지는 내용은 대동소이하다.

제1절 오퍼 및 승낙(Offer and Acceptance)

1. 오퍼의 의의

무역거래에서는 수출상이 수입상으로부터 가격조건 등의 제반 무역거래 조건에 관한 문의를 받으면 거래 조건은 구체적으로 언급한 오퍼를 발행하고 수입상은 제시된 거래조건에 대해 협상을 벌이는 것이 일반적이다.

오퍼(청약 : 請約)란 그에 응하는 승낙과 결합하여 계약을 성립시키려는 일방적인 의사표시로서 무역에서는 보통 매매 당사자의 일방인 수출상이 상대방인 수입상에게 일정한 물품을 일정한 가격으로 일정한 선적, 결제 등 기타의 조건으로 판매하겠다는 의사표시를 말한다. 여기서 수출상 즉 오퍼 발행자를 Offeror(청약자), 수입상을 Offeree(피청약자)라고 한다. 참고로 물품매매에 관한 UN 협약에서는 오퍼를 다음과 같이 정의하고 있다.

「A proposal for concluding a contract addressed to one or more specific persons constitutes an offer if it is sufficiently definite and indicates the intention of the offeror to be bound in case of acceptance」

「한 사람 이상 특정인에게 보내는 계약체결을 위한 제안은 그 내용이 충분히 명확하고 상대방이 승낙을 하는 경우에는 구속을 받는다는 오퍼 발행자(청약자)의 의사가 명시되어 있으면 오퍼가 된다.」

2. 오퍼의 종류

오퍼는 분류하는 방법에 따라 여러 가지로 구분할 수 있다.

첫째, 오퍼발행의 주체를 기준으로 분류하면 매도인의 의사표시인 selling offer 와 매수인의 의사표시인 buying offer 로 구분되나 무역에서 통상 오퍼라 하면 selling offer를 말한다.

둘째, 오퍼의 확정력을 기준으로 분류하면 확정오퍼(firm offer)와 불확정오퍼(free offer)로 구분되나 불확정오퍼는 오퍼의 확정력이 약하기 때문에 무역거래에서는 잘 이용되지 않는다.

셋째, 오퍼발행의 특수한 상황을 기준으로 분류하면 계약의 성립에 관한 어떤 특수한 조건이 명시된 조건부오퍼가 있다.

넷째, 오퍼의 발행지를 기준으로 분류하면 오퍼발행업자가 거래상대국의 수출업자를 대리하여 국내에서 발행하는 국내발행오퍼와 거래상대국의 수출업자가 직접 국외에서 발행하는 국외발행오퍼로 구분한다.

① Offer의 주체를 기준 ─┬─ Selling offer
　　　　　　　　　　　　└─ Buying offer

② Offer의 확정력을 기준 ─┬─ Firm offer
　　　　　　　　　　　　　└─ Free offer

③ Offer의 특수한 상황을 기준 ── Conditional Offer

④ Offer의 발행지를 기준 ─┬─ 국내발행 Offer
　　　　　　　　　　　　　└─ 국외발행 Offer

(1) 확정오퍼(firm offer)

청약자가 승낙기간을 지정하고 그 기간 내에 수락·회답할 것을 조건으로 하는 오퍼, 또는 이러한 승낙기간을 정하지 아니한 경우에는 그 오퍼가 확정적(firm), 취소불능(irrevocable)이라는 것을 표시한 오퍼를 말한다. 이 경우 승낙기간을 정한 오퍼는 그 기간 동안, 승낙기간을 정하지 아니한 오퍼는 상당한 기간(a reasonable time) 동안 청약자를 구속하여 일방적으로 오퍼를 철회하거나 가격 등 일부 오퍼의 내용을 변경할 수 없으며 그 기간 내에 상대방으로부터 승낙의 통지가 오면 오퍼의 내용대로 계약이 성립된다.

(2) 불확정오퍼(free offer)

확정오퍼와는 달리 승낙기간을 정하거나 기타의 방법으로 확정적임을 표시하지 아니한 오퍼로서, 이는 상당한 기간 효력을 가지나 상대방이 승낙의 통지를 발송하기 전까지는 청약자가 일방적으로 철회 또는 변경할 수 있다. 다만, 이 때 신의성실의 원칙이나 공정한 거래에 위배되어서는 아니 된다. 이를 자유오퍼라고도 칭한다.

(3) 조건부 오퍼(conditional offer)

조건부 오퍼는 오퍼의 내용에 일정한 조건을 붙이는 형태로 일종의 불확정오퍼(free offer)이며, 다음과 같은 종류가 있다.

① 선착순 매도조건오퍼(offer subject to prior sale)

구매 희망자의 승낙이 내도했을 때 해당 물품이 판매되지 않고 재고가 있어야만 계약이 성립된다는 것을 조건으로 하는 오퍼로서 offer subject to being unsold(재고잔유조건오퍼)라고도 한다. 물품을 빨리 처분하기 위하여 여러 곳에 동시에 오퍼할 때 이용되는 오퍼이다.

② 승인조건오퍼(offer on approval)

이는 오퍼와 함께 현품을 보내서 상대방이 실험 또는 시용(試用)해 보아 만족할 것을 조건으로 하는 오퍼로서, 상대방은 만족하지 아니하면 일정기간 내에 반품할 수 있다. 이와 비슷한 것으로서 그 현품을 일정기간 팔다가 남으면 반품할 것을 조건으로 하는 반품허용조건오퍼(offer on sale or return)도 있으나 보통 무역에서는 거의 이용되지 아니한다.

③ 확인조건 오퍼(offer subject to confirmation)

이는 "subject to our final confirmation"이라는 단서가 붙은 오퍼로서 청약자에 대한 구속력이 없으므로 엄밀한 의미에서는 오퍼가 아니다. 이 오퍼는 상대방의 승낙만으로는 계약이 성립되지 않고 이에 대하여 다시 청약자의 최종 확인이 있어야만 계약이 성립되는 오퍼이다.

이와 유사한 오퍼로 offer without engagement(무확약조건오퍼), offer subject to change without notice(무통지조건변경오퍼)가 있다.

(4) 대응(반대, 역) 오퍼(counter offer)

매도인의 오퍼에 대하여 매수인이 가격, 수량, 선적시기 등 거래조건에 관한 오퍼내용의 일부변경 또는 추가를 제의해 오는 경우가 있다. 이를 counter offer라 하는데, 이는 원오퍼(orignal offer)에 대한 거절이고 동시에 새로운 오퍼이다.

그리고 원청약자는 흔히 이 새로운 오퍼에 대해서 다시 매도인으로서의 counter offer를 하게 되는데, 무역거래에서는 counter offer를 수차례 주고받으면서 거래 협상이 이루어지다가 일방의 최종적인 승낙으로 계약이 성립되는 것이 보통이다.

3. 오퍼의 기재사항

오퍼에는 일반적으로 ① 품명 ② 규격 ③ 원산지 ④ 단위 ⑤ 단가 ⑥ 대금결제조건 ⑦ 선적시기 ⑧ 포장조건 ⑨ 보험조건 ⑩ 발행일 및 유효기간 ⑪ 발행자 및 상대방 이름 ⑫ 기타 필요한 사항이 기재된다. 오퍼발행은 특정한 방식에 의할 필요는 없고 구두(口頭)로 하여도 무방하지만 무역에서는 일정한 형식을 갖춘 offer sheet(청약서, 이를 대외무역법에서는 물품매도 확약서라고 한다)를 사용한다.

4. 승낙(Acceptance)

청약자(offeror)의 오퍼와 결합하여 그 오퍼의 내용대로 계약을 성립시키려는 피청약자(offeree)의 수락의 의사표시를 승낙이라 하며, 계약(contract)은 청약(offer)에 대해서 승락(acceptance)이 있음으로써 성립된다. 승낙은 원칙적으로 오퍼의 모든 조항에 대하여 무조건으로 동의하는 것이어야 하며, 오퍼의 내용에 어떠한 추가나 제한 기타의 변경을 가한 승낙은 사실은 승낙이 아니고 오퍼에 대한 거절이며 새로운 오퍼인 counter-offer이다. 그러나 경미한 변경을 가한 승낙은 유효한 경우도 있다.

승낙은 청약자가 승낙기간을 정한 경우에는 그 정한 기간 내에, 이러한 기간을 정하지 아니한 경우에는 상당한 기간 내에 청약자에게 도달하여야만 유효하다. 그러나 기간 후에 도달한 경우라도 그 승낙이 보통 기간 내에 도달할 수 있었을 시기에 발송된 것이라면 예외적으로 승낙으로서 유효하여 계약이 성립된다.

1 무역서한

Model Letter 1. 스키웨어에 대한 확정오퍼

We are pleased to offer you firm[1] for the under-mentioned merchandise subject to your reply reaching here by May 30[2]as follows :

Origin	: Korea
Article	: Skiwears for Men, Women, Children
Quality	: "Slidingwell" Brand No. 10, 20, 30
Quantity	: Each 50 doz.
Price	: US $ 120.00 per doz. CIF New York
Packing	: Export standard packing
Shipment	: With in one month after receipt of your L/C
Payment	: Draft at 60 d/s[4] under Irrevocable L/C in our favor[5]

This is the best offer we can make for you and this kind of offer can never be made again in the future. Now large orders from your country are rushing in and the market here is also very strong[2]. Under these circumstances the prices will be expected to rise soon.[6]

Your early action in this matter will be highly appreciated.

Very truly yours,

1) to offer you firm : 귀사에게 확정적으로 오퍼(청약)합니다. 이런 문구가 있는 오퍼를 확정오퍼(firm offer)라 한다.
2) subject to your reply reaching here by May 30 : 귀사의 회신이 5월 30일까지 이곳에 도착하는 것을 조건으로, 이것이 오퍼의 유효기간이 된다.
3) draft at 60d/s : 일람후 60일부 환어음, d/s : days after sight
4) under Irrevocable L/C in our favor : 당사를 수익자로 하는 취소불능 신용장 하에서
5) the market here is also very strong : 이곳 시황은 매우 강세이다.
6) the prices will be expected to rise soon ; 가격이 곧 오를 것으로 예상된다.

Model Letter 2. 스키웨어에 대한 확정오파의 승낙

Gentlemen :

We are ready to accept your offer of April 5 for each 50 doz. of skiwears "Slidingwell" Brand No. 10, 20, 30 at US$120.00 Per Doz. CIF New York for June shipment.

To confirm this transaction, we are sending you herewith our Purchase Note[1] No. 10. In order to cover[2] the amount of this purchase, we have arranged with our bankers, the Korea Exchange Bank[3], Seoul for an Irrevocable Letter of Credit to be opened in your favor, and believe that it will be in your hands through their correspondent bank[4].

Since this transaction is very important to us, we would like you to pay your best attention to[5] this transaction.

Yours cordially,

1) Purchase Note : 구매계약서
2) in order to cover : 결제하기 위하여, cover에는 「포함하다, 망라하다, 결제하다, 지급하다, 충당하다, 구입하다, (보험에)부보하다」등의 의미가 있다.
3) we have arranged with our bankers : 당사의 거래은행인 한국외환은행에 조치를 취했다.
4) it will be in your hands through their correspondent bank : 그들의 환거래 은행을 통해서 귀사에 전달될 것입니다. 여기서 환거래은행은 신용장거래과정에서 통지은행(advising bank, notifying bank, transmitting bank)이 된다.
5) pay best attention to ~ : ~에 최선의 주의를 기울이다

Model Letter 3. 인조보석장식에 대한 오퍼

Dear Sirs,

Thank you very much for your inquiry of February 25, against which we have today sent you the following firm offer subject to your reply arriving at us[1)] not later than March 20.

Commodity	:	Imitation Jewelry, Style No. 10
Quantity	:	100 dozen
Unit price	:	USD10.30 Per Doz. FOB Busan
Delivery	:	During April
Packing	:	Export Standard Carton Packing
Remarks	:	Subject to our final confirmation

Prices are firm[2)] at present, but are expected to rise. Regarding terms of sale, we regret, as we had not done business with you had, that we cannot accept documents against payment.[3)] We, therefore, would ask you to open an irrevocable credit in our name[4)].

If our offer is not acceptable to you, please send us your counter offer by e-mail at your earliest convenience[5)].

Very truly yours,

---

1) subject to your reply arriving at us : 귀사의 회신이 당사에 도착하는(reaching us, by us) 조건으로
2) prices are firm : 가격은 보합세(가격변동이 적은 상태)이다.
3) documents against payment : 지급인도조건(D/P). 은행의 지급확약이 있는 신용장 방식과는 달리 수입상의 신용만을 믿고 거래하는 결제조건이어서 수출상에게 불리하다.
4) in our name : 당사 명의로 유사표현 in our favor, in favor of us.
5) at your earliest convenience : 형편 닿는 대로 조속히

Model Letter 4. 전 오퍼에 대한 카운터오퍼

Dear Sirs,

Imitation Jewelry, Style No. 10

We are in receipt of[1] your kind offer dated 5th of March, for which thank you.

The terms and conditions on your offer seem quite reasonable and we accept your offer in principle[2]. However, before we make a definite commitment[3] to your offer, we would like to negotiate the price with you.

In view of the current price in this market, your price is rather high[4]. You must remember that the competition in this line is very strong. We intend to entrust you with the bulk of our business[5] and we have made you a counter offer for 500 dozen at ＄10.00 per doz. Unless you can book at this figure[6], the offer must fall through. We may add that your competitors are soliciting our orders[7] for the goods of comparable quality[8] at lower price than you .

Shall we expect your FAX reply to our conditional acceptance[9]?

Yours faithfully

---

1) be in receipt of ~ : ~을 받아 보았다. 유사표현 have received ~
2) in principal : 원칙적으로, 대체적으로
3) definite commitment : 확실한 언질(약속)
4) rather high : 다소 비싸다
5) the bulk of our business : 당사 거래의 대부분을
6) Unless you can book at this figure : 이 가격으로 계약할 수 없다면
7) competitors are soliciting our orders : 경쟁자들이 당사에게 주문을 간청하고 있다.
8) goods of comparable quality : 비슷한 품질의 제품
9) conditional acceptance : 조건부 승낙

Model Letter 5. 카운터 오퍼의 수락

Dear Sirs,

We accept your counter offer of August 6 in order to execute the first transaction with you.

In the course of our negotiation by FAX with you, we were reluctantly forced to cut our price to[1] a point where no margin of profit is left to us. Please note that your limit price barely cover the cost of production[2], and that therefore we shall be unable to maintain our quality without any increase in price for your future orders[3].

We will proceed with the execution of this order immediately upon receiving your advice of the establishment of a letter of credit[4].

Thanking you for your prompt attention on this matter in advance[5], we are.

Yours very truly,

---

1) we were reluctantly forced to cut our price to ~ : 당사의 가격을 어쩔 수 없이 ~까지 인하하였다.
2) your limit price barely cover the cost of production : 귀사의 지정가격은 생산원가를 겨우 충당하고 있다.
3) without any increase in price for your future orders : 귀사의 향후 주문에 대해 가격인상 없이는
4) advice of the establishment of letter of credit : 신용장의 개설(발행)의 통지
5) in advance : 먼저, 미리 감사한다는 표현으로, 상대방에게 부담을 는 구식 표현이다.

Model Letter 6. D/A조건으로 카메라 오퍼 발행

Gentlemen :

In compliance with your inquiry of Aug. 14, 2009 (your ref. I－315)[1], we have the pleasure of estimating[2] you on the goods as under－mentioned. We hope to be favored with your valuable order[3].

1. Maker : Korexport. Co., Ltd. Seoul, Korea
2. Shipment : Within four(4) weeks after receipt of your order
3. Destination : Yokohama, Japan
4. Packing : Export seaworthy[4] wooden case
5. Payment : By draft at 30d/s on D/A[5]
6. Inspection : Maker's to be final[6]
7. Validity : September 30, 2009
8. Remarks : Subject to being unsold[7]

Item	Quantity	Description	Price	
			Unit	Amount
	100Sets	Full－automatic reflex camera Model No. FAP－2185	US $ 150.00 CIF Yokohama	US $ 15.000

1) E & O.E.[8]
2) N.B.[9] The price remain in force[10] 45 days only.
3) All agreements are invalid upon strike, lockout, and other incidents beyond our control[11].

---

1) your ref.(reference) I－315 : 귀사의 참조번호 I－315,
2) estimate : 가격을 제시하다, 견적하다, estimate sheet : 견적서, estimated cost : 견적원가 유사표현 quote
3) We hope to be favored with your valuable order : 귀사의 주문을 받게 되기를 바랍니다. valuable order의 valuable은 구식 표현이다.
   유사표현 We trust that you will favor us with a trial order at an early date. 「빠른 시일 내에 시험주문 해 주실 것으로 기대합니다.」
   We wish to be favored with a share of your business. 「당사와도 한 몫 거래해 주시기를 바랍니다.
4) seaworthy : 내항성의(耐航性), 항해에 견딜 수 있는

5) By draft at 30d/s on D/A : 인수인도조건(Document Against Acceptance)으로 일람 후 30일부(30 days after sight) 환어음에 의해, D/A조건이란 신용장 없이 기한부 환어음을 발행하여 결제하는 추심결제방식으로, 일종의 은행 보증이 없는 외상거래방식으로 수출상 입장에서는 대금회수에 많은 주의를 기울일 필요가 있는 불안한 결제방식이다.
6) maker's to be final : 제조업자 검사가 최종적임, Maker's 다음에 inspection is가 생략된 문장
7) Subject to being unsold : 재고잔유조건으로, 매진되지 않고 재고가 남아있다는 것을 조건으로, 이런 조건은 다수의 매수인에게 재고가 한정되어 있는 상품에 대해 오퍼하는 경우에 이용된다. 유사표현 (offer) subject to prior sale : 선착순 판매조건 (오퍼)
8) E. & O.E. : errors and omissions (are) excepted의 약자로 오류와 누락은 제외한다.
9) N.B. : note well의 약자로 주의라는 뜻, Latin어 nota bene의 약자
10) remain in force : 효력을 갖는다.
11) incidents beyond our control : 당사의 통제를 넘는 사건(불가항력)

Model Letter 7. 재고상태에서 즉시 공급이 가능함을 알리는 오퍼

Gentlemen :

In reply to your FAX of the 2nd of June, asking us to make an offer for our Lady's Cotton Knit Blouse, we are pleased to offer you firm for acceptance by end of June[1), 2010 as follows.

Size	: SML[2)]
Colors	: 6 colors assortment[3)]
Price	: @US＄12.20 per dozen FOB Busan
Shipment	: During July
Terms	: Draft at 30d/s under an irrevocable confirmed L/C[4)]
Packing	: Export Standard Packing

As you will have realized from our catalog sent to you in May, our blouse is a perfect combination of durability, warmth, softness, and easy care[5]. You are cordially invited to take advantage of this attractive offer as we believe you will be able to build up some profitable business with these items.

Please note that we can supply the goods from our stock but only limited quantities are available[6], and when sold out it can not be repeated. We strongly advise you to avail yourself of[7] this excellent opportunity.

We look forward to hearing from you soon.

---

1) for acceptance by end of June : subject to your acceptance reaching us by ~
2) SML : small, medium, large
3) assortment : 여러 가지 섞은 것. 여기서는 6가지 색상의 제품들. assortment of samples of our products「당사제품의 각종견본」
4) confirmed L/C : 확인 신용장, 신용장발행은행의 대금지급확약을 제3의 은행이 다시 한 번 확약하는 형태의 신용장이다.
5) easy care : 손질이 쉬운
6) but only limited quantities are available : 그러나 양적으로는 제한이 있다.
7) avail yourself of ~ : ~을 이용하다

Model Letter 8. 가격인하를 요구하는 카운터 오퍼

Gentlemen :

We thank you for your firm offer of the 13th June for Lady's Cotton Knit Blouse at US$12.20 per doz. FOB Busan for July shipment for which we have made you a counter offer as follows.

The quality of the materials is satisfactory in every respect[1] and the patterns and colors you submitted are acceptable in our market. But kindly note that all our competitions are booking locally at US$12.00.[2] In order to cope with the prevailing heavy competition[3], we had to purchase at US $12.00. If you drop the last twenty cents off[4], we are willing to accept your offer.

We look forward to your favorable answer.

Very truly yours,

---

1) in every respect : 모든 점에서(in all respects)
2) booking locally at 12.00. : 국내에서 12달러에 주문을 수락하고 있다.
   비교 booking(accepting) an order
3) prevailing heavy competition : 일반적인 치열한 경쟁, prevail「널리 퍼져 있다. 지배하다.」
4) drop the last twenty cents off : 12달러 20센트에서 마지막 20센트를 깎아 없애라는 의미.

Model Letter 9. 카운터오퍼를 거절하면서 대체품을 추천하는 서한

Dear Sirs,

Many thanks for your letter of 24th of June. We have given our careful consideration to your counter offer

We would like to help you in the matter of price you mentioned. However we have to inform you that there is no room[1] to make any further reduction as we have already cut them to the absolute minimum[2].

The quality is the best available at the price[3] we offered to you, and is superior to that of foreign makers who are supplying to your market.

In order to meet your demand[4] we recommend our model LCKB－28 as an excellent substitute for the goods you need. This is superior in quality and we will offer a special discount of 5% off the list price only for this time[5].

We await your acceptance of this offer.

Yours faithfully,

---

1) there is no room : 여지가 없다. 즉, 할 수가 없다.
2) absolute minimum : 최저한도로, 더 이상 할인이 불가능할 정도의 최저가격을 의미
3) the quality is the best available at the price : 그 가격으로 구매할 수 있는 최고의 품질이다.
4) meet your demand : 귀사의 요구에 응하다, meet는 응하다, 지불하다, 만나다(with) 등 여러 가지 의미로 사용된다.

   유사표현 meet competition : 경쟁에 대항하다(이기다), meet your purpose : 귀사의 목적에 맞다, meet your draft : 귀사의 환어음을 지불하다, meet with a ready sale : 잘 팔리다
5) only for this time : 이번에만

2 평가문제

[1-5] 다음 통신문을 잘 읽고 물음에 답하시오.

(가) Thank you for your letter of September 15, accepting our counter offer of September 1.

We are pleased to place an order for 1,000 sets of washing machine, and now attach our Purchase Order No. 100. (나) You will find the specifications of our contract note correct in every respect.

We have instructed our bankers, ABC Bank to (다) open an irrevocable L/C (라) in your favor for the amount of this order, which shall be advised to you soon.

You would, we hope, inform us by E - mail when shipment will be ready.

Your utmost cooperation in this matter shall be appreciated.

01 위 서한을 보낸 의도는 무엇인가?

① 수정 청약 ② 주문
③ 신용장 개설 의뢰 ④ 선적 준비

해설

「당사의 9월 1일자 수정청약을 수락한다는 9월 15일자 귀사의 편지에 감사드립니다. 당사는 세탁기 1000대를 주문하면서 구매주문서 100번을 첨부합니다. 귀사는 당사의 계약서의 명세가 모든 면에서 정확하다는 것을 아실 것입니다.
당사는 당사의 거래은행인 ABC 은행에 이 주문금액에 대해 귀사를 수익자로 하는 취소불능 신용장을 개설하도록 지시했으며, 그 신용장은 곧 귀사에게 통지될 것입니다. 귀사가 언제 선적을 준비할 수 있는지를 이메일로 알려주시길 바랍니다. 이 문제에 귀사가 최대한 협조해주시면 고맙겠습니다.」

02 밑줄 친 (가)와 그 의미가 다른 것은?

① We have received with thanks your letter of September 15.
② Thank you very much for your letter of September 15.

정답

01 ② **02** ③

③ We would appreciate your letter of September 15.
④ Many thanks for your letter of September 15.

해설
We would appreciate your letter는 미래형이다(귀사의 편지에 감사드릴 것입니다). 감사하다는 표현은 이 외에도 We have to thank you for ~, We were pleased to receive ~등의 표현도 사용된다.

03 밑줄 친 (나)의 뜻으로 옳은 것은?

① 귀사는 당 계약서의 명세가 모든 면에서 정확하다는 것을 알게 될 것입니다.
② 귀사께서는 당 구매 주문서를 명세서와 똑같이 수정해 주시기를 요청합니다.
③ 당사는 계약서가 정확하게 작성되었음을 알았고 귀사도 모든 면에서 정확하다는 것을 알게 될 것입니다.
④ 귀사는 당 계약서를 찾아서 모든 면에서 정확하게 수정해 주시기를 요청합니다.

04 밑줄 친 (다)와 의미가 같은 것은?

① build ② issue ③ available ④ accept

해설
신용장을 발행하다 : open(issue, establish) L/C

05 밑줄 친 (라)의 뜻으로 올바른 것은?

① 귀사의 호의로 ② 귀사 대신에
③ 귀사를 수익자로 하여 ④ 귀사를 지급인으로 하여

[6–9] 다음 서한을 읽고 물음에 답하시오.

Thank you very much for your inquiry of May 20, for which we have today emailed the following offer to you (A) <u>subject to</u> your reply reaching us not later than July 30 :

정답
03 ① 04 ② 05 ③

((가)) : Korean Washing Machine Sets
((나)) : Model WM 100 – 100 sets
Model WM 200 – 100 sets
Terms of Price : CIF Nagoya, Japan
((다)) : Model WM 100 ¥71,000/set
Model WM 200 ¥61,000/set
((라)) : During October, 2003
Payment : By (B) draft at 60 d/s under an irrevocable L/C

Our stocks are now nearly exhausted. If our offer is not acceptable to you, please send us your counter offer by fax immediately.
* stocks : 재고

06 위 서한의 내용과 의미가 다른 것은?

① 작성자는 5월 20일자 조회에 대하여 감사하고 있다.
② 작성자는 수신자가 7월 30일까지 회신할 것을 조건으로 청약하고 있다.
③ 이 서한에서 청약하는 상품은 한국산 세탁기이다.
④ 현재 서한 작성자의 상품 재고는 매우 넉넉하다.

해설

「5월 20일자 귀사의 문의에 감사드리며, 그에 대해 당사는 귀사의 회신이 7월 30일까지 당사로 도착되는 것을 조건으로 다음과 같은 오퍼를 이메일로 귀사에게 오늘 보냈습니다. – – – 중략 – – – 당사의 재고가 거의 고갈되고 있습니다. 당사의 오퍼를 수락할 수 없다면 귀사의 카운터 오퍼를 즉시 팩스로 보내 주십시오.」

07 밑줄 친 (A)와 의미가 같은 것은?

① as following ② however
③ if ④ conditionally on

해설

subject to ~ : ~을 조건으로(conditionally on)

정답

06 ④ **07** ④

08 밑줄 친 (B)의 뜻으로 옳은 것은?

① 일람 후 60일 출급 환어음　　② 일자 후 60일 출급 환어음
③ 일람 후 60일 출급 신용장　　④ 일자 후 60일 출급 신용장

해설
draft : 환어음(bill of exchange)/ at 60d/s(days after sight) : 일람 후 60일 출급

09 위 서한의 (가), (나), (다), (라)에 적합한 것을 순서대로 나열한 것은?

① Shipment – Quantity – Price – Commodity
② Commodity – Quality – Unit Price – Order
③ Commodity – Quantity – Unit Price – Shipment
④ Commodity – Price – Quantity – Shipment

해설
모델명은 상품의 품질을 의미한다.

[10~12] 아래 서한을 읽고 다음 물음에 답하시오.

Gentlemen:

We have received with thanks your inquiry of June 1, against which we offer you firm subject to your (가)response reaching us (나)by June 17 set forth below:

Commodity : Washing Machine, Model DCT – 1526
Quantity : 1,000 sets
Packing : One set packed separately in a hardboard box
Unit Price : (다)A$ 450 per set CFR Sydney
Shipment : Within 6 weeks from receipt of L/C

Yours very truly,

정답
08 ① 09 ③

10 위 서한의 내용은 무엇에 관한 것입니까?

① 조건부 청약
② 불확정 청약
③ 확정 청약
④ 선착순 판매조건 청약

해설
오퍼의 내용 중에 유효기간이 설정되어 있거나, 확정적(firm)이라는 문구가 있으면 firm offer로 간주되는데, we offer you firm의 문장 그리고 subject to your response reaching us by June 17(유효기일)의 내용이 있으므로 firm offer이다.

11 다음 중 밑줄 친 (가) response, (나) by와 의미가 같도록 바꾸어 쓸 수 없는 것은?

① answer – not later than
② reply – no later than
③ confirm – until
④ acceptance – on or before

해설
response : 응답, 회신(answer, reply, confirm, acceptance)/ by~ : ~까지(not later than, till, until, on or before)

12 밑줄 친 부분(다)을 바르게 해석한 것을 고르시오

① 시드니항 도착 운임·보험료 포함 조건으로 세트 당 호주화 450달러
② 시드니항 도착 운임 포함 조건으로 세트 당 호주화 450달러
③ 시드니항 출발 보험료 포함 조건으로 미화 450달러
④ 시드니항 출발 운임 포함 조건으로 세트 당 미화 450달러

해설
CFR(Cost and Freight) : 운임포함조건/ Australian Dollar : 호주달러

[13~15] 다음 글을 읽고 물음에 답하시오.

Dear Sirs,

We as the Sellers confirm having sold you as the Buyers the following goods on the terms and conditions as below:

정답
10 ③ 11 ② 12 ②

(가) Article : Korean Washing Machine Sets

(나) Description	(다) Quantity	(라) Unit Price	Amount
- CIF Nagoya, Japan -			
Model WM 100(Large Type)	100 sets	¥70,000	¥7,000,000
Model WM 200(Medium Type)	200 sets	¥60,000	¥12,000,000
Model WM 300(Small Type)	300 sets	¥50,000	¥15,000,000
Total	600sets		¥34,000,000

Origin : Republic of Korea
Shipment : Within two months after receipt of L/C
Packing : 600 wooden cases(one set in each hardboard box)
Payment : By draft at 60d/s under an irrevocable L/C
Remarks : Please sign and return the duplicate.

13 위 서한을 보낸 의도는 무엇인가?

① 주문서
② 확정 청약
③ 판매 계약
④ 신용장 개설의뢰

해설

「당사는 매도인으로서 매수인인 귀사에게 아래와 같은 조건으로 하기 제품을 판매하겠다는 것을 확인합니다.」의 내용에서 판매계약서임을 알 수 있다.

14 다음 중 밑줄 친 (가) ~ (라)의 해석으로 바르지 않은 것은?

① Article - 품목
② Description - 명세
③ Quantity - 품질
④ Unit Price - 단가

15 위 글의 내용으로 바르지 않은 것은?

① 매도인은 일본 나고야에 있는 무역업자이다.
② 당사는 세탁기 수출업자이다.
③ 선적은 신용장 수령 후 두 달 안에 이루어진다.
④ 소형 세탁기의 대당 가격은 ¥50,000이다.

정답

13 ③ 14 ③ 15 ①

해설

일본 나고야에 있는 무역업자는 매수인이다.(CIF Nagoya : 나고야 항 도착 CIF조건)

[문제16-21] 다음 내용을 읽고 물음에 맞는 답을 고르시오.

> 당사는 귀사 10월 1일자 문의 서신을 잘 받았습니다.
>
> 요구하신 대로 당사의 카다로그와 가격표를 여기에 동봉합니다. 그리고 (가) 별봉으로 당사의 가방 견품 3개를 무료로 발송합니다. (나) 당사가 제시할 수 있는 최저가격은 다음과 같습니다 :
>
> | Model | 상품명 | 단 가 | |
> |---|---|---|---|
> | No.1 | Single Bag | (다) 1개당 LA도착 CIF 가격 미화 | 25달러 |
> | No.2 | Double Bag | 위와 같음 | 35달러 |
>
> • 선적조건 : (라) 12월 중
> • (마) : 취소불능 신용장에 의거 발행되는 (바) 일람출급 환어음.
>
> 당사는 귀사의 조속한 회신을 바라며, 어떤 회신도 당사의 깊은 배려를 받을 것을 보장합니다.

16 (가)의 밑줄 친 우리말을 영어로 옮길 때 가장 잘 된 것을 고르시오.

① We are sending you separately three samples of our bags costing you nothing.
② We are sending you by airmail three samples of our goods at free.
③ We are sending you separately three samples of our bags at charges.
④ We are sending you by airmail three samples of our goods at no charges.

해설

별봉으로 : separately, under separate cover(post)/ 무료로 : costing you nothing, free of charge, freely, no commercial value, gratis

정답

16 ①

17 (나)의 밑줄 친 우리말을 영어로 옮길 때 잘못된 것을 고르시오.

① The best prices we can quote are as follows:

② The rock bottom prices we can quote are as follows:

③ The discount prices we can quote are as follows:

④ The lowest prices we can quote are as follows:

해설

최저가격 : best price, rock bottom price, lowest price

18 (다)를 영어로 옮길 때 가장 잘 된 것을 고르시오.

① @US$ per pcs L.A. CIF ② @US$ per pc L.A. CIF

③ @US$ per pc CIF L.A. ④ @US$ per pcs CIF L.A.

해설

LA 항 도착 CIF 가격(조건) : CIF L.A./ 개당 : per pc(piece)

19 (라)를 영어로 옮길 때 가장 잘 된 것을 고르시오.

① During December ② By December

③ At December ④ On December

20 (마)안에 들어갈 수 있는 용어로서 적당하지 않은 것을 고르시오.

① Terms ② Payment

③ Condition ④ Terms of payment

해설

결제조건 : terms of payment가 일반적이나 terms, payment로 표현하기도 한다. condition은 결제조건 이외의 조건들(품질, 가격, 수량, 포장, 선적조건 등)을 의미한다.

21 (바)를 영어로 옮길 때 가장 잘된 것을 고르시오.

① at sight draft ② days after sight draft

③ days after date draft ④ term bill

정답

17 ③ **18** ③ **19** ① **20** ③

[22–29] 다음 문장의 밑줄 친 부분과 같은 의미를 갖는 것을 고르시오.

22 We accept your offer subject to the following slight modification.

① paroles ② alteration ③ quadroon ④ rein

해설

slight modification : 약간의 수정(alteration, amendment, modification)

23 We would appreciate your sending some feeler samples for Item Nos. 2 and 4.

① matrix ② AI quality ③ test ④ quantity

해설

feeler samples : 시험용 견본

24 As shown in the fax message dated June 20, firm offers are to remain effective for 48 hours from the time dispatched.

① to be valid ② to be included

③ to be modified ④ to be legible

해설

remain(be) effective(valid, available, in force) : 효력이 있다/ become effective : 효력이 발생하다, 유효하다

25 The price for Welding Robot, WR 128 we have offered are quoted subject to market fluctuation.

① survey ② confirmation ③ investigation ④ change

해설

market fluctuation : 시황변동

26 We accept your counter offer of May 5 in order to do the first business with you as follows :

정답

22 ② 23 ③ 24 ① 25 ④ 26 ②

① as instructed ② as below
③ as said ④ as above

해설
as follows : 다음과 같이(as below, as under, set forth below, as given below, as stated below, reading)

27 Your kind <u>discount</u> will enable us to introduce your goods to our market.

① offer ② goods ③ reduction ④ order

해설
「귀사가 할인(reduction, allowance, price cut)을 해 주시면, 당사는 귀사 제품을 이곳 시장에 소개(판매)할 수 있습니다.」

28 This is the best offer we can make and market here is strong and <u>our stocks are almost sold out.</u>

① our goods are in stock. ② our goods are almost selling well.
③ our stocks are almost exhausted. ④ the competition is keen in stock.

해설
「이것이 당사가 제시할 수 있는 최선의 오퍼이며, 이곳 시황은 강세입니다. 그리고 당사의 재고품은 거의 다 팔렸습니다.」
be exhausted : 고갈되다

29 We offer you the following products <u>subject to prior sale</u>:

① subject to being unsold ② without engagement
③ subject to your final confirmation ④ on sale or return

해설
subject to prior sale : 선착순 판매조건, 이를 재고잔유조건(subject to being un sold) 라고도 한다/ (offer) without engagement : 무확약조건오퍼/ (offer) subject to final confirmation : 최종확인조건오퍼/ (offer) on sale or return : 반품허용조건오퍼

정답
27 ② 28 ③ 29 ①

[30–38] 다음 문장을 완성하는데 적절한 용어 및 단어를 골라 표기하시오.

30 An offer, even if it is ( ), is terminated when a rejection reaches the offeror.

① irrevocable ② revocable
③ transferable ④ non – transferable

해설
「오퍼는 비록 그것이 취소불능이라 할지라도, 거절의 통지가 청약자에게 도착되면 종료된다.」

31 We make a firm offer for 1,000 sets of color T.V. at US$ 205.50 per set FOB Busan subject to your confirmation ( ) us by Oct. 30.

① made ② arrived ③ reaching ④ received

해설
subject to your confirmation reaching(arriving at) us by Oct. 30. : 귀사의 확인이 10월 30일까지 당사로 도착되는 것을 조건으로

32 Thank you for your offer for four hundred sporting goods, ( )

① in which we have sent our counter offer as follows :
② for which we have sent our counter offer as follows :
③ with which we have sent you our counter offer as follows :
④ under which we have sent you our counter offer as follows :

해설
「스포츠용품 400개에 대한 귀사의 오퍼에 감사드리며, 그것에 대해(for which) 당사는 아래와 같이 당사의 카운터오퍼를 보냈습니다.」

33 The function of sales contract is to set forth ( ) writing what each party agrees to do for the other.

① by ② on ③ in ④ through

정답
30 ① **31** ③ **32** ② **33** ③

해설

「판매계약서의 기능은 한 당사자가 다른 당사자에 대해 합의한 것을 서면으로(in writing) 보여주는(set forth) 것이다.」

34 As the market is rising steadily, we make you this (　　) subject to our confirmation.

① order　② L/C　③ offer　④ inquiry

해설

「시황이 꾸준히 오르고 있기 때문에, 당사는 당사의 최종확인을 조건으로 하는 이 오퍼를 발행합니다.」

35 Unless (　　) in this Sales Note, all matters not mentioned here are subject to the agreement of the general terms and conditions of business concluded between both parties.

① you can do　② this contract

③ otherwise specified　④ stipulated that

해설

「이 판매계약서에 별도로 명시되지 않는다면(unless otherwise specified) 여기에 명시되지 않은 모든 것은 양 당사자 간에 체결된 일반거래조건협정서에 따른다.」

36 We are (　　) a very good position (　　) supply most grades of paper (　　) competitive prices.

① on, to, for　② in, to, at

③ to, for, on　④ for, for, at

해설

be in a position to ～ : ～ 할 입장에 있다, 할 수 있다(can)/ at competitive price : 경쟁적인(싼) 가격으로/ most grades of paper : 최상등급의 종이

37 However, we regret to say that US $ 40 a pair seems to be too (　　) for us. Gloves of similar (　　) are offered to us by some other

정답

34 ③　**35** ③　**36** ③　**37** ④

(　　) at much (　　) prices.

① quality, sources, high, lower　② sources, lower, high, quality
③ high, quality, lower, sources　④ high, quality, sources, lower

해설

「그러나 한 짝 당 미화 40달러는 우리에게 너무 비싼 것 같아(seems to be too high) 유감입니다. 몇몇 다른 공급처들(some other sources)은 유사한 품질(similar quality)의 장갑을 더 낮은 가격(much lower prices)에 우리에게 오퍼하고 있습니다.」

38 밑줄 친 부분의 뜻과 가장 거리가 먼 것을 고르시오.

> As requested, we are pleased to offer you as below.

① As you suggested – happy
② According to your request – delighted
③ Complying with your suggestion – glad
④ As regards your direction – forced

해설

As requested : 요청한 대로(As you suggested, According to your request, Complying with your suggestion)
be pleased to ~ : ~하는 바입니다, ~하게 되어 기쁩니다, 기꺼이 ~하다(be happy(delighted, glad, willing) to, have the pleasure of ~ing)

[39-40] 다음 문장의 해석이 가장 잘된 것을 고르시오.

39 We offer you firm the following items subject to your reply reaching here by 5 P.M. May 21, our time.

① 당사는 이곳 시간으로 5월 21일 오후 5시 이후에 귀사의 회답이 도착하면 다음과 같은 품목에 대하여 확정오퍼를 제시하겠습니다.
② 당사는 이곳 시간으로 5월 21일 오후 5시 정각에 귀사의 회답을 기다렸다가 다음과 같은 품목을 중심으로 확정오퍼를 제시하겠습니다.
③ 당사는 이곳 시간으로 5월 21일 오후 5시가 되면 귀사의 회답이 오지 않더라도 다음과 같은 품목에 대하여 확정오퍼를 제시하겠습니다.

정답

38 ④　39 ④

④ 당사는 이곳 시간으로 5월 21일 오후 5시까지 귀사의 회답이 도착하는 것을 조건으로 다음과 같은 품목에 대하여 확정오퍼를 제시하겠습니다.

해설
offer you firm : 귀사에 확정오퍼를 제시하다/ subject to ~ : ~을 조건으로
by ~ : ~까지(till, until, on or before, not later than)

40 We have the pleasure in offering you the following merchandise under the terms and conditions specified below.

① 당사는 아래에 명시된 조건으로 다음과 같은 제품을 귀사에게 기꺼이 오퍼합니다.
② 당사는 아래에 열거한 조건으로 다음과 같은 상품을 공급하게 되어 기쁩니다.
③ 당사는 다음과 같은 제품은 아래에 규정된 제 조건으로 공급하게 되어 기쁩니다.
④ 당사는 다음과 같은 제품을 아래에 규정한 제 조건으로 공급하게 되어 기쁩니다.

해설
~ specified below : 아래 명시된 ~

[41–44] 다음 중 문장 또는 밑줄 친 부분의 해석이 옳지 않은 것을 고르시오.

41 ① This firm offer is subject to your reply reaching us by July 7.
⇒ 이 불확정 오퍼는 귀사의 회신이 7월7일까지 도착 조건입니다.
② Please accept this offer without loss of time.
⇒ 이 청약을 즉시 수락해 주시기 바랍니다.
③ We wish to do business with the Hanil Company.
⇒ 당사는 한일 상사와 거래하기를 희망합니다.
④ We are looking forward to hearing favorably from you soon.
⇒ 당사는 귀사로부터 곧 좋은 소식 있기를 기다리고 있습니다.

해설
firm offer : 확정오퍼

정답
40 ① **41** ①

42 ① Their price is more competitive than yours.

⇒ 동 상사의 가격은 귀사의 가격보다 저렴합니다.

② As requested, we give you a firm offer set forth below.

⇒ 요청하신 대로, 당사는 아래와 같이 확정 청약합니다.

③ Please note that this offer is open for 3 days excluding Sundays.

⇒ 이 오퍼는 일요일을 포함하여 3일간 유효함을 유의해 주십시오.

④ Please make every effort to execute our order.

⇒ 당사 주문품을 조달하도록 최선을 다해 주십시오.

해설

excluding Sundays : 일요일을 제외하고

43 ① They have no connections with traders in your city.

⇒ 동 상사는 그 곳의 무역업자와 거래관계가 없습니다.

② Please quote us on your cotton goods.

⇒ 귀사의 견직물에 대해 조회하십시오.

③ Would you build up business connections with them.

⇒ 동 상사와 거래관계를 개설하시기 바랍니다.

④ We will make out our offer sheet.

⇒ 당사가 당사의 물품매도 확약서를 작성하겠습니다.

해설

quote : 가격을 제시하다

44 If you accept our ① counter offer at the above prices, we will issue an ② irrevocable L/C ③ within two weeks ④ after receipt of your acceptance.

① 수정청약 ② 취소불능 신용장

③ 2주일 이내에 ④ 귀사의 영수증이 도착한 후에

해설

after receipt of your acceptance : 귀사의 승낙을 받은 후

정답

42 ③ **43** ③ **44** ④

[45-51] 다음 우리말을 영문으로 옮겼을 때 가장 잘 된 표현을 골라 표기하시오.

45 귀사의 회신이 당사에 3월 25일까지 도착하는 조건으로 귀사에게 확정 청약 합니다.

① We offer you subject to your return reaching us by March 25.
② We offer you firm subject your reply reached us by March 25.
③ We offer you firm subject to your reply reaches here by March 25.
④ We offer you firm subject to your reply reaching us by March 25.

해설
귀사의 회신이 당사에 도착하는 조건으로 : subject your reply reaching us 〔arriving at us, (being) received by us〕

46 4월 20일자 귀사의 조회서한에 대한 회답으로 다음과 같이 귀사에게 판매제의합니다.

① Reply to your inquiry dated April 20, we offer you as following
② In answer to your inquiry made on April 20, we want you to offer as follows.
③ Replying to your inquiry under date of April 20, we would like you to offer as below.
④ In response to your inquiry of April 20, we offer you as below.

해설
다음과 같이 : as follows, as below, as under, set forth below, as given below, as stated below, reading/ 귀사에게 판매제의(오퍼)하다 : we offer you, we make(give) you a offer/ We want(like) you to ~ : 귀사가 ~ 하기를 원(좋아)한다.

47 20일자 최신 모델의 MP3 player에 대한 견적을 요청하는 귀사 e-mail 조회에 감사드리며 다음과 같이 오퍼하게 되어 기쁩니다.

① Thank you for your e-mail inquiry of May 20 asking for a quotation for new model of MP3 player, and we are pleased to inform you as follows:

정답
45 ④ **46** ④ **47** ②

② Thank you for your e-mail inquiry of May 20 asking for a quotation for latest model of MP3 player, and we are pleased to offer you as follows:

③ Thank you for your e-mail inquiry of May 20 asking for a shipment for latest model of MP3 player, and we are pleased to advise you as follows:

④ Thank you for your e-mail inquiry of May 20 asking for a supply for last model of MP3 player, and we are pleased to offer you as follows:

해설

~에 대한 견적 : a quotation for~/ 최신모델 : latest model

48 이 견적은 선착순 판매를 조건으로 합니다.

① This quotation is subject to market fluctuation

② This quotation is subjecting to unsold

③ This quotation is subject to prior sale

④ This quote is subjected by prior sailing.

해설

선착순 판매를 조건으로 한다 : be subject to prior sale(being unsold)

49 당사는 송장금액에서 10%의 특별할인을 허용해드리고 싶습니다.

① We should like to allow us a special discount of 10% off the invoice amount.

② We should like to give you a special allowance of 10% off the invoice amount.

③ We should like you to give us a special allowance of 10% off the invoice amount.

④ We should like to give us a special allowing of 10% on the invoice amount.

해설

~에게 송장금액에서 10%의 할인을 해 주다 : allow(give, grant, make, accord, offer) ~ a(an) discount(reduction, allowance) of 10% off(from, on) invoice amount

정답

48 ③ **49** ②

50 귀사의 결제조건에 대하여 말씀해 주시겠습니까?

① Would you tell me your terms of payment?

② Would you tell me your terms of packing?

③ Would you call me your payment?

④ Please tell me your terms of packing?

51 당사는 귀사의 도움에 감사드립니다.

① We appreciate you for your help. ② We thank your help.

③ We appreciate your help. ④ We thank for your help.

해설

귀사의 ~에 감사한다 : thank you for ~, appreciate your~

[52–55] 다음 우리말을 영어로 옮길 때 잘못된 것을 고르시오.

52 5월 23일자 귀사의 오퍼를 잘 받아 보았습니다.

① We have received with thanks your offer of May 23.

② Thank you for your offer under the date of 23rd May.

③ We would appreciate your offer make on 23th May.

④ We were pleased to receive your offer dated May 23.

해설

would appreciate : 감사하겠습니다(미래형)

53 이 오퍼는 내년 말까지 유효합니다.

① This offer remains in force till the end of next year.

② This offer is held until the end of next year.

③ This offer is valid till the end of next year.

④ This offer is effective till the end of next year.

해설

유효하다 : be(remain) effective(in force, valid, available, good, open)

정답

50 ① **51** ③ **52** ③ **53** ②

54 최근에 당사 제품의 매상이 늘고 있다.

① The sales of our products are increasing these days.

② Recently, the sales of our products have increased.

③ The sales of our products have increased of late.

④ Recently, the sales of our products are increasing.

55 귀사의 오퍼를 수락하는 것을 거절한다.

① We reject accepting your offer.

② We refuse to accept your offer.

③ We cannot accept your offer.

④ We reject to accept your offer.

해설

reject는 목적어로 동명사를 취한다.

56 다음 문장을 영문으로 옮길 때 그 표현이 잘못 된 부분을 고르시오.

> 6월 12일자 귀사의 조회에 따라 당사는 귀사의 승낙이 6월말까지 당사에 도착하는 조건으로 핫코일을 귀사에게 확정 청약합니다. 1만 타 이상의 수량에 대해서는 정가에서 5%의 할인이 부여됩니다.

① Complying with your inquiry of June 12,

② we offer you firm the following hot coils

③ subject to your acceptance reaches us until the end of June.

④ A 5% discount off the list price will be accorded to a quantity of 10,000 dozen or more.

해설

귀사의 승낙이 당사에 도착하는 조건으로 : subject to your acceptance reaching us

정답

54 ③ 55 ④ 56 ③

[57-59] 다음 우리말을 영어로 옮길 때 괄호 안에 적합한 것으로 짝지어진 것을 고르시오.

57 귀사 10월 이전에 인도를 보장해 주는 조건으로만 당사의 수정청약이 유효합니다.

> ⇒ Our ( ) offer is valid only if you can guarantee ( ) before October.

① firm – delivery
② counter – purchase
③ free – acceptance
④ counter – delivery

> 해설
> counter offer(반대 청약) : 피청약자(offeree)가 원래의 오퍼(original offer)의 내용 중에 일부를 수정하거나 변경하여 반대로 새롭게 제시하는 오퍼로 역청약 또는 수정청약이라고도 한다/ 인도를 보장하다 : guarantee delivery

58 이 청약을 즉시 승낙해 주시기 바랍니다.

> ⇒ Please ( ) this offer ( ).

① order – already
② accept – slowly
③ accept – without loss of time
④ make counter offer – without delay

> 해설
> without loss of time : 지체 없이(without delay)

59 결제 : 취소 불능 신용장에 의거 일람 후 60일 출급 어음으로 결제

> ( ) : ( ) at 60 ( ) under an ( )

① Payment – draft – d/s – irrevocable L/C
② Condition – exchange rate – m/t – irrevocable L/C

정답
57 ④ 58 ③ 59 ①

③ Terms of payment – draft – d/s – revocable L/C
④ Terms of payment – draft – m/t – revocable L/C

해설
결제(조건) : terms of payment, payment, terms/ 환어음 : draft, bill of exchange/ 일람 후 60일 출급 : at 60 days after sight(d/s)/ 취소불능신용장 : irrevocable L/C

[60-61] 다음 우리말을 영어로 옮길 때 괄호 안에 적합하지 않은 것을 고르시오.

60 이는 현재 당사가 해드릴 수 있는 최상 조건의 오퍼이므로 즉시 이 오퍼를 수락하시리라 확신합니다.

⇒ This is the best offer we can make at present and (　　) you will accept this offer at once.

① we are sure that
② we trust that
③ you can find that
④ you may be assured that

해설
~을 확신하다 : be(feel) sure of(that) ~, be confident of (that) ~
you may be assured : 안심하십시오(you may rest assured)

61 귀사께서 이 오퍼를 수락하신다면 귀 주문품을 조달하도록 최선을 다하겠습니다.

⇒ If you will accept this offer, we will (　　) to (　　) your orders.

① do our best – fill
② try our utmost – fulfil
③ make every effort – carry out
④ do nothing – receive

해설
주문품을 조달하다 : fill(fulfil, carry out) the order/ 최선을 다하다 : do our best, try our utmost, make every effort

정답
60 ③ 61 ④

62 다음 두 문장의 뜻이 같도록 (　　)에 적절한 단어를 고르시오.

We offer you firm subject to your reply received here by May 5. ⇒ We (　　) a firm offer on your reply (　　) on or before May 5.

① make – reaching us　　② place – reached at us

③ keep – arriving us　　④ offer – arrived here

해설

offer you firm : 귀사에게 확정오퍼를 제시하다[make(give) a firm offer (to you)]
subject to ~ : ~을 조건으로(conditionally on)

63 다음 문장에 가장 논리적으로 연결되는 것을 하나 고르시오.

We are pleased to offer you firm the following coating machines of Korean make (　　　　　　)

① as the machine is the growing division of Lancaster Co., Inc. in New York.

② subject to your acceptance being received by us not later than October 10.

③ as the competition in our market is severe. We hope for your trial order.

④ regarding our credit status. Our customers receive the makers' full guarantee.

해설

「당사는 다음과 같은 한국산(korean make) 코팅기계를 귀사의 승낙이 10월 10일까지 당사에 도착하는 조건으로 확정오퍼를 제시하는 바입니다.」

64 다음 문장들을 논리적으로 올바르게 나열한 것을 고르시오.

(A) So unless you can accept this price, business will fall through.
(B) We would like to entrust you with most of our business and have

정답

62 ①　63 ②　64 ④

emailed you a counter offer, asking for further discount.
(C) In view of the current price in this market your price is rather high.
(D) We hope you will accept our price.
(E) We are in receipt of your firm offer dated August 5 for 500 dozen of cotton shirts, style No. 10 at US$10.70 per dozen CIF New York for August shipment and L/C payment.
(F) You must remember that the competition in this line is very strong and that your competitors are offering lower prices than yours.

① (E) − (C) − (B) − (F) − (D) − (A)
② (C) − (E) − (F) − (B) − (A) − (D)
③ (E) − (C) − (F) − (B) − (D) − (A)
④ (E) − (C) − (F) − (B) − (A) − (D)

해설

「(E) ⑤ 당사는 면셔츠(style No.10) 500타스에 대해 뉴욕항 도착 운임 보험료 포함 가격조건(CIF)으로 8월 중에 선적하는 신용장 결제조건으로 타스당 미화 10달러 70 센트에 판매하겠다는 8월 5일자 귀사의 확정오퍼를 받았습니다.
(C) 이곳 시장의 현재 가격으로 볼 때, 귀사의 가격은 다소 높습니다.
(F) 이 품목의 경쟁은 매우 치열하고 그리고 귀사의 경쟁자들은 귀사 가격보다 낮은 가격을 제시하고 있다는 것을 아셔야 합니다.
(B) 당사는 당사 거래의 대부분을 귀사에 맡기고자 합니다. 그래서 귀사에게 추가 가격할인을 요청하는 수정청약을 이메일로 보냈습니다.
(A) 귀사가 이 가격을 수락하지 않는다면, 거래는 무산될 것입니다.
(D) 귀사가 당사가 제시한 가격을 수락해 주시길 바랍니다.」

제2절 주문과 수락(Order and Acknowledgement)

일반적으로 무역 거래에서는 수출상이 발행한 오퍼에 대해 수입상이 승낙함으로써 계약이 성립된다. 그러나 이와는 반대로 수입상이 주도적으로 거래를 추진하는, 즉, 수입상이 수출상에게 희망상품의 판매를 요청하는 형태도 있다. 이를 주문(order)이라 한다.

주문의 내용은 오퍼의 내용과 크게 다를 바가 없다. 단지 수입상(매수인, 구매자)이 능동적으로 거래에 임하면서 구매 조건을 제시한다는 점이 오퍼와의 차이라 할 수 있다. 수입상이 제시한 주문서(order note, order sheet, purchase order)에 대해 수락(acknowledgement)하면 매매계약은 체결된다.

1 무역서한

Model Letter 1. 전기드릴과 톱에 대한 주문 서한

Dear Sirs,

We have received your letter of August 18 together with samples and price lists. We have made the following selections[1], and are pleased to forward this order.

Item No.	Description	Quantity	Unit price	Amount
DH – 350	Electric Drill	100sets	@USD250	USD25,000
PS – 153	Electric Saw	100sets	@USD175	USD17,500
Total		200sets		USD42,500

Price : CIF Busan
Delivery : By the end of October
Terms : Draft at sight under Irr. L/C[2]
Packing : Usual packing
Inspection : Seller's inspection to be final
Insurance : To be covered by seller, ICC(C) for 110% of the

invoice amount[3)]

Remarks : Your responsibility for any loss which may be caused by delayed delivery or faulty packing[4)]

This order is based on the samples and prices on the August 18. Shipping instructions[5)] and the letter of credit will be cabled on receipt of your acknowledgement.

We are sure that you will handle this order promptly.

Yours sincerely,

---

1) selection : 정선품(精選品), 발췌한 품목
2) Draft at sight under Irr. L/C : 취소불능신용장(Irrevocable L/C)에 의거한 일람출급 환어음(에 의해 결제한다)
3) To be covered by seller, ICC(C) for 110% of the invoice amount : 송장금액의 110%(금액)에 대해 ICC(C) 조건으로 매도인에 의해 부보된다.
   110%의 10%는 희망이익 〔expected(=estimated) profit〕 이며, ICC는 협회적화약관(Institute Cargo Clause)이다. 해상적화보험의 종류에는 ICC(A). ICC(B), ICC(C)가 있다.
4) delayed delivery or faulty packing : 인도지연이나 과실포장
5) Shipping instructions : 선적지시

Model Letter 2. 앞 주문에 대한 수락 서한

Dear Sirs,

We have received with thanks of your order No. 101 dated August 25, the contents of which have been carefully noted[1)]. Now we are pleased to say to you that we acknowledge your order.

We shall do our best to fill this initial order[2)] to your perfect satisfaction[3)], and all necessary arrangement for the shipment will be made upon receipt of your credit.

Appreciating your order, we expect further business transactions for our mutual advantage.

Yours faithfully,

---

1) the contents of which have been carefully noted. : 주문의 내용이 면밀히 검토되었다.
2) fill this initial order : 이 첫 주문을 이행하다.
   유사표현 fill (fulfill, execute, carry out) an order
3) to your perfect satisfaction : 귀사를 완전하게 만족시키도록

Model Letter 3. 가격할인을 요구하면서 제시하는 주문 서한

Dear Sirs,

We thank you for your quotation and samples of October 12.

Upon inspection, we appreciate the good quality of your articles[1)] in both material and finish[2)], but we find the prices rather high for the market we wish to supply. We are, therefore, afraid there is little prospect of doing business[3)] with you unless some substantial discount is granted off the list price[4)].

We should like to place our orders with you, but must ask you to consider whether you can make us a more favourable offer.

We solicit your close attention to this matter.

Your faithfully,

---

1) we appreciate the good quality of your articles. : 귀사 제품의 품질이 좋다는 것을 인정합니다.
2) in both material and finish : 재료와 마무리 면에서

3) little prospect of doing business with you : 귀사와 거래할 전망이 거의 없다.
4) unless some substantial discount is granted off the list price : 정가에서 어느 정도 상당한 할인이 허용되지 않는다면

Model Letter 4. 생산설비 부족으로 주문을 거절하는 서한

Dear Sirs,

We thank you very much for your order of November 3. After careful consideration on your request, we have come to the conclusion that it would be better for us to decline your order in this case.

In order to satisfy the condition you required in your specifications[1], we have to install a large scale of special equipments at our plant and it is impossible to do so before January next year without interrupting our normal production[2].

We are very sorry not to be in a position to accept your order, but hope that you will understand our situation. Please let us have[3] other inquiries as we shall be only too pleased to meet your requirements[4] if it is within our power[5].

Yours truly,

1) in order to satisfy the condition you required in your specification : 귀사의 사양서에서 요구하는 조건을 만족(충족)시키기 위해서
2) without interrupting our normal production : 당사의 정상적인 생산에 지장을 주지 않고
3) let us have ~ : ~을 보내주십시오
4) we shall be only too pleased to meet your requirement : 귀사의 요구를 기꺼이 충족시킬 것이다. only too pleased(glad, happy, willing) to ~ : 기꺼이 ~할 것이다, 오로지 기쁘게 ~할 것입니다.
5) if it is within our power : 당사의 능력 내에 있다면

Model Letter 5. 주문서를 동봉하면서 주문하는 서한

Dear Sirs,

Thank you for your letter of March 2 enclosing an offer sheet for the Rubber products.

We find both quality and prices satisfactory and are pleased to enclose our order sheet on the clear understanding that[1] the goods will be supplied from current stock at the price named.

All particulars are detailed in the enclosed order sheet. Our clients are in a hurry to obtain the above merchandise, so please send us your acknowledgement by fax.

As indicated in our first inquiry, the quality of the products to be shipped must come up to the advance samples[2] you sent to us and the weight and size are identical to[3] those of sample.

Having extensive marketing routes[4] in this area, we shall certainly be in a position to place large orders with you in a short time providing this initial order is executed in a satisfactory manner.[5]

In order to cover the full amount[6], upon hearing your acknowledgement of this order we are ready to open an irrevocable L/C in your favor for an amount of US$ 42,400.00 through the North – East Bank here. We trust you will be notified it by their correspondent in Seoul[7].

Yours faithfully,

---

1) on the clear understanding that~ : ~라고 분명히 양해하고, ~이라는 분명한 조건으로 유사표현 on the condition that ~

2) the quality of the products be shipped must come up to the advance sample : 선적되는 제품의 품질은 선발견본과 일치해야만 한다. advance sample : 선발견본, 주문을 이끌어 내기 위해 보내는 견본, 이에 대해 선적되는 물품 중에

서 발췌하여 보내는 견본을 선적견본(shipping sample)이라 한다.
3) be identical to ~ : ~와 동일하다(be equal to, be the same as)
4) Having extensive marketing routes : 광범위한 판매망을 갖고 있기 때문에
5) is executed in a satisfactory manner : 만족스런 방법으로 이행되다
6) In order to cover the full amount : 전체 금액을 결제하기 위하여
7) you will be notified it by their correspondent in Seoul : 귀사는 서울에 있는 그들의 환거래은행에 의해 그것(신용장)을 통지받을 것이다. 여기서 환거래은행은 통지은행을 의미한다.

Model Letter 6. 3%의 추가 가격인하를 요구하면서 주문하는 서한

Dear Sirs,

We have now had the opportunity of testing the sample left by your representative recently[1].

Upon examining your samples, we are deeply impressed with the designs and workmanship of your products. You can be sure that our customers will also be enthusiastic as we are[2] and we are prepared to order the following as a trial : Type A 10 sets, Type B 5 sets and Type C 8 sets

You will of course appreciate that your make is not well – known to the public here[3], and we hope you will make your advertising as mentioned in your letter and allow us generously the extra discount of 3%. These will enable us to sell your goods successfully.

Please note that our order is subject to your accepting our usual terms of payment, D/P terms[4].

Your faithfully,

---

1) sample left by your representative recently : 최근 귀사의 대표가 주고 간 견본
2) our customers will also be enthusiastic as we are : 당사의 고객들도 역시 당사와 같이 열광(좋아)할 것이다.

3) You will of course appreciate that your make is not well – known to the public here : 귀사도 물론 귀사의 제품이 이곳 일반 대중에게는 잘 알려져 있지 않았다는 것을 인정할 것이다.
4) is subject to your accepting our usual terms of payment, D/P terms : 당사의 통상적인 결제조건인 지급인도조건(Document against Payment)을 수락하는 것을 조건으로 한다.

Model Letter 7. 가격인하요구에 동의하면서 주문을 수락하는 서한

Dear Sirs,

We have the pleasure in confirming your order No. 251 for 500 sets of Portable Facsimile, Model No. TN – 58.

Regarding your request for a reduction in price of 3%, we agree to this in this instance[1] if you will expand your order to seven hundred sets[2] to clear out the rest of our goods.[3]

We may, however, be unable to repeat this after January, next year since the considerable rise of all the raw materials and labor expenses[4] compel us to[5] increase the prices of all our products to somewhat extent[6]. Therefore this will be the last opportunity for you to purchase it at this price.

We shall, of course, do our utmost to complete your shipment[7] as usual.

Yours truly,

1) in this instance : 이번 경우에, 이번 거래에
2) expand your order to seven hundred sets : 귀사의 주문을 700개로 늘리다.
3) to clear out the rest of our goods : 당사 제품의 잔여분을 정리하기 위해
4) the considerable rise of all the raw materials and labor expenses : 모든 원자재와 인건비의 상당한 인상
5) A compel us to ~ : A로 인해(때문에) 당사는 ~하지 않을 수 없다. ~해야만 한다.

6) to somewhat extent : 어느 정도까지
7) to complete your shipment : 귀사의 선적을 이행하기 위해,
유사표현 ship your order, make(complete, effect, execute) shipment of your order

Model Letter 8. 선적기일 준수를 요구하면서 주문하는 서한

Dear Sirs,

We acknowledge with thanks your quotation of May 16 for Golf Head Covers together with catalog and patterns[1]. Your samples received favorable reaction from our customers, and we are pleased to place an order for 500 dozens of Golf Head Covers of total amount US＄6,150.00 on CIF Busan and enclose herewith our order sheet No. 235.

We ask you to ship the goods to Busan by the end of September and to pay your very best attention to the packing in order to guard them against the damage and pilferage[2] during transportation.

We would like to remind you that this order will be canceled unless the goods are delivered before end of September.

We are prepared to request our bankers, The Korea Exchange Bank, Seoul to establish an L/C in your favor for amount of this order, which you will receive in a couple of days.[3]

Your prompt acceptance of this order would be appreciated.

Yours very truly,

---

1) patterns : 견본, 일반적으로 직물류의 견본에 사용된다.
2) pilferage : 좀 도둑질. 절도(theft)와는 달리 포장 속의 내용물을 훔쳐내는 것을 말한다.
3) in a couple of days : 2,3일 내에

Model Letter 9. 가격을 인상하면서 재주문을 요구하는 서한

Dear Sirs,

Golf Head Covers(your order No. 235)

We thank you for your order No. 23 asking for the shipment during September. However we regret our inability[1] to book the order at the prices we quoted[2] three months ago.

As you know well, wage and materials have risen considerably in these days in addition to the increase of taxes and we are reluctantly compelled to adjust[3] our prices in order to cover these increases[4]. The lowest prices we can quote now are US$ 13.50.

We do not want to trouble you[5], but we think it is fair to mention that we shall have to increase those prices substantially again[6] when our old stock is exhausted.

Please inform us by return whether you may order at these prices. We should be able to guarantee shipment during September as requested.

Yours faithfully,

---

1) we regret our inability to ~ : 당사가 ~할 수 없어 유감스럽게 생각합니다(We regret that we are not able to ~).
2) book the order at the prices we quoted ; 당사가 제시한 가격으로 주문을 수락하다
3) we are reluctantly compelled to adjust : 당사는 마지못해 조정할 수밖에 없습니다.
4) in order to cover these increase : 이러한 인상분을 보충하기 위해
5) trouble you : 귀사에 폐를 끼치다. 귀사를 번거롭게 하다.
6) We shall have to increase those prices substantially again : 당사는 다시 가격을 상당히 인상시켜야 한다.

2 평가문제

[문제1-4] 다음 내용을 읽고 물음에 맞는 답하시오.

Gentlemen,

Electric Typewriters

We wish to confirm as follows our cable order dispatched this afternoon :

Quantity	Description	Unit price	Shipment
2,000sets	Electric Typewriter PA − 1001	U.S. $ 300.00 FOB Busan(A) per set	July, 2010

(가) This order is based on the specifications and price your resident representative, New York, brought us on May 27. Shipping instructions and a (나) credit to cover this order will be airmailed as soon as we receive your cable acceptance.

We hope that this order will meet your immediate acceptance and careful execution.

Yours very truly,

01 밑줄 친 (가)를 바르게 해석한 것은?

① 본 견적서는 뉴욕에 거주하고 있는 귀사 대리인이 5월27일에 당사로 보내온 가격문의서에 의한 것입니다.

② 본 주문서는 5월27일에 뉴욕 주재 귀 영사관에서 당사에 전해준 규격품과 가격에 의한 것입니다.

③ 본 견적서는 5월27일에 뉴욕 주재 영사관에서 당사에 보내온 명세서와 가격에 근거를 둔 것입니다.

④ 본 주문서는 귀사의 뉴욕 주재원이 5월27일 당사에 전해준 명세서와 가격에 의한 것입니다.

정답

01 ④

해설

your resident representative, New York : 귀사의 뉴욕 주재원

02 (나)의 바른 해석은?

① 이 주문서에 첨부되는 신용장 ② 이 주문에 대한 신용장

③ 이 주문품에 대한 신용거래 ④ 이 신용장에 관련된 주문서

해설

cover : (비용을) 치르다, (대금을) 지급하다, 충당하다, 결제하다, 보상하다, 포함하다, 부보하다 등의 의미로 사용된다.

credit to cover this order : 이 주문을 충당하기 위한 신용장, 이 주문에 대한 대금을 지급하기 위한 신용장, 이 주문에 대한 신용장

03 밑줄 친 (A)의 바른 해석은?

① 부산항 도착 운임포함가격 ② 부산항까지의 본선인도가격

③ 부산항 본선인도가격 ④ 부산항 출발 착선 인도가격

해설

FOB 다음에 나오는 항구는 출발항(선적항)이며, CIF 다음에 나오는 항구는 도착항이다

04 What is the intent of this letter?

① Letter asking for prompt acceptance of order

② Recommending a good substitute

③ Making a trial order

④ Letter asking for cancellation of order

해설

We hope that this order will meet your immediate acceptance and careful execution.(당사는 이 주문이 귀사의 즉각적인 승낙을 얻고 귀사가 주의 깊게 이행해 줄 것이라고 생각합니다.)의 문장에서 주문에 대한 즉각적인 승낙을 요청하는 서한(Letter asking for prompt acceptance of order)임을 알 수 있다.

meet : 만나다, 응하다, 지급하다, (경쟁을)이기다, 극복하다 등의 의미로 사용된다.

정답

02 ② **03** ④ **04** ①

[5-7] 다음 내용을 읽고 음에 맞는 것을 골라 표기하시오.

> Gentlemen :
>
> Thank you very much for your letter of September 28 and your Order No. 1031 for two thousand(2,000) pairs of Canvas Shoes.
>
> We are enclosing our Sales Contract No.0706. We will try our utmost to make shipment of the goods (가) <u>by the m/v "Einstein" leaving Busan on or about December 20</u>.
>
> We would appreciate your large orders and (나) <u>they will receive our careful attention</u>.
>
> Yours very truly,

05 밑줄 친 부분 (가)를 바르게 해석한 것을 고르시오.

① 12월 20일 이후에 부산항으로 가는 선박 "아인슈타인"호 편에
② 12월 20일에 부산항을 떠나는 동력선 "아인슈타인"호에
③ 12월 20일 이전에 부산항으로 가는 동력선 "아인슈타인"호를 경유하여
④ 12월 20일 경에 부산항을 출항예정인 선박 "아인슈타인"호 편에

해설
m/v(motor vessel) : 발동기선. M.V. 또는 M/S(motor ship), S/S(steam ship) 등으로 표기하기도 하며, 선박명 앞에 이를 붙인다.
leaving Busan : 부산항을 출발하는/ on or about December 20 : 12월 20일 경에

06 위 서한의 내용은?

① 대량주문 부탁 서한　　② 주문서한
③ 신용장 개설 요청 서한　　④ 매출 계약서 송부 요청 서한

해설
We would appreciate your large orders(귀사의 대량주문에 감사드리겠습니다)에서 대량주문을 부탁하는 서한임을 알 수 있다.

정답
05 ④ **06** ①

07 밑줄 친 부분 (나)와 같은 뜻이 되도록 아래 문장의 (　　)의 안에 적합한 단어를 고르시오.

we will (　　) our careful attention (　　) them.

① pay – to　　② receive – for
③ dispatch – for　　④ forward – to

해설
they will receive our careful attention : 그 것들은(대량주문) 당사의 세심한 배려를 받을 것입니다. ⇒ 당사는 그 것에 대해 세심한 배려를 하겠습니다.
~에 대해 배려를 하다(주의를 기울이다) : pay attention to ~

[8–9] 다음은 주문서의 일부이다. 잘 읽고 물음에 답하시오.

Origin : Republic of Korea Shipment : (가) <u>신용장 수령 후 2개월 이내</u> (나) : Busan, Republic of Korea Terms of Payment : By draft at 60 d/s under an irrevocable L/C (다) : DGS, New York C/No. 1 – 100 Made in Korea

08 (가)에 알맞은 영어 표현을 고르시오.

① In two months after receipt of B/L
② Within two years after receive of L/C
③ After two months within receipt of T/C
④ Within two months after receipt of L/C

해설
신용장 수령 후 : after receipt of L/C

09 (나) – (다)에 적합한 단어를 고르시오.

① Shipping Port – Validity
② Shipping Marks – Shipping Port

정답
07 ① 08 ④ 09 ③

③ Shipping Port – Shipping Marks
④ Unit Price – Shipping Marks

해설
DGS, New York C/No. 1~100 Made in Korea : 화물포장에 표시하는 내용으로 이를 화인(Shipping Marks)이라 한다.
DGS : 다른 화물과 식별이 용이하도록 특정기호나 수출자 또는 수입자 상호의 약자를 표시하기고 하는데 이를 주화인(main mark)이라 한다.
New York : 도착항 표시(port mark)
C/No. 1~100 : 포장 상자(case)의 일련번호
Made in Korea : 수출화물의 원산지국가 표시(country of origin)

[10–14] 다음 문장을 완성하는데 적절한 용어 및 단어를 골라 표기하시오.

10 If your (　　) are competitive and qualities satisfactory, we shall be able to place volume orders with you.

① price – lists　② goods　③ terms of sale　④ quotations

해설
「귀사의 가격(quotations, price)이 경쟁적이고 품질이 만족스럽다면, 당사는 귀사에 대량주문을 할 수 있습니다.」
대량주문 : large(big, quantity, volume, bulk, considerable, substantial) orders

11 Very much to our (　　), however, we are unable to fill your order on the terms mentioned.

① regret　② sorry　③ pleasure　④ pleasant

해설
「그러나 매우 유감스럽게도(very much to our regret), 당사는 언급된 조건으로 귀사의 주문을 이행할 수 없습니다.」
주문을 이행하다 : fill(fulfil, execute, carry out, perform, accomplish, complete) an order

12 They placed an order (　　) us for 100 dozen Towels.

① with　② on　③ to　④ before

정답
10 ④ **11** ① **12** ①

해설

A에게 B상품을 주문하다 : place an order for B with A, order B from A, send(pass, give) an order for B to A

13 We are in (　　) of your order for radios, for which we thank you.

① need　② prompt　③ thanks　④ receipt

해설

be in receipt of ~ : ~을 받다

14 We allow you a 5% discount (　　) but only on items ordered in quantities of 500 sets or more. Our (　　) is 50 sets.

① unit price off – minimum quantity acceptable
② off the unit price – minimum quantity acceptable
③ unit price off – maximum quantity acceptable
④ off the unit price – maximum quantity acceptable

해설

「당사는 500세트 이상 수량의 주문에 대해서만 귀사에게 단가에서 5% 할인을 해 드립니다(allow you a 5% discount off the unit price). 당사가 수락할 수 있는 최소(주문)량(minimum quantity acceptable)은 50 세트입니다.」
정가에서 할인해 주다 : allow(accord, offer, make, give, grant) a discount(allowance, deduction, reduction) off the list price

[15-19] 다음 문장의 밑줄 친 부분과 의미가 같은 것을 고르시오.

15 <u>indenting house</u>

① printing house　② commission house
③ exporter　④ shipping company

해설

indenting house : 구매위탁 대리점, 수입 시 중개상인을 통하여 수입하고 구매수수료를 지급하는 거래방법을 구매위탁(indent)이라고 하는데, 이 때 위탁받아 구매를 수행하는 회사를 indenting house라고 한다.
구매위탁주문 : indent order, indent

정답

13 ④　14 ②　15 ②

16 We are sure that our order is correct <u>in all details</u>.

① points ② descriptions
③ in every respect ④ particulars

해설
in all details

17 Your <u>initial</u> order by next telex would be appreciated.

① first ② initiative ③ direct ④ lastingly

해설
initial order : 첫 주문(first order)

18 Our <u>patrons</u> are in urgent need of the following articles. May we expect your acceptance of our order during July?

① customers ② manufacturers
③ brokers ④ retailers

해설
「당사의 고객들은(patrons) 아래 상품을 긴급히 필요로 합니다(are in urgent need of).」

19 We will <u>do our best</u> to <u>fill</u> your order.

① make our best – ship ② endeavor – receive
③ favor – complete ④ endeavor – accomplish

해설
do one's best : 최선을 다하다(do one's utmost, try one's best, make every effort, make one's best, endeavor)
주문을 이행하다 : fill(fulfil, accomplish, complete, carry out, execute) an order

정답
16 ③ 17 ① 18 ① 19 ④

20 다음 밑줄 친 부분과 뜻이 전혀 다른 것을 고르시오.

> We hope you will send us your formal order by return, which we will execute with our best attention.

① Please supply us with – fulfil
② Would you please let us have – accomplish
② We ask you to favor us with – carry out
④ You are requested to let us know – expedite

해설
「당사는 귀사가 즉시 귀사의 정식주문을 보내주기 바랍니다. 당사는 최선을 다해 그 주문을 이행할 것입니다.」
You are requested to let us know : 알려 주십시오

21 다음 문장의 (　　)안에 들어갈 수 없는 것을 골라 표기하시오.

> We are confident of our ability to execute your order (　　) if your L/C reaches us by 15th November.

① to your complete satisfaction
② as complete satisfaction
③ as was proposed in our last letter
④ as agreed.

해설
「귀사의 신용장이 11월 15일까지 당사로 도착한다면, 당사는 귀사의 주문을 (① to your complete satisfaction :귀사를 완전히 만족스럽게, ③ as was proposed in our last letter : 당사의 지난 서한에서 제안한 대로, ④ as agreed : 합의한 대로) 이행할 자신이 있습니다.」

[22-28] 다음 문장 또는 밑줄 친 부분이 가장 올바르게 해석된 것을 고르시오.

22 If this initial order turns out satisfactory, we will give you a large order in the near future.

정답
20 ④ **21** ② **22** ②

① 만일 이번 재 주문의 결과가 만족스러우면 – 반복 주문하다.
② 만일 이번 첫 주문의 결과가 만족스러우면 – 대량 주문하다.
③ 만일 이번 재 주문의 결과가 만족스러우면 – 소량 주문하다.
④ 만일 이번 첫 주문의 결과가 불만족스러우면 – 대량 주문하다.

해설
turn out (to be) : 판명되다, 입증되다(prove to be)

23 If the quality of your products is satisfactory, and the prices are competitive, <u>you may expect an order from us</u>.
① 귀사께서는 당사에게 주문해 주십시오.
② 당사가 귀사에게 주문하겠습니다.
③ 귀사로부터의 주문은 언제든지 환영입니다.
④ 당사가 귀사에게 기꺼이 확인해 드리겠습니다.

해설
you may expect an order from us : 귀사는 당사로부터 주문을 기대해도 좋습니다. 당사가 귀사에게 주문하겠습니다.

24 We find both quality and price satisfactory and are pleased to give you an order for the following items.
① 당사는 제품의 수량과 가격에 모두 만족하며, 다음 품목들을 기꺼이 주문합니다.
② 당사는 제품의 품질과 가격에 모두 만족하며, 다음 품목들을 기꺼이 주문합니다.
③ 당사 제품의 품질과 가격에 모두 만족하시면 다음 품목들을 기꺼이 주문바랍니다.
④ 당사는 제품의 수량과 가격에 모두 만족하며, 다음 품목들을 기꺼이 주문받습니다.

25 We shall be unable to maintain our present quality without any increase

정답
23 ② **24** ② **25** ③

in price for your further orders.

① 당사는 장차 귀사의 주문에 대해서 가격인상과는 관계없이 현재의 품질을 그대로 유지할 수 있습니다.

② 당사는 더 이상의 주문에 대해서 가격인상을 하지 않고서는 대량판매를 할 수 없을 것입니다.

③ 당사는 장차 귀사의 주문에 대해서 가격인상을 하지 않고서는 현재의 품질을 유지할 수 없을 것 같습니다.

④ 당사는 장차 귀사의 주문에 대해서 가격인상 없이도 현재의 품질을 유지할 수 있습니다.

해설

without any increase in price : 가격인상 없이/ be unable to maintain : 유지할 수 없다

26 Upon receipt of your confirmation of this order, we will open the Letter of Credit 75 days prior to the shipping date with an expiration date 17 days after the shipping date.

① 당 주문에 대한 귀사로부터의 확인을 수령하는 즉시 당사는 선적기일 75일 전에 신용장을 개설할 것인 바 그 신용장의 효력은 선적 기일 후 17일까지임.

② 당 주문에 대한 확인을 귀사가 수령하는 즉시 당사는 선적일 17일간의 유효기간과 함께 선적일에 앞서 75일 동안 유효한 신용장을 개설하겠습니다.

③ 당 주문에 대한 귀사의 확인을 수정하는 즉시 당사는 선적일 이후 17일 이후에 효력이 끝나는 신용장을 선적일 이전 75일 동안 유효하도록 개설하겠습니다.

④ 당 주문에 대한 확인을 귀사가 수령하는 즉시 당사는 선적일 75일 이전에 신용장을 개설하겠다. 단, 신용장의 효력은 선적 후 17일까지임.

해설

Upon receipt of your confirmation of this order : 이 주문에 대한 귀사의 확인을 (당사가) 받는 즉시/ 75 days prior to the shipping date : 선적일 75일 전에/ with an expiration date 17 days after the shipping date : 선적일로부터 17일간 유효기일로 되어 있는

정답

26 ①

27 Our output capacity has been reduced by 15% owing to the deficiency of skilled labour. Accordingly, further booking of your order is impossible.

① 숙련 노동의 변화로 인해 당사의 공급 능력이 15% 하락되었습니다. 그러므로 귀사의 주문을 더 이상 받을 수 없습니다.

② 숙련 노동의 과잉으로 인해 당사의 생산 능력이 15% 증가되었습니다. 그럼에도 불구하고 귀사의 주문을 더 이상 받을 수 없습니다.

③ 숙련 노동의 부족으로 인해 당사의 생산 능력이 15% 감소되었습니다. 따라서 귀사의 주문을 더 이상 받을 수 없습니다.

④ 숙련 노동의 중단으로 인해 당사의 조립 능력이 15% 감소되었습니다. 따라서 귀사의 주문을 더 이상 받을 수 없습니다.

해설

owing to the deficiency of skilled labour : 숙련 노동자의 부족으로 인하여/ our output capacity has been reduced by 15% : 생산능력이 15% 감소되었다.

28 A trial order will convince you this merchandise is superior to the product you requested.

① 오더를 자꾸 시도함으로써 귀사가 요구하는 품질에 이르도록 귀사의 의견을 주장하십시오.

② 시험주문을 통하여 귀사가 요구하는 제품의 품질이 너무 높음을 알게 될 것입니다.

③ 시험주문을 해주시면 귀사가 요구하는 제품보다 한 등급 높인 품질로 보내드리겠습니다.

④ 시험주문을 해보시면 이 상품이 귀사가 요구한 제품보다 더 좋음을 알 게 될 것입니다.

해설

trial order : 시험주문/ A convince you B : A가 귀사에게 B를 알게 하다.(납득시키다, 확신시키다). 즉, A를 하면 귀사는 B를 알게 될 것이다.
A is superior to B : A가 B보다 우수하다(품질이 좋다)

정답

27 ③ **28** ④

[29–31] 다음의 문장 또는 밑줄 친 부분에 대한 해석이 잘못된 것을 고르시오.

29 ① With regard to the credit standing, we may refer you to our bankers.
⇒ 신용상태에 관하여 당사 거래은행에 조회하시기 바랍니다.

② The goods are ready for shipment, and we are sorry that we can not possibly comply with your request for cancelling the order.
⇒ 그 물품은 선적 준비가 되어 있어 유감스럽게도 귀사의 주문취소 요구에 도저히 응할 수 없습니다.

③ Awaiting your initial order by return e – mail.
⇒ 귀사의 첫 주문을 이메일로 회답을 기대하면서.

④ If your price is competitive, we will place a substantial order with you.
⇒ 귀사의 가격이 적당하다면, 대체주문을 하겠습니다.

해설
substantial order : 대량주문/ 대체주문 : substitute order

30 ① They owe their reputable position to their steady mode of doing business.
⇒ 동 상사는 착실한 사업경영으로 좋은 평을 받고 있습니다.

② We look forward to your favorable reply by return.
⇒ 동 상사는 귀사로부터 곧 좋은 소식이 있기를 고대하고 있습니다.

③ We want you to give an order to us for the following products.
⇒ 당사는 다음 제품들을 귀사에게 주문하고자 합니다.

④ We shall appreciate it if you will place a trial order with us.
⇒ 당사로 시험 주문해 주시면 감사하겠습니다.

해설
We want you to give an order to us : 귀사가 당사에게 주문하기를 바랍니다.

31 The goods are in our stock①. The first available vessel clears② on Oct. 20. Please open an Irr. L/C by return③. Sales Note④ will be sent you today.

정답
29 ④ **30** ③ **31** ②

① 재고중에 있다. ② 도착하다.
③ 받자마자 바로 ④ 매약서

해설
clear : 출항하다(sale from, leave)

[32-36] 다음 우리말을 영어로 옮길 때 가장 잘된 것을 고르시오.

32 거래조건이 만족스럽다면 상당한 양의 주문을 할 수 있을 것입니다.

① If the terms of trade should be satisfactory, we will be possibly give you a massive order with you.
② If the terms of trade should be satisfactory, it will be possible to place considerably large orders for you.
③ Should the terms of trade be satisfactory, we will be able to place fairly large orders with you.
④ Should the terms of trade be satisfactory, we will be able to place pretty large orders to you.

해설
~라면(한다면) : If ~, Should ~/ ~에게 주문하다 : place orders with ~, give orders to ~/ 상당히 많은 양 : considerably large orders, fairly large orders

33 그 상품의 품질은 귀사의 견품보다 불량합니다.

① The quantity of the goods are inferior to our samples.
② The quality of the goods are inferier than your samples.
③ The quality of the goods is inferior to your samples.
④ The quantity of the goods is inferier than our samples.

해설
be inferior to ~ : ~ 보다 못하다, 열등하다, 불량하다

34 비용 상승압력으로 유리한 조건을 그 날짜 이후로는 연장해 드릴 수 없으므로 지금 이 조건을 이용하여 즉시 주문을 하십시오.

정답
32 ③ **33** ③ **34** ②

① Under pressure of rising costs we shall not find it possible to extend the favourable terms beyond that date, so why take advantage of them now and send us an immediate order.

② Under pressure of rising costs we shall not find it possible to extend these favourable terms beyond that date, so why not take advantage of them now and send us an immediate order.

③ Under pressure of raising costs we shall not find it possible to extend these favourable terms after that date, so why take advantage of them now and send us an immediate order.

④ Under pressure of raising costs we shall not find it possible to extend these favourable terms beyond that date, so why not take advantage of them now and send us an immediate order.

해설

rising costs : 비용 상승, 비용이 올라가는 것/ raising costs : 비용 인상, 비용을 올린 것/ why not take advantage of them : 왜 그런 유리한 점을 이용하지 않습니까?, 즉, 이것을 이용하십시오.

35 6월 말일까지는 당사의 주문품을 선적해 주십시오.

① Please effect shipment our orders till the end of June.

② You are requested to make shipment of our orders by June 30.

③ We shall oblige if you will ship our orders until June 30.

④ We would like to ship our orders not later than the end of June.

해설

주문품을 선적하다 : Ship the orders, effect(make, complete, execute) shipment of the order/ ~라면 고맙겠습니다 : shall be obliged if ~, shall appreciate it if ~, ④는 당사가 선적하고자 합니다.

36 원자재의 가격이 비록 상당히 치솟았습니다만 당사는 가격인상 이전에 이미 매입하였기 때문에 종전의 가격으로 귀사의 주문을 이행할 수 있습니다.

① Despite the prices of raw materials soared considerable, we can execute

정답

35 ② 36 ③

your order at the former prices as we have already bought them before the price hike.

② Much as the prices of raw materials soared considerable, we can execute your order at the latter prices as we have already bought them before the price hike.

③ Even if the prices of raw materials soared considerably, we can execute your order at the former prices as we have already bought them before the price hike.

④ Although the prices of materials soared considerably, we can execute your order at the latter prices as we have already bought them before the price hike. 우리말을 영작할 때 가장 적절한 것을 고르시오.

해설

가격이 상당히 치솟았다 : the prices soared considerably/ 종전 가격 : former price

37 아래에 주어진 11개의 단어를 이용하여, "이 주문에 귀사의 신속한 배려가 있을 것으로 우리는 확신한다."는 내용의 문장을 만들었을 때의 배열이 맞는 것을 골라 표시하시오.

1) your	2) this	3) you	4) prompt	5) order	6) will
7) give	8) trust	9) we	10) that	11) attention	

① 9 – 8 – 3 – 6 – 7 – 2 – 5 – 1 – 10 – 4 – 11

② 9 – 8 – 10 – 3 – 6 – 7 – 4 – 11 – 2 – 5 – 1

③ 9 – 8 – 10 – 3 – 6 – 7 – 2 – 5 – 1 – 4 – 11

④ 3 – 6 – 7 – 2 – 5 – 10 – 9 – 8 – 1 – 4 – 11

해설

우리는 ~을 확신한다 : we trust that ~/ 이 주문에 귀사의 신속한 배려가 있을 것이다 : you will give this order your prompt attention(= you will give your prompt attention to this order)

정답

37 ③

[38-39] 다음 문장의 영작이 잘못된 것을 하나 고르시오.

38 품질은 샘플과 똑같습니다.

① The quality is equal to sample
② The quality is similar to sample
③ The quality is the same as sample
④ The quality is up to sample

해설
be similar to : 유사하다

39 만약 재고에서 이 물품을 공급할 수 없다면, 요구 수량에 대한 주문을 이행하는데 얼마나 걸릴 것인가를 알려주시기 바랍니다.

① If you cannot supply these goods from stock, please inform us how long it would take to complete an order for the quantity required.
② If you cannot supply these goods from stock, please let us know how long it would take to fill an order for the quantity required.
③ If you cannot supply these goods from stock, please inform us how long it would take to keep order for the quantity required.
④ If you cannot supply these goods from stock, please let us know how long it would take to execute an order for the quantity required.

해설
주문을 이행하다 : complete(fill, execute, fulfil, accomplish) an order

[40-42] 다음 문장을 영작한 부분 중 틀린 것을 고르시오.

40 귀사의 요구를 충족시키기 위하여 당사는 귀사가 주문을 1,000개까지 증가시킬 수 있다면 10%의 특별할인을 귀사에 허용할 것입니다.

① In order to meet your request,
② we will grant you a special discount of 10%
③ if you can increase your order
④ of 1,000 pieces.

정답
38 ② **39** ③ **40** ④

해설
1,000개 까지 : to(up to) 1,000 pieces

41 귀사의 기계들은 당사 고객들에게 조속히 인도하기 위해 긴급히 필요하며, 귀사께서는 동 제품이 재고 중이라고 말씀하셨습니다. 음료설비 50 세트를 인수도 방식으로 당사에게 제공해 주시면 감사하겠습니다.

① Your machines are urgently required for early delivery to our customers,

② and you said that you have them in stock

③ We should appreciate your providing us with 50 sets of beverage equipment

④ on a D/P basis

해설
인수인도 방식 : D/A(Document against Acceptance)/ D/P(Document against Payment) : 지급인도 방식

42 솔직히 말씀드리면 대안은 귀사가 가격을 8% 인하하여 조정하는 것입니다. 그렇게 하면 당사는 15,000대를 주문하겠습니다.

① Frankly speaking, the alternative is for you to adjust

② your prices by reducing them by 8 percent,

③ in which case we should be pleased to place

④ our order to 15,000 units.

해설
15,000대에 대한 주문 : order for(of) 15,000 units

[43] 다음을 영작할 때 ( ) 안에 적합한 것을 고르시오.

43 귀사가 당사의 견품과 가격을 검토해 보시면, 당사에게 주문하는 것이 유리하다는 것을 알게 될 것입니다.

⇒ If you examine our samples and prices, you will see that it is to your ( ) to ( ) your orders with us.

정답
41 ④ **42** ④ **43** ①

① advantage – place ② advantage – receive
③ profit – quote ④ possible – compete

해설
it is to your advantage to place your orders with us. : 귀사의 주문을 당사에게 하는 것이 귀사의 이익이다.

44 대금결제에 관하여는 귀사의 결제 조건에 동의합니다.

⇒ (　　) the settlement of account, we are agreeable to your (　　).

① As to – terms ② For – invoice
③ As to – samples ④ Concerning – business

해설
settlement of account : 계정의 결제, 대금결제

45 가격은 뉴욕 항까지의 운임 · 보험료 포함 조건에 의하여 미화로 견적한다.

⇒ Prices are to be (　　) US Dollars on (　　) New York.

① quoted in – FOB ② quoted in – CIF
③ quoted in – CIP ④ drawn on – CFR

해설
뉴욕 항까지의 운임 · 보험료 포함 조건 : CIF New York

46 귀사의 가격이 경쟁적이라면 대량 주문을 하고 싶습니다.

⇒ We would like to place (　　) orders (　　) your (　　) are (　　).

① large – if – quality – competitive ② large – if – prices – competitive
③ big – and – quality – low ④ big – and – prices – cheap

정답
44 ① 45 ② 46 ②

[47–49] 다음 우리말을 영어로 옮길 때 순서가 가장 적절하게 연결된 것을 고르시오.

47 우편으로 주문하게 되어 기쁘게 생각합니다.

⇒ We are glad to place (   )
(1) our order (2) you (3) with (4) by (5) mail

① (1) – (2) – (3) – (4) – (5)
② (1) – (2) – (4) – (3) – (5)
③ (1) – (3) – (4) – (2) – (5)
④ (1) – (3) – (2) – (4) – (5)

48 당사 주문서의 기재사항은 정확하다고 확신합니다.

⇒ We are sure that (   ).
(1) our (2) you (3) order (4) correct
(5) find (6) will

① (2) – (6) – (5) – (1) – (3) – (4)
② (1) – (4) – (6) – (3) – (2) – (5)
③ (2) – (6) – (4) – (1) – (3) – (5)
④ (1) – (3) – (6) – (5) – (2) – (4)

49 당사는 귀사의 신용장 수령 후 2주 이내에 귀사 주문품을 선적할 예정입니다.

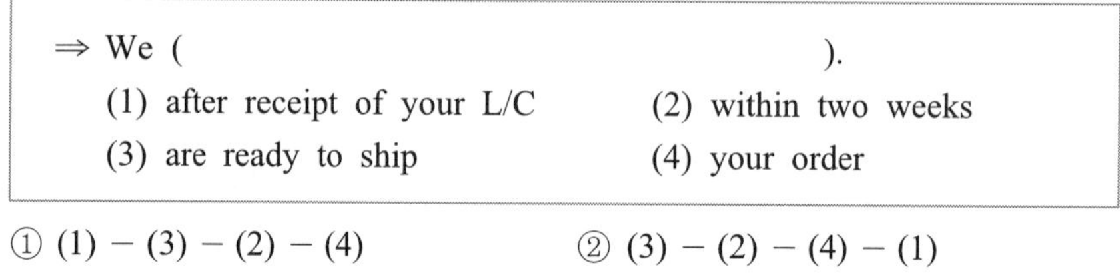
⇒ We (   ).
(1) after receipt of your L/C (2) within two weeks
(3) are ready to ship (4) your order

① (1) – (3) – (2) – (4)
② (3) – (2) – (4) – (1)
③ (1) – (4) – (3) – (2)
④ (3) – (4) – (2) – (1)

[50–51] 다음 우리말을 영어로 옮길 때 괄호 안에 적합하지 않은 것을 고르시오.

50 귀사의 가격이 저렴하면, 당사는 귀사에게 대량주문을 할 수 있을 것입니다.

⇒ If your prices are reasonable, we will be able to (   ).

① receive further orders
② send you big orders

정답

47 ④ 48 ① 49 ④ 50 ①

③ give you considerable orders ④ place large orders with you

해설
대량주문 : big(large, considerable, quantity, substantial, bulk) order

51 비록 당사는 완전 가동을 할지라도 추가주문에는 응할 수 없을 것입니다.

⇒ (　　) we are operating at capacity, we will be unable to meet (　　).

① Although – further orders ② Much as – more orders
③ Through – initial orders ④ Even though – additional orders

해설
추가주문 : further(more, additional) order

52 다음 중 문장의 구성이 틀린 것을 고르시오.

① As we consider to purchase textile silk screen printing machines.
② we shall be obliged if you will favor us with your estimate and images by attachment file.
③ If your prices are competitive.
④ you may expect our trial order in the near future.

해설
consider to purchase → consider purchasing(consider는 목적어로 동명사를 취한다.)

[53–54] 다음 각 쌍의 문장이 같은 뜻이 되도록 (　　) 안에 들어갈 알맞은 말을 고르시오.

53

Terms : Draft at 60 d/s based on irrevocable L/C
⇒ (　　) : (　　) 60 d/s draft (　　) irrevocable credit

① Settlement – an – conditional on
② Payment – at – under

정답
51 ③ 52 ① 53 ②

③ Payment terms – at – subject to
④ Terms of settlement – or – conditionally on

해설
terms : 결제조건(terms of payment, payment, settlement)/ based on irrevocable L/C : 취소불능신용장에 근거한(under irrevocable L/C)

54

We want you to give an order to us for the above products.
⇒ We hope you will (   ) an order (   ) us for the products.

① place – with
② make – to
③ favor – between
④ furnish – by

55 다음 문장들이 논리적으로 배열이 잘 된 것을 고르시오.

(A) Your prices are not competitive and therefore we are unable to place an order with you at this time, even though we are favorably impressed with your samples.
(B) As we indicated in our last letter, our requirements for this line are large, but the competition in this line is very strong.
(C) We have received your letter of July 20. Thank you for the supply of samples which are in accordance with our expectation.
(D) We trust you will make every effort to revise your prices.
(E) Under such circumstances, we have to ask for your most competitive prices on the particular item, your samples No. 10 which is in high demand.

① (C) – (B) – (A) – (D) – (E)
② (D) – (B) – (A) – (E) – (C)
③ (C) – (A) – (B) – (E) – (D)
④ (C) – (E) – (B) – (A) – (D)

해설
「(C) 7월 20일자 귀사의 편지를 받았으며, 당사의 기대에 맞는 견본을 보내두셔서 감사합니다.
(A) 귀사의 가격은 경쟁적이지 않습니다. 따라서 귀사의 견본에 좋은 인상을 갖고 있

정답
54 ① 55 ③

기는 하지만, 이번에는 귀사에게 주문할 수가 없습니다.
(B) 당사의 지난 서한에서 지적한 바와 같이 이 품목에 대한 당사의 수요는 대량이지만, 이 품목에 대한 경쟁은 치열합니다.
(E) 이런 상황에서 특정품목, 즉 수요가 많은 귀사의 견본 10번에 대해 가장 경쟁적인 가격을 요구하는 바입니다.
(D) 귀사가 귀사 가격을 변경하는데 최선을 다해 주리라 믿습니다.」

제4장

매매계약의 이행

Carrying out Contract

거래당사자간 무역거래의 이행에 수반되는 품질, 가격, 대금결제 등의 제반 조건에 관해 합의가 이루어지고 이를 공식화한 계약서가 작성·교환되면 계약의 이행, 즉 실질적인 거래단계에 들어간다.

제1절 신용장의 발행(Letter of Credit)

계약이행의 첫 조치는 수입상이 수출상 앞으로 신용장을 발행하는 것이다. 단 여기서 유의해야 할 사항은 모든 무역거래에서 신용장이 발행되는 것은 아니라는 것이다. 즉 신용장이 발행된다는 것은 매매계약의 대금결제조건이 신용장에 의한 결제로 되어 있는 경우에만 해당된다.

1. 대금결제형태

무역거래에서 대금결제의 형태는 우선 직접결제형태와 간접결제형태로 구분된다. 직접결제는 현지에서의 직접구매 등과 같은 소액거래에 이용되므로 무역거래에서 일반적으로 이용되는 결제형태는 아니다.

따라서 무역거래의 대부분은 간접결제형태이며, 이는 수출상과 수입상간에 제3자(일반적으로 은행)가 개입되어 이루어지는 외환(foreign exchange)에 의한 결제방식을 말한다.

외환에 의한 결제방식은 송금방식과 추심방식으로 크게 구분된다.

송금방식은 수입업자가 거래대금을 계약물품의 선적 전 또는 후에 수출업자 앞으로 송금하여 주는 방식이다. 이는 송금의 형태에 따라 전신송금(telegraphic transfer : T/T), 우편송금(mail transfer : M/T), 수표송금(demand draft : D/D)으로 구분된다. 또한 송금 시기에 따라 다음과 같이 구분된다.

① 주문과 동시에 송금이 이루어지는, 즉, 물품인도 전에 지급되는 선지급(advance remittance before delivery or payment in advance)) 형태의 CWO(Cash with Order)

② 물품인도와 동시에 송금이 이루어지는 동시급(concurrent payment) 형태의 COD(Cash on Delivery)와 CAD(Cash against Document)

③ 물품인도 후 일정기간 뒤에 송금이 이루어지는 후지급(later payment) 형태, 즉, 일종의 외상거래형태(sales on credit or cash to be paid later)인 기한부 지급(deferred payment)

추심방식은 수출업자가 환어음(draft or bill of exchange)을 발행하여, 이를 관련 은행을 통해 추심과정을 거쳐 거래대금을 회수하는 결제방식이다. 추심방식은 수출업자가 발행한 환어음에 대해 은행이 지급확약을 하고 있는 신용장방식과 은행의 지급확약 없이, 즉, 수입업자의 신용만을 믿고 이루어지는 무신용장방식(추심결제방식)으로 구분된다.

신용장 방식도 신용장의 종류에 따라 대금결제시기가 선지급, 동시급, 후지급 형태로 구분된다.

① 선지급 형태, 즉, 수출상이 선적 전에 대금결제를 통해 자금을 활용할 수 있는 있는데 이런 결제방식에 이용되는 신용장을 전대신용장(red clause credit)이라 한다.

② 동시급 형태, 즉, 수출상이 선적 후 환어음을 발행하여 대금결제를 요청하면 즉시 결제가 이루어지는데, 이러한 신용장을 일람출급 신용장(at sight credit)이라 한다.

③ 후지급 형태, 즉, 수출상이 선적 후 환어음을 발행하여 대금결제를 요청하면 일정 기간 후에 결제가 이루어지는, 일종의 외상거래 형태가 있는데, 이러한 신용장을 기한부 신용장(usance credit)이라 한다.

무신용장 방식인 추심결제방식도 대금결제시기가 동시급과 후지급 형태로 구분되는데, 전자를 D/P(Document against Payment, 지급인도조건), 후자를

D/A(Document against Acceptance, 인수인도조건)라고 한다. D/P 거래에서는 일람출급 환어음(at sight draft)이 D/A 거래에서는 기한부 환어음(usance draft)이 발행된다.

대금결제의 방법과 시기에 따른 대금결제형태를 정리하면 다음과 같다.

[대금결제의 주요형태]

	결제방식	결제시기
송금방식	① T/T ② M/T ③ D/D * T/T방식이 주로 이용	① 선지급 : cash with order(CWO) ② 동시급 : cash on delivery(COD) cash against document(CAD) ③ 후지급 : sales on credit deferred payment
추심방식	① 신용장방식 ② 무신용장방식 (추심결제방식)	① 선지급 : red clause credit ② 동시급 : at sight L/C D/P(document against payment) ③ 후지급 : usance L/C D/A(document against acceptance)

무역거래에서의 대금결제방법은 이외에도 팩토링(factoring)방식, 상호계산 또는 청산결제(open account)방식, 포페이팅(forfaiting)방식, 전자무역결제 방식 등 다양하므로 거래 당사자들은 이러한 여러 가지 결제방법 중에서 무역거래에서 대금결제의 중요성을 감안하여 적절한 방법을 선택하게 된다.

2. 신용장에 의한 대금결제방식

신용장은 영어로 letter of credit 또는 단순히 credit 라고도 하며 보통은 약해서 L/C라고 한다. L/C를 한마디로 요약한다면 수입상의 대금지급을 L/C 발행은행이 확약하는 제도이다. 단, 수출상이 신용장에서 요구하는 대로 거래를 이행하여야 한다는 즉, 신용장에 명기된 조건(terms and conditions of credit)에 부합하여야 한다는 조건하에서 대금지급을 약속한다.

L/C의 이러한 기능으로 인하여 무역거래에서 수출상은 L/C방식을 상당히 선호한다. 대금회수에 대한 불안이 해소되기 때문이다. 또한 수입상도 수출상

이 신용장조건대로 거래를 이행하리라는 것을 믿을 수 있어 안심하고 거래에 임할 수 있다.

한편 신용장에 의해 거래가 진행되면 수출자가 선적을 한 후 환어음(bill of exchange, draft)을 발행하여 대금을 회수하는 것이 일반적이다. 환어음은 추심방식에서는 공통적으로 이용되는 것으로 무역거래에서는 수출상이 거래대금의 최종 지급인(L/C발행은행 또는 수입상) 앞으로 환어음의 금액을 환어음상의 지명인 또는 지시인 에게 무조건으로 지급할 것을 위탁하는 유가증권이다. 바꾸어 말하면 환어음은 추심방식에서의 대금회수 수단이라 할 수 있다.

앞에서 언급한 바와 같이 신용장방식과 무신용장방식은 모두 추심방식으로서 환어음을 발행하여 대금결제가 이루어지는데 L/C방식에서는 환어음이 L/C를 근거로(under L/C) 발행되어 최종적으로 L/C발행은행의 보호를 받는 즉, 환어음에 대한 대금지급의 확실성이 있으나 D/P, D/A방식에서는 발행된 환어음의 최종 대금지급 여부가 수입상의 신용에만 의존하게 되어 있어 대금회수에 대한 불안한 면이 내재되어 있다. 따라서 D/P, D/A방식은 수출상이 수입상의 신용을 확실하게 믿을 때 이용될 수 있다.

또한 환어음은 환어음의 지급만기일(due date)에 따라 동시급과 후급으로 구분된다. 환어음의 제시에 대해 즉시 지급하도록 되어있는 환어음은 일람출급 환어음 (at sight draft)이라 하며 환어음 제시 후 일정기간 경과 후 지급하는 환어음은 기한부 환어음(usance draft)이라 한다. 기한부 환어음은 결제기간에 따라 30days after sight (d/s), 60d/s 등으로 표시된다.

1 무역서한

Model Letter 1. 신용장 발행을 알리는 서한

Gentlemen :

We are advising you that Irrevocable Letter of Credit No. GA512ES0754 has been opened by Korea Exchange Bank,[1] Seoul, for the value of U.S. $28,153.50 to cover the goods[2] as itemized in our Order No 218 dated March 2.

These goods are urgently wanted, therefore we ask you to try to ship them by M.V.[3] "Sun Star" leaving L.A.[4] on March 22. Also please see[4] that they are carefully packed to ensure their safe arrival.

We trust you will execute this order in strict accordance with[6] the instructions we have given in our order and look forward to your advice of shipment by fax.

Very truly yours,

---

1) has been opened by Korea Exchange Bank : 한국외환은행에 의해 발행되었다. 한국외환은행이 신용장 발행은행(issuing bank, opening bank, establish bank)이 된다.
2) to cover the goods : 그 상품에 대한 결제를 위해, 그 상품에 대하여,
   cover : 포함하다, 지급하다, 결제하다, 구입하다, 부보하다, 충당하다 등 다양한 의미가 내포되어 있으므로 문장에 따른 적절한 해석이 필요하다.
   유사표현 against the goods
3) M.V. : 발동기선, motor vessel의 약자로서 M/V로도 표기하며 선박명 앞에 이를 붙인다. 유사표현 M.S. or M/S(motor ship), S.S or S/S(steam ship)
4) leaving L.A. : L.A. 항구를 출항하는 유사표현 sailing from
5) see : 배려하다. 조처하다
6) in strict accordance with ~ : ~와 엄밀하게 일치하도록

Model Letter 2. 신용장 수령을 알리는 서한

Dear Sirs,

We thank you very much for your L/C and shipping instructions covering your order[1] No. 218. The goods which you have ordered are being prepared for shipment. As soon as the shipment has been executed, shipping advice[2] will be advised to you by fax.

Please be assured that[3] we will pay our most careful attention to the execution of your order.

Yours faithfully.

---

1) shipping instructions covering(against) your order : 귀사의 주문에 대한 선적 지시
2) shipping advice : 선적통지
3) Please be assured that ~ : ~를 믿으십시오. ~를 안심하십시오.
   유사표현 feel(rest) assured that ~

Model Letter 3. 신용장 발행을 통지하는 서한

Dear Sirs,

We refer to our order for your rubber products placed with you on June 15, and due to delivery[1] within 30 days from the date of receiving L/C. The order number was AEI 98－251.

We have instructed the Daiwa Bank, Ltd., Tokyo to open an irrevocable documentary letter of credit[2] for US $42.400.00, this will be confirmed by our bankers' correspondents[3], The Chase Manhattan Bank, Inc., in San Francisco who will accept your draft on them at 30 days[4] for the amount of your invoice.

The credit is valid until August 30. Documents required are :
Bill of Lading (Full sets[5])
Commercial Invoice (4 copies)
Insurance Policy 2

Yours faithfully.

---

1) due to delivery : 인도예정인
2) an irrevocable documentary letter of credit : 취소불능 화환신용장, 대금결제시 B/L. invoice 등의 선적서류가 첨부되어야 하는 신용장을 화환신용장이라 한다. 이에 대해 선적서류가 첨부되지 않는 신용장을 무화환신용장(clean L/C)이라 하며. clean credit에는 stand by L/C가 있다.
3) this will be confirmed by our bankers' correspondents : 이 신용장은 당사 거래은행(Daiwa Bank)의 환거래은행(Chase Manhattan Bank)에 의해 확인될 것이다. 언급되는 신용장을 확인신용장(confirmed L/C)이라 하며, Chase Manha-ttan Bank는 확인은행(confirmed bank)이 된다.
4) who will accept your draft on them at 30 days : 일람 후 30일부로 그 은행(Chase Manhattan Bank)이 자기 은행 앞으로 발행된 환어음을 인수할 것이다. 이러한 신용장을 기한부신용장(usance L/C)이라 한다. 종합적으로 이 서한에서 언급된 신용장은 취소불능, 화환, 확인, 기한부 신용장이다.
5) Full sets : 전통(全通), 즉, 선화증권의 발행된 원본 전부, 선화증권 원본은 보통 3부가 발행되나 2부가 발행되는 경우가 있으며, 어떠한 경우든 원본 전부를 요구하고 있다.

Model Letter 4. 신용장발행의 통지를 받았음을 알리는 서한

Dear Sirs,

We are pleased to inform you that we have received a advice from Hana Bank[1], Seoul branch that Daiwa Bank Ltd. has opened a Irrevocable Letter of Credit, for the amount of US $42,400.00. covering your order No. AEI 98-251.

As the goods ordered have manufactured for shipment, upon receiving export license[2], we will effect the shipment by S/S "Sea Hawk" scheduled to sail from Busan[3] on the 20th of this month.

You may rest assured that everything will be executed in good order[4].
Thank you for your prompt arrangement for the L/C.

Yours very truly,

1) we have received a advice from Hana Bank : Hana Bank로부터 that 이하의 통지를 받았다. 여기서 Hana Bank는 수출국 내에 소재한 통지은행(advising bank)이다.
2) upon receiving export license : 수출승인을 받는 즉시
3) (which is) scheduled to sail from Busan : 부산항을 출항 예정인
   유사표현 scheduled to leave, due to sail from, due to leave
4) in good order : 질서정연하게, 좋은 상태로, 즉, 잘 이행될 것이라는 의미.
   유사표현 in good condition

Model Form 1. 접수된 신용장의 예시

HANA BANK NO434382 ORIGINAL
HEAD OFFICE, 2-GA NAMDAEMUN-NO CHUNG-GU,
SEOUL, KOREA

IRREVOCABLE DOCUMENTARY CREDIT	Date JUNE. 02. 2010
Credit No.4851/25331	Advice No. A-2501-913-23302
Issuing Bank DAIWA BANK LTD UNITED CENTER BRANCH	Accountee ASAHI ELECTRIC INDUSTRY'S CO.LTD. 22-18 HITOTSUBASHI, CHIYODA. TOKYO, JAPAN
Beneficiary DONGAN CHEMICAL CO., LTD. 21 Yeoksam - dong gangnam - gu Seoul. Korea	Amount USD42,400.00 Expiry Date July. 10. 2010
DEAR SIR(S) WE ARE PLEASED TO INFORM YOU THAT WE RECEIVED AN AUTHENTICATED TELECOMMUNICATION MESSAGE DATED May. 30. 2010 - READING AS PER ATTACHED -	

Except so far as otherwise expressly stated, this documentary credit is subject to the "Uniform Customs and Practice for Documentary Credits"(2007 Revision) International Chamber of Commerce(Publication No. 600)

Message Text

27 : sequence of total : 1/1

40A : form of documentary credit : IRREVOCABLE

20 : documentary credit number : 4851/2531

31C : date of issue : 10/05/30

31D : date and place of expiry : 100710 IN COUNTRY OF BENEFICIARY

50 : applicant : ASAHI ELECTRIC INDUSTRY CO., LTD.

59 : beneficiary : DONGAN CHEMICAL CO.,LTD. 21
YEOKSAM－DONG GANGNAM－GU SEOUL, KOREA

32B : currency code amount : USD 42.400.00

41D : available with/by name, address : ANY BANK BY NEGOTIATION

42C : drafts at : SIGHT FOR 100PCT INVOICE VALUE

42D : drawee(－)name and address : DRAWN ON APPLICANT

43P : partial shipments : NOT ALLOWED

43T : transshipment : NOT ALLOWED

44A : on board/disp/taking charge : ANY KOREAN PORT:

44B : for transportation to : YOKOHAMA, JAPAN

44C : latest date of shipment : 1006030

45A : description of goods and/or service : 1.450PCS OF RUBBER

46A : documents required

1) SIGNED COMMERCIAL INVOICE IN 4 COPIES

2) PACKING LIST IN 2 COPIES

3) FULL SET OF CLEAN ON BOARD MARINE BILLS OF LADING MADE OUT TO ORDER OF THE DAIWA BANK LTD., MARKED FREIGHT PREPAID NOTIFY APPLICANT QUOTING L/C NO.

4) INSURANCE POLICY/ CERTIFICATE IN DUPLICATE AND BLANK ENDORSED FOR 110PCT OF INVOICE VALUE STIPULATING THAT CLAIMS ARE PAYABLE IN DRAFT CURRENCY AND INDICATING A CLAIMS SETTLING AGENT AT DESTINATION COVERING : ICC(B) FOR 110% OF THE INVOICE VALUE INCLUDING SRCC AND WAR RISK.

5) BENEFICIARY'S CERTIFICATE CERTIFYING THAT ONE SET OF NON－NEGOTIABLE SHIPPING DOCUMENTS HAS BEEN

SENT TO APPLICANT WITHIN 3 DAYS AFTER SHIPMENT

71B : charge : ALL BANKING CHARGES OUT SIDE JAPAN ARE FOR BENEFICIARY'S ACCOUNT

48 period for presentation : WITHIN 7DAYS AFTER THE DATE OF SHIPMENT BUT WITHIN THE VALIDITY OF THE CREDIT

49 : confirmation instruction's : WITHOUT

78 : instructions to Pay/acc/ngbk

NEGOTIATING BANK IS REQUESTED TO FORWARD ALL DOCUMENTS TO THE DAIWA BANK LTD UNITED CENTER BRANCH, TOKYO, JAPAN (TLX73637 DAIBK HX) IN ONE COVER BY REGISTERED AIRMAIL/COURIER SERVICES UPON RECEIPT OF DOCUMENTS IN CONFORMITY TO CREDIT TERMS WE WILL REMIT THE PROCEEDS TO THE NEGOTIATING IN ACCORDANCE WITH THEIR INSTRUCTIONS

57 : advise thru bank－name/addr : YOUR YEOKSAM－DONG BRANCH

본 신용장은 SWIFT(society for worldwide inter－bank financial telecommuni－cation) 방식으로 발행되어 접수된 것으로서 맨 앞장은 통지은행의 신용장 통지 양식에 필요한 사항, 즉, Issuing Bank, Accountee, Beneficiary, Amount, Expiry date 등을 기입하여 신용장 전달시 표지역할을 하고 있다. 이는 We are pleased to 이하의 문장, 즉,「당사는 귀사에게 내용에 다음에 첨부된 2010년 5월 30일자의 확인된(진정성이 인증된) 텔레코뮤니케이션 메시지를 접수하였음을 알려드리는 바입니다.」를 보면 알 수 있다.

표지의 하단 내용은 이 신용장이 2007년 개정된 (화환)신용장통일규칙(UCP600)에 준거하고 있다는 것을 명시한 문장이다.

신용장내용에 대한 해설은 좌측에 표시된 신용장 발행관련코드에 따른다.

27 : 전체 연속페이지 : 1 / 1

40A : 화환신용장의 형식 : 취소불능

** 보통은 신용장이라 하나 무역거래에 이용되는 신용장에는 환어음을 비롯한 운송서류가 요구되므로 정확히 표현하면 화환신용장이라고 한다.

20 : 화환신용장번호 : 4851/2531

31C : 발행일자

31D : 유효기간 및 장소 : 수익자국가에서 2010년 7월 30일

50 : 신청인 (수입상) : 생략

59 : 수익자 (수출상) : 생략

32B : 통화 표시와 금액 : 생략

41D : ~은행에서, ~은행에 의해 이용가능 : 어느 은행에서나 매입에 의해

** 이 신용장은 어느 은행에서나 환어음의 매입에 의해 대금회수가 가능하다. 이러한 신용장을 general credit(보통, 일반 신용장) 또는 open credit(개방신용장)이라 한다. 한편 환어음의 매입은행을 지정해 놓은 신용장을 special credit(특정신용장)이라 한다.

42C : 환어음의 결제기간 : 송장금액전액에 대해 일람출급으로

43 : 분할선적 : 허용 안됨

43T : 환적 : 허용 안됨

44A : 선적/발송(dispatch), 수탁(taking charge) : 한국의 어떤 항구에서도 선적가능

44B : 도착항 : 일본 요코하마 항

45A : 상품 또는 서비스의 명세 : 생략

46A : 요구되는 서류 : 생략

71B : 비용 : 일본외 지역에서의 모든은행 수수료는 수익자가 부담한다.

48 : (서류) 제시의 기간 : 선적일로부터 7일이내, 단 신용장의 유통기일내에

49 : 확인지시 : 없음

78 : 은행들에 대한 지시

매입은행은 신용장조건과 일치하는 서류의 접수 즉시 모든 서류를 한 봉투에 넣어 등기 항공우편 또는 특사배달 서비스로 동경에 있는 다이와 은행 앞으로 보내야 한다. 신용장 조건에 따라서 당 은행은 매입은행의 지시에 따라 매입은행에게 매입한 금액을 송금할 것이다.

57 : 통지은행의 이름과 주소 : 귀 은행의 역삼동 지점

Model Letter 5. 이번 주까지 신용장 발행을 요청하는 서한

Dear Sirs,

We have the pleasure to confirm your order for 1,000 dozens of Ball Point Pen amounting to US$72,000. As requested, we are preparing to make shipment by the end of November and would request you to open an Irrevocable L/C in our favor, valid until December 20.[1)]

We would very much appreciate it if you could expedite L/C opening[2)] by this week. Otherwise, due to the rising cost of raw material, we may be forced to add[3)] 5 percent to previous offer.

Upon arrival of the L/C, we will pack and ship the goods urgently in accordance with your shipping instructions. We assure you that we will make complete shipment[4)] so that we can give you perfect satisfaction.

We are waiting for your opening a credit soon.

Your faithfully,

1) valid until December 20 : 12월 20일 까지 유효한
2) if you could expedite L/C opening : 신용장 발행을 조속히 해 주신다면
3) be forced to add : 인상시킬 수밖에 없다.
   유사표현 be reluctantly to add, be compelled to add
4) make complete shipment : 완전한 선적을 하다, 즉, 흠 잡을 데 없이 선적하다

Model Letter 6. 선적지연으로 인한 L/C 연장을 요청하는 서한

Dear Sirs,

We would like to explain the matter of L/C amendment. Owing to a temporary accident of machines in our factory, we are not in a position to ship the goods of L/C No. 54－7253 covering the Order No. SG－354 by the 31st August as arranged.

Therefore, we have to ask you to extend the shipping date on the L/C to the end of September[1]. We, of course, will make every effort to make shipment within the extended period.

Please accept our profound apologies[2] for the inconvenience to which you have been put[3], and we assure you that we will take every precaution against such an incident arising in the future.

Your prompt attention to this matter would be much appreciated.

Your faithfully,

---

1) extend the shipping date on the L/C to the end of September. : 신용장 상의 선적기일을 9월 말까지 연장하다.
2) profound apologies : 심심한 사과
3) the inconvenience to which you have been put : 귀사가 받는 불편, 즉, 귀사에 끼친 불편 유사표현 the inconvenience it has caused you

Model Letter 7. L/C 조건변경을 요청하는 서한

Dear Sirs,

We have just been informed from[1] Industrial Bank, Singapore that they received through their head office in Seoul an Irr. Letter of Credit No. IS－4511 opened by you to cover your order[2] No. GK423 dated May 5.

On examining the terms and conditions of the L/C, we found that the payment was to be made at 120 d/s[3].

But we want it to be made at sight. This was agreed on by you and expressly mentioned in your order sheet. Therefore please amend it as stated in it[4]. The goods will be shipped by 20th of this month. We should be obliged for[5] your immediate amendment of the L/C as requested by us.

Sincerely yours,

---

1) be informed from ~ : ~로부터 통보받다, ~로부터 알았다.
   유사표현 be advised
2) L/C to cover your order : 귀사의 주문을 결제하기 위한 신용장, 귀사 주문에 대한 신용장
3) payment was to be made at 120 d/s : 결제가 일람 후 120일부로 된다
4) as stated in it : 그 것(주문서)에 명시된 대로
5) be obliged for ~ : ~에 대해 감사하다

2 평가문제

[1–4] 다음 내용을 읽고 물음에 맞는 답을 골라 표기하시오.

> (가) As we cannot ship 48 inches Taffeta under this credit, ① it is imperative that you amend the credit to 36 inches by cable.
> (나) However, ② to our great dismay, your credit has indicated the width as 48 inches instead of 36 inches as contracted originally.
> (다) Your prompt cable amendment ③ upon receipt of this letter, will be appreciated.
> (라) We have just received your credit No. AD－1368 covering 100,000 square yards of Nylon Taffeta.

01 위 문장을 논리적으로 바르게 배열한 것은?

① (라) － (나) － (다) － (가)
② (라) － (가) － (다) － (나)
③ (라) － (다) － (가) － (나)
④ (라) － (나) － (가) － (다)

해설

「(라) 당사는 나일론 테피타 10만 평방야드에 대한 귀사의 신용장(AD－1368)을 방금 받았습니다.
(나) 그러나 실망스럽게도 귀사의 신용장에는 폭이 원래 계약된 대로의 36인치 대신 48인치로 표시되어 있습니다.
(가) 당사는 이 신용장에서의 48인치 테피타는 선적할 수 없기 때문에 귀사가 36인치로 신용장을 전신에 의해 변경하는 것이 꼭 필요합니다.
(다) 이 편지를 받는 즉시 귀사가 신속하게 전신으로 신용장을 변경시켜 주시면 고맙겠습니다.」

02 밑줄 친 ①과 뜻이 통하는 것은?

① It is necessary
② it is unnecessary
③ it is positive
④ it is negative

해설

imperative : 피할 수 없는, 절대적으로 필요한

정답

01 ④ 02 ①

03 밑줄 친 ②를 바르게 해석한 것은?

① 우리가 기꺼이
② 즐거운 마음으로
③ 실망스럽게도
④ 실망했으므로

해설
dismay : 실망, 낙담

04 밑줄 친 ③과 같은 뜻은?

① as soon as you receive
② as soon as you cannot receive
③ not later than you receive
④ before you receive

해설
upon receipt of : 받는 즉시

[5~6] 다음 통신문을 읽고 물음에 답하시오.

> We are advised by <u>(가) the ABC Bank</u> that CDE Bank have issued an <u>(나) Irrevocable Letter of Credit</u> No. 57 in your favor for U.S.$90,000 available until June 11.

05 밑줄 친 (가)는 어떤 당사자인가?

① advising bank
② opening bank
③ negotiating bank
④ confirming bank

해설
「당사는 ABC은행으로부터 CDE은행이 귀사를 수익자로 하는 미화 90,000달러에 대해 6월 11일까지 유효한 취소불능신용장(번호 57)을 개설했다는 것을 통지받았습니다.」
여기서 ABC은행은 신용장을 개설하였다는 것을 알려주고 있으므로 통지은행이 된다.

06 밑줄 친 (나)의 내용으로 알맞은 것은?

① 양도가능 신용장
② 확인 신용장
③ 내국 신용장
④ 취소불능 신용장

정답
03 ③ **04** ① **05** ① **06** ④

[7~10] 다음은 신용장의 일부이다. 물음에 답하시오.

> We hereby issue (가) in your favor an irrevocable letter of credit for the sum of US$200,000(two hundred thousand United States Dollars) by negotiation of your draft(s) at sight on Federal Reserve Bank of New York, New York, (나) accompanied by the following documents:

07 밑줄 친 (가)와 관련이 있는 당사자는?

① payer ② applicant ③ beneficiary ④ accountee

해설

in your favor : 귀사를 수익자로 하여/ payer(환어음 지급인), applicant(신용장발행 신청인), accountee(매수인)은 모두 수입상을 칭하는 용어이다.

08 통상 밑줄 친 (나)와 관련이 없는 서류는?

① commercial invoice ② on board marine bill of lading
③ insurance policy ④ irrevocable letter of credit

해설

환어음 매입 시 첨부되는 서류들을 말한다.

09 위에서 언급된 신용장과 관련이 없는 것은??

① clean L/C ② at sight L/C
③ negotiation L/C ④ documentary L/C

해설

여기서 언급된 신용장은 irrevocable L/C(취소불능 신용장)이며, at sight L/C 〔일람출급 신용장 ; draft(s) at sight〕 이고 그리고 negotiation L/C 〔매입신용장 ; by negotiation of your draft(s)〕 이면서 documentary L/C(화환신용장 ; accompanied by the following documents)이다.
clean L/C는 선적서류가 첨부되지 않는 무화환신용장으로, stand by L/C(보증신용장)가 여기에 속한다.

정답

07 ③ 08 ④ 09 ①

10 위에서 언급된 "Federal Reserve Bank of New York"는 누구인가?

① opening bank ② advising bank
③ transferring bank ④ accepting bank

해설
Federal Reserve Bank of New York 앞으로 환어음을 제시하는 것으로 되어 있으므로 발행은행이다.
advising bank(통지은행), transferring bank(양도은행 ; 양도가능신용장에서 신용장을 양도하는 은행), accepting bank(인수은행 ; 기한부신용장에서 기한부 환어음을 인수하는 은행)

[11-12] 다음 내용을 읽고 물음에 답하시오.

> We hereby issue in your favor this documentary credit which is available by <u>negotiation with any bank of your draft at</u> sight drawn on us.

11 위 문장의 밑줄 친 부분과 관련되는 것을 고르시오.

① irrevocable credit ② restricted credit
③ general credit ④ special credit

해설
「당 은행은 귀사를 수익자로 하여 화환신용장을 발행합니다. 이 신용장은 당 은행 앞으로 발행되는 일람출급 환어음을 어느 은행에서나 매입함으로써 이용가능합니다.」
available by negotiation with any bank : 어느 은행에서나 (환어음의) 매입에 의해 이용할 수 있다. 이러한 신용장을 매입신용장 중에서도 보통 또는 개방신용장(general or open credit)라고 한다. 이에 비해 환어음의 매입을 특정은행으로 지정하는 신용장이 있는데, 이를 특정 또는 매입제한신용장(special or restricted credit)라고 한다.

12 위 문장에서 언급되는 'we'는 누구인가?

① exporter ② importer
③ notifying bank ④ establishing bank

해설
'we'는 신용장 개설은행(opening, issuing, establishing bank or grantor)이다.
notifying bank : 통지은행(advising, transmitting bank)

정답
10 ① 11 ③ 12 ④

[13–14] 다음 내용을 읽고 물음에 답하시오.

> 다음과 같이 신용장 변경을 요청합니다. :
> ① 금액을 미화 3만 달러까지 증액
> ② 선적기일을 3월 31일까지 연장함.
> [영문]
> Please (1) the L/C as follows :
> (2) to be (3) up to US$30,000.00
> (4) to be (5) to March 31.

13 위의 (1), (2), (3)에 들어갈 가장 적합한 단어는?

① demand – amount – decreased
② amend – amount – increased
③ amend – charge – increased
④ amend – account – increased

14 위의 (4)와 (5)에 들어갈 가장 적합한 단어는?

① shipping date – extended
② expiry date – extended
③ shipping date – accepted
④ expiry date – dispatched

15 아래의 영어 문장은 무역의 진행과정에서 어디에 해당하는 것인지 고르시오.

> We inform you that Uri Bank Ltd, Seoul have today issued an irrevocable credit No. 12345 for USD55,000 in your favor covering shipment of the goods under Sales Contract No. 98765 dated 15 May, 2005, which will be advised through American Trade Bank Ltd, New York.

① 수출상이 수입상에게 신용장의 통지를 추적함.
② 수입상이 수출상에게 신용장의 개설을 통보함.
③ 개설은행이 통지은행에게 신용장의 개설을 통보함.
④ 수출상이 통지은행에게 신용장의 추적을 의뢰함.

정답

13 ② 14 ① 15 ②

해설

우리은행이 55,000 달러어치에 대한 신용장을 개설하였고, 그 신용장이 American Trade Bank Ltd, New York.을 통해서 통지될 것이라는 것을 알리고 있음.

16 다음 밑줄 친 부분과 뜻이 전혀 다른 것을 고르시오.

> This credit is <u>valid till December 31.</u>

① is to be open until the end of December.

② shall expire on the 31st of December.

③ remains in force pending the end of this year.

④ is kept informed effective by 31st December.

해설

유효하다 : be valid(open, effective, in force, available, good), expire

[17-23] 다음 문장을 읽고 필요한 용어나 단어를 골라 표기하시오.

17 We hereby authorize you to value on ABC Bank, Seoul for account of (　　　) to an amount not exceeding Ten Thousand Dollars in US currency.

① Tongyang Trading Company (Applicant for L/C)

② Smith & Co. (Beneficiary)

③ Citi Bank (Opening Bank)

④ The Bank of America (Negotiating Bank)

해설

authorize you to value on ~ : 귀사에게 ~ 앞으로(~를 지급인으로) 환어음을 발행할(to value, to draw) 권한을 부여합니다.

for account of ~ : ~의 계정으로, of 다음에 수입상(신용장 거래에서는 applicant)이오며, 이를 accountee(대금결제인)라고 한다.

무역거래에서 수입상의 명칭 : buyer(매수인), importer(수입상), applicant(신용장 개설의뢰인), consignee(수화인), drawee 또는 payer(환어음 지급인), accountee(대금결제인)

정답

16 ④ **17** ①

18 We have drawn a ( ) on you at sight for the invoice amount.

① check ② B/L ③ draft ④ policy

> 해설
> draw a draft on ～ : ～ 앞으로(지급인으로) 환어음을 발행하다

19 We hope you to ask your (A) to arrange a (B) L/C in our (C) for the amount of your order.

① banker – confirmed – favor
② banker – confirmed – goods
③ banks – irrevocable – goods
④ company – irrevocable – favor

> 해설
> your banker : 귀사의 거래은행/ in our favor : 당사를 수익자로 하여(in favor of us)

20 Would you please extend the shipping date and the ( ) of the L/C ( ) July 20 and August 15 ( ).

① arrival – with – contracted
② partial shipment – to – by return
③ stipulating – until – each case
④ validity – up to – respectively

> 해설
> please extend the shipping date and the validity of the L/C until July 20 and August 15 respectively. : 신용장의 선적기일과 유효기일을 7월 20일과 8월 15일로 각각 연장해 주십시오.

21 We have instructed our bankers to open an irrevocable Letter of Credit for US $ 1,800. The ( ) bank, the ABC Bank ( ) your city will send ( ) the L/C ( ).

① you, shortly, in, advising
② you, in, advising, shortly
③ advising, in, you, shortly
④ shortly, advising, in, you

> 해설
> The advising bank, the ABC Bank in your city will send you the L/C shortly. : 통지은행인 귀 도시의 ABC은행이 귀사에게 곧 신용장을 보낼 것입니다/ shortly : 곧, 머지않아

정답
18 ③ **19** ① **20** ④ **21** ③

22 The L/C to ( ) your first order ( ) the goods has ( ) arrived ( ).

① yet, for, cover, not ② for, cover, not, yet
③ yet, for, not, cover ④ cover, for, not, yet

해설
The L/C to cover your first order for the goods has not arrived yet. : 그 물품에 대한 귀사의 첫 주문을 결제하기 위한 신용장이 아직 도착되지 않았다.

[23-31] 다음 문장 또는 밑줄 친 부분을 읽고 맞게 해석된 것을 골라 표기하시오.

23 We have drawn <u>a draft at sight under the irrevocable letter of credit</u>.

① 양도불능 신용장에 의거한 기한부 환어음
② 취소가능 신용장에 의거한 기한부 환어음
③ 양도가능 신용장에 의거한 일람출급 환어음
④ 취소불능 신용장에 의거한 일람출급 환어음

24 This credit is available by draft at sight for full invoice value <u>drawn on us</u>.

① 폐사를 지급인으로 발행된 ② 당사 앞으로 발행된
③ 당행을 지급인으로 발행된 ④ 당행을 발행인으로 발행된

해설
신용장상에 나오는 문구로 여기서 'us'는 신용장 발행은행이 된다.

25 We notify our L/C has been opened on September 10.

① 당사는 9월 10일까지 신용장을 개설하겠습니다.
② 당사는 9월 10일에 신용장이 개설되었음을 통지합니다.
③ 당사는 9월 10일에 신용장을 개설하도록 요청하였습니다.
④ 당사는 9월 10일에 신용장이 개설되었음을 통지받았습니다.

정답
22 ④ **23** ④ **24** ③ **25** ②

26 We are further informed that the copy of this credit was forwarded direct to you.

① 이에 덧붙여 본 신용장 사본은 귀사에게로 직접 송부되었다고 통지하여 주었습니다.

② 이에 본 신용장의 사본을 간접적으로 통지하여 주었습니다.

③ 이에 덧붙여 본 신용장 사본은 당사에게로 직접 송부되었다고 통지하여 주었습니다.

④ 이에 본 신용장의 사본을 간접적으로 당사에게로 통지하여 주었습니다.

해설

be informed that ~ : ~를 통지받았다(알았다)/ be forwarded direct to you : 귀사에게 직접 송부되었다.

27 As the market for cotton yarn is very bullish these days, we shall relieve ourselves from the contract if your credit does not reach us by the end of this week and shall dispose of the goods to another customer.

① 면사 시세가 요사이 하락하고 있으므로 귀사의 신용장이 금주 말까지 도착하지 않으면 당사는 계약을 파기하고 물품을 다른 고객에게 판매하겠습니다.

② 면사 시세가 요사이 하락하고 있으므로 귀사의 신용장이 금주 말까지 도착하지 않으면 당사는 계약에 대해 책임이 없고 물품을 다른 고객에게 처분하겠습니다.

③ 면사 시세가 요사이 오름세에 있으므로 귀사의 신용장이 금주 말까지 도착하지 않으면 당사는 계약을 파기하고 물품을 다른 고객에게 판매하겠습니다.

④ 면사 시세가 요사이 오름세에 있으므로 귀사의 신용장이 금주 말까지 도착하지 않으면 당사는 계약을 원상대로 회복하고 물품을 다른 고객에게 처분하겠습니다.

해설

bullish : 상승하는, 오름세에 있는/ relieve from : 해제하다, 해방하다/ dispose of the goods : 물품을 처분하다

정답

26 ① **27** ④

28 To cover this shipment, we have drawn a draft at sight and negotiated it through Korea Exchange Bank.

① 이 선적품 부보를 위해 당사는 일람출급 환어음을 발행하여 그것을 한국외환은행을 통해 결제를 하였습니다.

② 이 선적품을 보호하기 위해 당사는 일부후 환어음을 발행하여 그것을 한국외환은행을 통해 대금결제를 하였습니다.

③ 이 선적품 결제를 위해 당사는 일람출급 환어음을 발행했으며 그것을 한국외환은행을 통해 매도했습니다.

④ 이 선적품 결제를 위해, 일람출급 환어음이 발행되었으며, 그것을 한국외환은행을 통하여 매입하였습니다.

해설

to cover this shipment : 이 선적품을 결제하기 위해/ negotiated it through ~ : ~를 통해 매도하였다(은행이 주체가 되면 매입하였다가 됨)

29 A nominating bank must determine on the basis of the documents alone whether or not they appear on their face to be compliance with the terms and conditions of the credit.

① 지시은행은 그 서류가 문면상 신용장 조건과 일치하는지 여부를 신용장 원본 자체만을 근거로 하여 결정하여야 한다.

② 수권은행은 그 서류가 내용상 신용장 조건과 일치하는지 여부를 신용장 자체만을 근거로 하여 결정하여야 한다.

③ 지정은행은 그 서류가 문면상 신용장 조건과 일치하는지 여부를 서류 자체만을 근거로 하여 결정하여야 한다.

④ 지시은행은 그 서류가 내용상 신용장 조건과 일치하는지 여부를 서류 자체만을 근거로 하여 결정하여야 한다.

해설

nominating bank : 지정은행/ on the basis of the documents alone : 서류 자체만을 근거로/ on their face : 문면상

정답

28 ③ **29** ③

30 We hereby agree with the drawer and bona fide holders of drafts drawn under and in compliance with the terms of this credit that the same will be honoured on due presentation.

① 당 은행은 이 신용장 조건과 일치하여, 이 신용장 조건에 따라 발행하는 어음의 발행인 및 선의의 소지인에게 어음이 정히 제시될 경우 지급할 것을 이에 확약합니다.

② 당 은행은 이 신용장 조건과 일치하여, 이 신용장 조건에 따라 발행하는 어음의 발행인 및 선의의 소지인에게 어음이 늦게 제시될 경우에도 지급할 것을 이에 확약합니다.

③ 당 은행은 이 신용장 조건과 일치하여, 이 신용장 조건에 따라 발행하는 어음의 발행인 및 배서인에게 어음이 정히 제시될 경우 지급할 것을 이에 확약합니다.

④ 당 은행은 이 신용장 조건과 일치하여, 이 신용장 조건에 따라 발행하는 어음의 발행인 및 소지자에게 어음이 정히 제시될 경우 지급할 것을 이에 확약합니다.

해설

bona fide(mala fide) holders : 선의(악의의)의 소지인/ be honoured on due presentation : 합당한 제시에 대해(정히 제시되면) 지급된다/ honour : 기한부 환어음의 경우에는 인수하다, 일람출급 환어음의 경우에는 지급하다의 의미이며, 유사한 표현으로 protect가 있다.

31 In Credit operations all parties concerned deal with documents, and not with goods, services and/ or other performances to which the documents may relate.

① 신용장 거래에서 서류를 취급하는 모든 관계 당사자는 그러한 서류와 관련되는 물품, 서비스 또는 기타의 이행사항만을 취급하는 것이 아니다.

② 신용장은 모든 관계 당사자와 관련된 서류를 취급하는 것이며, 그러한 서류가 관련되는 물품, 서비스 또는 기타의 이행이 아니다.

③ 신용장은 서류를 취급하는 모든 관계 당사자 구속하는 것이지, 그러한 서류가 관련되는 물품, 서비스 또는 기타의 이행사항을 구속하는 것이 아니다.

정답

30 ① **31** ④

④ 신용장 거래에서 모든 관계 당사자는 서류를 취급하는 것이지, 그러한 서류가 관련되는 물품, 서비스 또는 기타의 이행사항을 취급하는 것이 아니다.

해설
deal with documents, and not with goods, … : 서류를 취급하는 것이지, 물품, …를 취급하는 것이 아니다. 위 내용을 신용장의 추상성이라고 한다.

32 다음 영문내용의 해석이 잘못된 것을 골라 표기하시오.

① T.T. reimbursement is not acceptable. This credit is ② revolving L/C. ③ Shipping advice to the accountee by facsimile is required. All banking charges outside Korea are ④ for the account of beneficiary.

① 우편환 상환 청구
② 회전 신용장
③ 수입상에 대한 선적 통지
④ 수익자 부담

해설
T.T. (Telegraphic Transfer)reimbursement : 전신환 상환/ All banking charges outside Korea : 한국 밖에서의 모든 은행 부과금

[33–37] 다음 문장의 영작이 가장 잘된 것을 하나 골라 표기하시오.

33 신용장을 속히 개설해 주십시오.

① We have established a letter of credit prompt.
② We ask you to accomplish a letter of credit promptly.
③ Please establish a letter of credit promptly.
④ Please opened a letter of credit without delay.

34 당사의 반복된 요청에도 불구하고 귀사의 주문서 105호에 관한 신용장이 아직 당사에 도착하지 않았습니다.

① The letter of credit covering your order No. 105 has not arrived us in spite of our repeating request.
② The letter of credit with regard to your order No. 105 has not reached us in spite of our repeated request.

정답
32 ① 33 ③ 34 ③

③ The letter of credit covering your order No. 105 has not reached us in spite of our repeated request.

④ The letter of credit covering your order No. 105 has not reached us notwithstanding our repeating request.

해설

귀사의 주문에 관한 신용장 : the letter of credit covering your order/ 당사의 반복된 요청에도 불구하고 : in spite of our repeated request.

35 나고야 소재 스미토모 은행이 귀사를 수익자로 하여 양도 가능 신용장을 곧 개설할 것이며, 귀사의 거래은행이 신용장 도착을 귀사에게 통지할 것입니다.

① Sumitomo Bank in Nagoya will issue a transferable credit in your favor soon, and your bank will advise you of the credit arrival.

② Sumitomo Bank in Nagoya will issue an assignable L/C at your favor soon, and your bank will advise you the credit arrival.

③ Sumitomo Bank in Nagoya will issue a transferable credit at your favor soon, and your bank will advise you the credit arrival.

④ Sumitomo Bank in Nagoya will issue an assignable L/C in your favor soon, and your bank will advise you of the credit arrival.

해설

귀사를 수익자로 하여 : in your favor (in favor of you)/ 양도가능신용장 : transferable L/C/ 귀사에게 ~을 통지하다 : advise you of ~

36 선적일과 만기일을 각각 25일씩 연장시켜 주시고 신용장상에 문언을 '부산 본선인도가격'을 '나고야 항까지 운임포함가격조건'으로 정정해 주세요.

① Please extend the shipping date and valid date for 25 days respectively, and correct a word 'FOB Busan' to 'CPT Nagoya' on your credit.

② Please extend the shipping date and expiry date for 25 days respectively, and amend a word 'FOB Busan' to 'CFR Nagoya' on your credit.

③ Please extend the shipping date and valid date for 25 days each, and correct a word 'FOB Busan' to 'CPT Nagoya' on your credit.

정답

35 ① 36 ②

④ Please extend the shipping date and expired date for 25 days each, and amend a word 'FOB Busan' to 'CFR Nagoya' on your credit.

해설
만기일(유효기일) : valid date, validity, expiry date/ 각각 25일씩 : for 25 days respectively/ 나고야 항까지 운임포함가격조건 : CFR(Cost and Freight) Nagoya/ 정정하다(수정하다) : correct, amend

37 당사는 믿을만한 개설은행을 통하여 일람불 취소불능 신용장을 개설하기 때문에 대금결제조건은 걱정하지 않으셔도 됩니다.

① You don't have to worry about the payment terms as we always request a first class bank to issue irrevocable letters of credit at sight.

② You don't have to worry about the payment terms as we always issue irrevocable confirmed letters of credit at sight.

③ You don't have to worry about the payment terms as we always arrange for a reliable bank to issue irrevocable letters of credit payable at sight.

④ You don't have to worry about the payment terms as we always arrange for a creditable bank to advise irrevocable letters of credit payable at sight.

해설
일람불 취소불능 신용장 : irrevocable letters of credit at sight/ 믿을만한 은행 : a first class bank, a reliable bank, a creditable bank

38 다음 우리말을 영문으로 옮길 때 잘못된 부분을 고르시오.

귀사가 요구하는 대로 당사는 10월 말까지 선적을 준비하고 있고 12월 1일까지 유효한 취소불능 신용장을 개설해 줄 것을 귀사에 요구합니다.

① As requested, we are preparing to make shipment

② in the end of October

③ and would request you to open an Irrevocable Letter of Credit

④ valid until December 1.

정답
37 ① 38 ②

해설

10월 말까지 : till(until, by) the end of October

[39-41] 다음 우리말을 영어로 옮길 때 ( ) 안에 알맞은 것을 고르시오.

39 당사는 오늘 ABC 은행을 통해서 당사의 환어음을 매도하였습니다.

⇒ We have today ( ) our ( ) through the ABC Bank.

① negotiate – exchange rate
② honor – bill of lading
③ negotiated – draft
④ honored – draft

해설

환어음을 매도하다 : negotiate a draft(은행 입장에서는 매입)/ honor a draft : 환어음을 지급하다

40 당사는 귀사를 지급인으로 하여 일람 후 60일 출급 환어음을 발행하였습니다.

⇒ We have drawn a draft ( ) 60 days ( ) sight ( ) you.

① for – after – to
② at – before – to
③ at – after – on
④ for – before – on

해설

귀사를 지급인으로 하여 환어음을 발행하다 : draw a draft on you/ 일람 후 60일 출급 환어음 : a draft at 60 days after sight(d/s)

41 당사는 귀사 앞으로 6월 10일까지 유효한 액면 미화 1,000달러에 대한 신용장을 ABC은행에서 개설했습니다.

⇒ We have ( ) an L/C in your ( ) with the ABC Commercial Bank for USD1,000.00 ( ) until June 10.

① opened – favor – available
② opened – open – valid
③ instructed – favor – valid
④ instructed – open – available

정답

39 ③ 40 ③ 41 ①

42 다음 우리말을 영어로 옮길 때 잘못된 곳이 있는 것을 고르시오.

① 당사는 선적서류를 첨부하여 환어음을 제시했습니다.
⇒ We have presented the draft with documents attached.

② 이 금액은 귀사께서 추가 주문하시기 전이라면 정확한 금액입니다.
⇒ This amount was incorrect before you place an trial order.

③ 이 소포는 항공편으로 보내드리기에는 너무 큽니다.
⇒ The parcel is too big to send by air.

④ 동 상사는 귀사에게 도움이 되기를 원합니다.
⇒ They want to be of service to you.

해설
추가 주문 : further order/ 정확하다 : correct

43 다음 (A), (B)의 문장이 같은 뜻이 되도록 (　　)안에 알맞은 말을 고르시오.

(A) This L/C is to be valid until June 30.
(B) This (　　) (　　) expire (　　) June 30.

① credit letter – should – dated
② letter of credit – would – in
③ credit – shall – on
④ credit note – will – of

해설
be valid until ~ : ~까지 유효하다(expire on ~)

44 아래 내용은 신용장의 어떤 원칙을 설명하는 것인가?

Credits, by their nature, are separate transactions from the sales or other contract(s) on which they may be based and banks are in no way concerned with or bound by such contract(s), even if any reference whatsoever to such contract(s) is included in the Credit.

정답
42 ② 43 ③ 44 ②

① 엄밀일치의 원칙 ② 독립추상성의 원칙
③ 다른 계약원용의 금지원칙 ④ 한계성의 원칙

해설
「신용장은 신용장이 매매 또는 기타 계약에 근거를 두고 있다 하더라도, 본질적으로 매매 또는 기타 계약과는 별도의 거래이다. 비록 신용장에 그러한 계약에 언급이 있더라도 은행은 그러한 계약과 아무 관련이 없고 또한 그러한 계약에 구속받지 않는다.」

45 아래 문장에서 구성이 잘못된 것은?

> We are compelled to place this transaction on a D/P base, and (가) have today drawn a draft on you (나) at 30 days after sight (다) through The Royal Bank of Scotland for the full invoice amount.
>
> The bank will instruct their correspondent in Seoul to pass the bill of lading to you (라) against payment of the draft.

① (가) ② (나) ③ (다) ④ (라)

해설
D/P(document against payment ; 지급인도조건) 거래에서는 일람출급 환어음이 발행되어야 한다. 즉, we have today drawn a draft on you at sight로 되어야 한다.

46 다음은 신용장 문언이다. 밑줄 친 부분에 해당하는 당사자가 순서대로 나열된 것을 고르시오.

> (가) We hereby authorize (나) you to value on (다) the Bank of Tokyo−Mitsbishi, Osaka, Japan, for account of (라) Nero Trade Links, Nagoya, to the extent of EUR five thousand only available by drafts at sight accompanied by:

① Applicant − Nego Bank − Issuing Bank − Applicant
② Applicant − Beneficiary − Issuing Bank − Payer
③ Issuing Bank − Beneficiary − Payer − Applicant
④ Issuing Bank − Beneficiary − Applicant − Payee

정답
45 ② 46 ③

해설

「당 은행(we ; 신용장 발행은행)은 귀사(you : 수출상, 수익자)에게 나고야에 있는 Nero Trade Links(수입상, 신용장 개설신청인)의 계정으로 일본 오사카에 있는 Tokyo－Mitsbishi 은행 앞으로(을 지급인)으로 5000유로에 대해 일람출급 환어음을 발행할 권한을 부여합니다.」

47 다음 중 추심결제방식으로 어음이 제시되었을 때 선적서류와 상환으로 대금을 지급하는 방식은?

① D/A ② CWO ③ COD ④ D/P

해설

D/A(Document against Acceptance) : 인수인도조건, 선적서류와 상환으로 환어음을 인수(일정기일 후에 대금 지급할 것을 약속)하는 방식.
CWO(Cash with Order) : 주문불 송금방식, 주문과 동시에 거래대금을 송금하는 결제방식으로 일종의 선지급 방식(payment in advance)
COD(Cash on Delivery) : 현물상환 송금방식, 물품인도와 동시에 거래대금을 송금하는 결제방식으로 일종의 동시지급 방식(concurrent payment), 이와 유사한 형태로 CAD(Cash against Payment : 서류상환 송금방식)가 있다.
D/P (Document against Payment) : 지급인도조건

[48-49] 다음의 대화를 읽고 물음에 답하시오.

A : Would you tell me your terms of payment?
B : We require full payment within 60 days after sight. But a 5% discount will be allowed for cash payment in advance.
A : (가) We prefer the former terms of payment. Then when shall we pay for it?
B : Shipping documents will be dispatched to you through the bank, and you must remit the invoice amount within 60 days after receipt of them.

48 밑줄 친 (가) 문장의 의미로 옳은 것을 고르시오.

① 당사는 일람 후 60일 출급 결제조건을 선호하고 있다

정답

47 ④ 48 ①

② 당사는 5% 할인조건을 선호하고 있다.
③ 당사는 일람 후 60일 출급 결제조건으로 결제하는 것이 관례이다.
④ 당사는 현금 결제조건으로 결제할 용의가 있다.

해설
앞 문장에서 「당사는 일람 후 60일 이내에 전액 지급을 요구한다. 그러나 현금 선지급(cash payment in advance)으로 하면 5% 할인을 해 주겠다」의 내용이 있고, 이에 대해 「당사는 전자(앞)의 결제조건을 선호한다」로 되어 있다.

49 위 대화의 내용으로 볼 때 수입업자의 결제시기는 언제입니까?
① 수출업자가 선적서류를 발송하자마자
② 은행이 수입업자에게 선적서류와 환어음을 인도함과 동시에
③ 선적서류 수령 후 60일 이내에
④ 5% 할인을 해 줌과 동시에

해설
「은행을 통해 귀사에게 선적서류를 보낼 것이고, 그러면 귀사는 선적서류 수령 후 60일 이내에 송장금액을 송금해야만 한다.」

[50-54] 다음 대화를 읽고 물음에 알맞은 답을 고르시오.

A : As we are (가: 재정상) tight, shall we open a (나) L/C in your favor?
B : Yes, please. The L/C must be based (다) a banker's (라) so that our negotiating bank can allow you 30 days. Upon completion of shipment of our dolls, we will draw (마) you at 30 (바 : 일람 후 ~ 일).
A : Then we will (사: 인수하다) your draft upon presentation.

50 밑줄 친 (가)에 알맞은 것은?
① faithfully ② financially ③ transferable ④ finally

51 기한부 신용장에 의거, 환어음을 발행하자는 대화에서 (나)와 (라)에 공통으로 들어갈 단어로 알맞은 것은?

정답
49 ② 50 ② 51 ③

① check ② debit note ③ usance ④ cash

해설

banker's usance : 은행의 지급유예기간

52 (다)와 (마)에 공통으로 들어갈 적합한 단어는?

① for ② on ③ at ④ to

해설

be based on ~ : ~을 조건으로 하다/ draw (a draft) on ~ : ~ 앞으로(지급인으로 하여) 환어음을 발행하다

53 밑줄 친 (바 : 일람 후 ~ 일)에 알맞은 것은?

① days after sight ② days after date
③ at sight ④ the date of contract

54 (사 : 인수하다)에 알맞은 것은?

① agree to ② accept ③ agree ④ negotiate

정답

52 ② **53** ① **54** ②

제2절 선적(Shipment)

신용장을 접수한 수출상은 국내 무역관련법규에 따라 수출승인, 수출품의 구매 또는 제조, 수출검사, 수출통관의 절차를 거치게 되고 수출통관이 완료된 물품을 목적 항으로 출발하는 선박에 선적하게 된다. 여기서 선적이란 수출화물을 외국으로 운송할 본선(vessel)에 인도하는 것을 말한다.

선적과 관련해서 매매계약의 가격조건이 FOB계통의 조건이면 수출상은 수입상의 지시에 따라 지정된 선박에 인도하면 책임이 완료되나, CIF계통의 가격 조건이면 수출상이 직접 해상운송계약을 체결하여 선적을 준비해야 하고 해상보험도 부보해야 한다.

선적 시 유의해야 할 사항은 선적기일의 준수와 선적통지(shipping advice)이다. 선적기일의 준수는 수입상과 약속한 계약의 이행이라는 점에서 철저하게 지켜야 함은 두말할 필요가 없다. 선적기일 내 선적을 이행할 수 없는 불가피한 상황이 발생하면 이를 즉시 수입상에게 통지하여 이해를 구하고 선적기일 연장 등과 같은 조치를 받아내야 한다. 단 하루라도 늦어지는 지연선적도 L/C조건을 제대로 이행하지 못하는 것이어서 대금지급 거절과 같은 불이익을 초래할 수 있다.

선적사실을 수입상에게 알리는 선적통지는 일반적으로 의무사항은 아니나 거래의 관례상 또는 수입상의 계획적인 업무수행을 위해 서비스 차원에서 하는 것이 좋다. 선적통지를 통해 수입상은 화물을 적재한 선박의 도착예정일을 미리 알게 되어 수입대금결제, 국내에서의 수입화물처리 등의 업무에 만전을 기할 수 있으며, 선적통지에 동봉되는 B/L 등 제반운송서류의 사본을 미리 입수함으로써 수입국 내에서 처리할 필요한 조치를 취할 수 있게 된다.

1 무역서한

Model Letter 1. 선적완료를 알리는 서한

Dear Sirs,

We have the pleasure of informing that your order for 50 units of classic furniture are nearly ready for dispatch.[1)] We have a special effort to complete your order in time[2)] and we trust that fine quality of our goods will give you full satisfaction. Please let us have your instructions for packing and dispatch.

Yours faithfully

1) nearly ready for dispatch : 발송준비가 완료되었다.
2) complete your order in time : 제때에 귀사의 주문을 이행하다.

Model Letter 2. 선박회사에 보내는 선박을 예약하는 서한

Gentlemen :

Will you be kind enough to reserve space of 8CBM[1)] by the m/s "Sunflower" which is scheduled to sail from Busan[2)] on August 20.

The goods are four cases of our Porcelain Tea Set B, which will be warehoused[3)] by August 10 by our shipping agents, Speed Transportation Co., Ltd.

We are informed that there is a rising tendency in freight rate[4)], and we are grateful to you for giving us your usual rate of $ 50.00 per CBM.

Your immediate confirmation will be greatly appreciated.

Yours truly,

1) CBM : 입방미터 (cubic meter), 용적을 나타내는 단위
2) be scheduled to sail from Busan : 부산항을 출항 예정인,
   유사표현 due to sail from(leave)
3) warehouse : 창고에 반입하다
4) We are informed that there is a rising tendency in freight rate : 운임이 오르는 추세에 있다고 들었다. rate : 가격, 요금, 사용료

Model Letter 3. 선적통지 서한

Dear Sirs,

We are pleased to advise you that the whisky you ordered was dispatched by M/S "Super Star" today. In spite of every care in packing, it sometimes happens that a few barrels are broken in transit. Should there be any breakages or other causes for complaint[1], please do not hesitate to let us know.

The goods will be consigned[2] by the above ship arriving at Sydney on September 25. Further details, including packing and shipping marks are contained in our invoice No. 218 enclosed in triplicate.[3] In order to cover this shipment[4] we have drawn a draft under L/C and negotiated it through the Uri Bank[5], Seoul with the relative shipping documents and ask you to honor the draft on presentation.[6]

We hope that the goods will reach you in good condition[7] and give you complete satisfaction so that you may give us reorder.

Yours faithfully,

1) other causes for complaint : 불만의 기타원인
2) consign : 발송하다. 비교 consignment : 위탁판매, 위탁판매품, 적송품
   consignor : 송화인(수출상), consignee : 수화인(수입상)
3) invoice No. 218 enclosed in triplicate : 동봉된 송장 218호 3통

유사표현 in 3 fold

4) In order to cover this shipment : 이 선적품을 결제하기 위해
5) negotiated it through the Uri Bank : 우리 은행을 통해 그것(환어음)을 매도하였다
6) honor the draft on presentation : 제시하는 즉시 환어음을 결제하다. honor는 환어음의 발행인의 서명을 존중한다는 점에서 기한부환어음(usance draft)에 대해서는 인수의 의미로, 일람출급환어음(at sight draft)에 대해서는 지급의 의미로 사용된다. 유사표현 protect
7) in good condition : 좋은 상태로 유사표현 in good order

Model Letter 4. 선적지연에 대한 유감을 표하는 서한

Dear Sirs,

Concerning our order No. 50 for 100 units of electric heater, you told us that the goods were almost ready for shipment and that your shipping advice would follow "in due course"[1). More than a fortnight[2) has passed since then, yet we have not heard from you anything about the shipment.

When we placed the order, we pointed out that punctual shipment[3) was of special importance because we have given our customers a definite assurance that we would supply by the end of July.

Your delay causes us considerable difficulties[4) and we must ask you to do your utmost to dispatch the overdue goods[5) as soon as possible. Please inform us by return when you can ship them with certainty[6) so that we can promise the responsible time of delivery to our customers who are proposing to cancel this order[7).

Yours faithfully,

1) your shipping advice would follow "in due course" : 귀사의 선적통지가 "머지않아" 뒤따를 것이다.

2) fortnight : 2주일
3) punctual shipment : 적기선적
4) Your delay causes us considerable difficulties : 귀사의 선적지연으로 당사는 상당한 어려움을 겪고 있다.
5) overdue goods : 선적이 지연된 물품
6) when you can ship them with certainty : 언제 확실히 선적할 수 있는지
7) customers who are proposing to cancel this order : 이 주문을 취소하고자 하는 고객들

Model Letter 5. 선적불이행을 사과하는 서한

Dear Sirs,

We are very sorry that causes completely beyond our control[1] have made it impossible for us to keep the shipment date of August 10. The recent traffic strike[2] held up supplies of new materials[3].

To execute your order as soon as possible, We are making special arrangement but unfortunately in vain. Under the circumstances, we have no alternative but to accept your cancellation,[4] but we would ask you to believe that the delay was in no way caused by any negligence on our part[5].

Please accept our apologies for the inconvenience caused to you.[6]

Yours faithfully,

1) causes completely beyond our control : 당사의 통제를 완전히 벗어나는 원인들
2) traffic strike : 운송업자들의 파업
3) held up supplies of new materials : 새로운 원자재 공급이 보류되고 있다.
4) no alternative but to accept your cancellation : 귀사의 (주문) 취소를 받아들이는 것 이외에는 방법이 없다.
5) any negligence on our part : 당사 측의 태만
6) the inconvenience caused to you : 귀사에 끼친 불편

Model Letter 6. 선적지연으로 신용장의 기간연장을 요청하는 서한

Dear Sirs,

We are very sorry to have to inform you of a delay in executing your order No. DA－283 of October 23.

As you may know, our government has recently put an embargo on the export[1] of various medicines to the U.S.A. and we have to obtain a special licence[2] to execute your order. We think the delay will not be more than three weeks and we shall give your order special priority[3] as soon as we receive permission to export.

Under the circumstances, we have no other way but to ask you to extend the shipping date and expiry date of the L/C NO 49151/5758 till November 20 and November 30 respectively[4].

We make an apology[5] for our delay which gave you great inconvenience, necessitating many awkward explanations to your customers.[6]

We assure that such a failure will not occur in future and we will pay our best attention for the matter at all times.

Yours faithfully

1) put an embargo on the export : 수출을 금지하다. 일반적으로 embargo는 불가항력조항에 해당되어 수출상에게 면책약관이 적용된다.
2) obtain a special licence : 특별승인을 받다
3) special priority : 특별 우선권
4) extend the shipping date and expiry date till November 20 and November 30 respectively : 선적기일과 유효기일을 각각 11월 20일과 30일로 연장하다
5) make an apology : 사과하다
6) necessitating many awkward explanations to your customers : 귀사의 고객에게 여러 가지 어색한 설명을 하게 만든.

2 평가문제

[1–3] 다음 통신문을 읽고 물음에 답하시오.

> You will find attached our (가) Contract Note No. 902. We will do our best to (나) effect shipment of the goods by the S.S. "Arirang" (다) sailing from Busan on or about September 29.

01 밑줄 친 (가)의 올바른 뜻은?

① 청구서 ② 주문서 ③ 계약서 ④ 청약서

해설

「귀사는 첨부된 당사의 계약서 902호를 보실 것입니다. 당사는 그 물품을 9월 29일경 부산항을 출항하는 아리랑호에 선적하기 위해 최선을 다 할 것입니다.」

02 밑줄 친 (나)의 내용으로 알맞은 것은?

① 선적하다 ② 환적하다 ③ 포장하다 ④ 도착하다

해설

effect(make) shipment of the goods : 선적하다

03 밑줄 친 (다)의 내용과 의미가 같은 것은?

① sailing for ② ETA ③ bound for ④ ETD

해설

ETD[expected(estimated) time of departure] : 출항예정일/ ETA[expected(estimated time of arrival] : 도착예정일

[4–9] 다음 문장의 밑줄 친 부분과 같은 의미를 갖는 것을 고르시오.

04 Shipper

① Exporter ② Importer ③ Agent ④ Ship owner

정답

01 ③ 02 ① 03 ④ 04 ①

해설

shipper : 화주/ ship owner : 선주

무역거래 과정에서 수출상과 수입상을 칭하는 명칭들을 정리하면 다음과 같다.

거래내용	수출상		수입상	
매매관계	seller	매도인	buyer	매수인
무역관계	exporter	수출상	importer	수입상
신용장관계	beneficiary addressee	수익자 신용장수령인	applicant customer	개설의뢰인
환어음관계	drawer payee	발행인 대금수취인	drawee payer	환어음수취인 대금지급인
운송관계	shipper consignor	화주 송화인	consignee	수화인
계정관계	accounter	대금수령인	accountee	대금결제인

05 The shipment of our order has to be made by October 30.

① given ② done ③ effected ④ closed

해설

선적하다 : make shipment, effect shipment

06 We want you to ship our order per the m/s 'Einstein' sailing from Busan during June.

① make shipment – due to sail ② effect shipment – left
③ make shipment of – leaving ④ effect shipment of – ETA.

해설

ship the goods : 선적하다[make(effect, complete) shipment of the goods]
sail from : 출항하다[leave, be due(scheduled) to leave(sail from)]

07 We are sure that our shipments will reach your customers safely.

① clients – in good condition ② connections – in wrong course
③ buyers – constantly ④ shippers – in perfect condition

해설

customer : 고객(client)/ safely : 안전하게, 좋은 상태로(in good condition, in good order, in perfect condition)

정답

05 ③ **06** ③ **07** ①

08 Please remember that punctual delivery is definitely important.

① total ② partial ③ late ④ on－time

해설
punctual delivery : 적기인도(on－time delivery)

09 Please ship our goods per the m/s 'Einstein' sailing for Singapore on June 11.

① via – owing to sail
② for – due to leave
③ by – ETA
④ on – ETD

해설
per the m/s 'Einstein': 아인스타인호 편에(by the m/s 'Einstein')/ sailing for Singapore : 싱가포르를 향해 출항하는, 싱가포르에 도착예정인

[10–12] 다음 문장 중 밑줄 친 부분과 뜻이 전혀 다른 것을 골라 표기하시오.

10 An exporter must deliver the goods on freight prepaid basis if they are contracted under CIF terms.

① paid ② collect ③ settled ④ agreed

해설
freight prepaid basis : 운임 선지급조건/ freight collect basis : 운임 후지급조건

11 We will do our best to effect shipment by the m/v "Einstein" leaving Busan on May 26.

① make every effort – which will sail from Busan
② exert every effort – scheduled to sail from Busan
③ neglect everything – E.T.D. Busan
④ do our utmost – sailing from Busan

해설
do our best : 최선을 다하다(make every effort, exert every effort, do our utmost)/ neglect everything : 모든 것을 소홀히 하다

정답
08 ④ 09 ③ 10 ② 11 ③

12 We regret to inform you that we cannot ship the goods within shipping date as stipulated in the L/C due to the cancellation of voyage.

① advise – as described – by reason of
② revoke – as modified – as to
③ notify – as stated – owing to
④ tell – as specified – thanks to

해설
inform : 알리다(advise, notify, tell)/ as stipulated : 명시된 대로, 기재된 대로(as described, as stated, as specified)/ due to ~ : ~ 때문에(by reason of, owing to, thanks to)/ revoke : 철회하다/ as modified : 변경한 대로/ as to ~ : ~에 관해서

[13–23] 다음 문장의 (　　) 안에 가장 필요한 단어 하나를 고르시오.

13 We will let you know the name of vessel and the (　　) time of arrival.

① hoped　② convinced　③ estimated　④ requested

해설
We will let you know ~ : 귀사에게 ~을 알려드립니다/ estimated(expected) time of arrival(EDT) ; 도착예정일

14 On shipping, (　　) must inform us of the amount negotiated, quantity shipped, vessel's name and sailing date, etc.

① payee　② applicant　③ consignee　④ drawee

해설
「선적 즉시, 수출상은 매입한 금액, 선적한 수량, 선박명, 항해일자 등을 당사로 알려주어야만 한다.」 수출상을 칭하는 용어로는 seller(매도인), exporter(수출상), beneficiary(수익자), drawer(환어음 발행인), payee(환어음 대금 수취인), consignor(선적인), accounter(대금수령인) 등이 있다(4번 문제 참조).

15 We are pleased to inform you that your consignment has now been dispatched by M/S Korea (　　) at New York on July 12.

정답
12 ②　13 ③　14 ①　15 ①

① due to arrive ② on condition of
③ arrange the shipment ④ informing you

해설
due to arrive at ~ : ~에 도착예정인

16 Full set of clean (   ) ocean bill lading made out (   ).

① on board – to our order ② in board – your order
③ out board – on order ④ on board – for order

해설
Full set of clean on board ocean bill lading made out to our order. : 당사의 지시식(to our order)으로 작성된(made out) 무사고(clean), 선적(on board), 해양(ocean) 선화증권 전통(全通 : 발행된 원본 전부)

17 One of following freight terms will be accepted as constituting evidence of the payment of freight. It is (   ).

① freight to be paid ② freight to be prepaid
③ freight collect ④ freight prepaid

해설
운임이 지급되었다는 것으로 인정되는 표현은 freight prepaid이다./ freight to be paid(prepaid) : 운임이 지급되어지는/ freight collect : 운임 후지급

18 We inform you that your order No. 100 will be shipped per m.S. "Miss Korea" leaving (   ) January 15.

① Busan on or about ② from Busan on or before
③ Busan at ④ Busan in

해설
leaving Busan on or about ~ : ~일 경에 부산을 출항하는(sail from)

정답
16 ① **17** ④ **18** ①

19 The order must be shipped ( ) delay.

① with ② in ③ for ④ without

해설
without delay : 지체 없이

20 We had ( ) obtaining necessary materials for manufacturing the machines.

① difficulties in ② difficulty in
③ difficulty for ④ difficulty of

해설
had difficulties in obtaining ~ : ~을 얻는데 어려움을 겪었다.

21 If the importer wishes to insist ( ) shipment on a vessel sailing during the contract month, special provision must be made in the contract.

① on ② in ③ to ④ by

해설
insist on shipment : 선적을 고집하다

22 The shipment will be ( ) after receipt of your L/C.

① done ② made ③ given ④ deleted

해설
The shipment will be made : 선적이 이루어질 것이다.(선적 될 것이다.)

23 If some of the items in your order are ( ) out of stock, we will ship them as soon as they become available.

① concisely ② shortly ③ narrowly ④ temporarily

정답
19 ④ **20** ① **21** ① **22** ② **23** ④

해설

「귀사의 주문품 중 몇몇 품목이 일시적으로(temporarily) 고갈된다면, 그것들을 입수하자마자 곧 선적할 것이다.」

[24-35] 다음 문장 또는 밑줄 친 부분이 가장 올바르게 해석된 것을 고르시오.

24 The m/s 'Coreana' is due to reach Incheon in a week.

① 7일 동안 인천항에 정박할 예정입니다.
② 일주일 이내에 인천항을 출항할 예정입니다.
③ 일주일이 지나서야 인천항에 도착하였습니다.
④ 일주일이 후에야 인천항에 도착할 예정입니다.

해설

be due to (be scheduled to) reach(arrive at) ~ : ~에 도착할 예정이다

25 We will do our best to complete shipment as contracted.

① 다음과 같이 상품을 인도하다
② 계약한 대로 선적을 이행하다
③ 종전과 같이 선적을 마무리하다
④ 약정한 대로 분할선적을 하다

해설

complete shipment : 선적하다/ as contracted : 계약한 대로, 약정한 대로

26 Insurance policy endorsed in blank for 110% of the invoice value.

① 공간배서 ② 백지배서 ③ 배서된 양식 ④ 백지서명

해설

「송장가액의 110% (금액)에 대해 백지배서식의 보험증권(insurance policy)」
endorsed in blank : 유통증권의 소지인이 증권상의 권리를 다른 사람(양수인, 피배서인 : endorsee)에게 이전하고자 할 때, 증권의 이면(裏面)에 서명하는 것을 배서(endorsement)라고 하며, 양수인을 지정하지 않는 배서를 백지배서 또는 무기명 배서(endorsed in blank, blank endorsement)라 하며, 양수인을 지정하는 것을 기명식 배서(endorsement in full)라 한다.

정답

24 ④ **25** ② **26** ②

27 All shipments should be covered on ICC (B) including War Risks.

① 전쟁 위험 포함 협회 적화 약관 (B) 조건
② 전쟁 위험 포함 협회 동맹 약관 (B) 조건
③ 전쟁, 폭도 위험 포함 협회 적화 약관 (B) 조건
④ 전쟁 위험 제외 협회 적화 약관 (B) 조건

해설
「모든 선적품은 전쟁위험을 포함하는 협회적화약관 (B) 조건(Institute Cargo Clause B : ICC(B))으로 부보되어야 한다.」

28 We inform you that we have no space on our ship.

① 당사의 선박에는 선복이 없습니다.
② 당사의 선박은 출발을 못합니다.
③ 귀사의 선박에는 선적을 못합니다.
④ 귀사의 선박은 출항을 합니다.

해설
ship' space : 선복(船腹), 선박에 화물을 적재할 수 있는 공간

29 The shipment for the Order No. R112 should be made by June 30.

① 주문서 제 R112호는 6월 30일까지 작성되어야 합니다.
② 주문서 제 R112호는 6월 30일까지 발송되어야 합니다.
③ 주문서 제 R112호의 상품은 6월 30일까지는 선적되어야 합니다.
④ 주문서 제 R112호의 상품은 6월 30일 이후에 선적했습니다.

해설
shipment should be made : 선적되어야 한다.

30 All boxes must be marked in the same manner as before, but please number them consecutively from No.1.

① 모든 상자는 종전과 같은 방법으로 화인표시를 하여야 하나 화물번호는 1번부터 적당히 하여 주십시오.

정답
27 ① 28 ① 29 ③ 30 ④

② 모든 상자는 종전과 다른 방법으로 화인표시를 하여 주시고 다만 화물번호는 1번부터 표시하십시오.
③ 모든 상자는 종전의 예에 따라 화인표시를 하여 주시고 번호는 거꾸로 하여 주십시오.
④ 모든 상자는 종전과 같은 방법으로 화인표시를 하여야 하며 화물번호는 1번부터 일련 번호순으로 표시하여 주십시오.

해설

in the same manner as before : 종전과 같은 방법으로/ consecutively from No.1 : 1번부터 연속적으로

31 Full set of clean on board ocean bill of lading made out to our order, marked freight collect and notify accountee.

① 운임 선지급이라는 표시와 통지처는 수입상으로 하고 있으며 수입상을 지시인으로 한 전통으로 구성된 무결함 적재필 해양선화증권
② 운임 선지급이라는 표시를 하고 통지처는 개설 신청인으로 한 3통의 원본선화증권으로 한 흠이 없는 적재된 해상선화증권
③ 운임 후지급이라는 표시와 통지선을 신용장 발행 신청인으로 개설은행을 지시인으로 한 원본 전통으로 무결함 적재필 해상선하증권
④ 운임 후지급이라고 표시하며 통지선을 수입상으로 하고 수입상을 지시인으로 한 원본 전통으로 무사고 선적필 해상선화증권

해설

freight collect : 운임 후지급/ notify accountee : 통지선(통지처)은 대금결제인(수입상)/ to our order : 당 은행의 지시식으로/ Full set of clean on board ocean bill of lading : 무결함(무사고), 적재필(선적) 해상(해양)선화증권

32 All shipments shall be covered on All Risks including War Risks and SRCC for the invoice amount plus 10 percent.

① 모든 선적품은 송장금액의 110%를 보험금액으로 하여 전쟁위험과 동맹파업, 소요 폭동의 위험을 특약한 전위험담보조건으로 부보해야 한다.
② 모든 선적품은 송장금액의 110%에 대하여 전쟁위험과 동맹파업 또는 폭동

정답

31 ③ 32 ①

의 위험을 포함한 모든 위험에 대해 부보해야 한다.

③ 모든 선적품은 송장금액의 110%를 보험금액으로 하여 전쟁위험과 도난, 발하, 불착의 위험을 특약한 모든 위험에 대해 보상해야 한다.

④ 모든 선적품은 송장금액의 110%를 보험금액으로 하여 전쟁위험과 도난, 발하, 불착의 위험을 특약한 전위험담보조건으로 보상해야 한다.

해설

All Risks(A/R) : 전위험 담보조건, 적화보험(cargo insurance)의 구약관에는 With Average(WA, 분손담보조건), Free from Particular Average(FPA, 분손부담보조건)이 있다. 이를 신약관과 비교하면, A/R은 ICC(A), WA는 ICC(B), FPA는 ICC(C)와 유사하다.
War Risks and SRCC(strike, riot, civil commotion) : 전쟁위험과 파업, 폭동, 시민소요,
도난, 발하, 불착 : theft, pilferage, non-delivery(TPND)

33 Our manufacturers suffered serious damage from a typhoon, making it impossible to deliver the contracted products within the validity date of the L/C which expires on August 30.

① 당사의 제조업자들은 태풍으로 인해 심한 손해를 입어서 8월 30일에 만기되는 신용장의 유효기간 이내에 계약물품의 인도가 불가능합니다.

② 당사의 제조업자들은 폭우로 인해 심한 손해를 입어서 8월 30일부터 유효한 신용장의 유효기간 이내에 계약물품의 인도가 불가능합니다.

③ 8월 30일에 발효되는 신용장의 유효기간 이내에 계약물품의 인도가 불가능해서 당사의 제조업자들은 태풍으로 인해 심한 손해를 입었습니다.

④ 8월 30일에 만기되는 신용장의 유효기간 이내에 계약물품의 인도가 불가능하므로 당사의 제조업자들은 폭우로 인해 심한 손해를 입었습니다.

해설

typhoon : 태풍/ within the validity date of the L/C which expires on August 30 : 8월 30일에 만기되는 신용장의 유효기간 이내

34 This is a sort of force majeure, and there is no other vessel scheduled to sail for your port during September.

① 이는 일종의 불가항력이며, 9월 중에 당 항구로 향하여 출항할 예정인 다른

정답

33 ① **34** ③

선박이 없습니다.

② 이는 일종의 불가항력이며, 9월 중에 귀 항구를 향하여 출항할 예정인 다른 선박이 많습니다.

③ 이는 일종의 불가항력이며, 9월 중에 귀 항구로 향하여 출항할 예정인 다른 선박이 없습니다.

④ 이는 일종의 불가항력이며, 9월 중에 당 항구로 향하여 출항할 예정인 다른 선박이 많습니다.

해설

there is no other vessel : 다른 선박이 없다/ scheduled to sail for your port : 귀 항구를 향하여 출항할 예정인

35 If you find your cargo defective on the verge of shipment, you will have to tender Letter of Indemnity to the shipping co. to get a clean bill of lading.

① 만일 선적완료 후 화물의 하자상태를 발견했을 때, 귀사는 사고 선화증권을 발급받기 위하여 선박회사에 손상화물 보상장을 제시해야만 한다.

② 만일 선적시 화물의 하자상태를 발견했을 때, 귀사는 무사고 선화증권을 발급받기 위하여 선박회사에 손상화물보상장을 제시해야만 한다.

③ 만일 선적시 화물의 하자상태를 발견했을 때, 귀사는 무사고 선화증권을 발급받기 위하여 선박회사에 수입화물대도를 제시해야만 한다.

④ 만일 선적완료 후 화물의 침몰을 발견했을 때, 귀사는 본선적재 선화증권을 발급받기 위하여 선박회사에 파손화물 보상장을 제시해야만 한다.

해설

on the verge of shipment : 선적 직전에/ Letter of Indemnity : 손상(파손)화물보상장/ 수입화물대도 : trust receipt(T/R)

[36–38] 다음 문장 또는 밑줄 친 부분의 해석이 잘못된 것을 골라 표기하시오.

36 ① The goods are out of stock. ⇒ 그 물품은 품절되었다.

② Partial shipments are allowed. ⇒ 분할선적은 금지된다.

③ Please send us the insurance certificate in duplicate.

정답

35 ② 36 ②

⇒ 보험증명서 2통을 보내 주십시오.

④ We can reserve space of 3,000 tons on your ship.

⇒ 당사는 귀 선박에 3,000톤 선복을 예약할 수 있습니다.

해설

be allowed : 허용된다

37 ① The additional premium will be paid by us upon receipt of your bill.

⇒ 당사는 귀사의 청구서를 받는 즉시 추가 보험료를 지급하겠습니다.

② Your careful attention to this matter will be appreciated.

⇒ 이 건에 대하여 귀사가 세심하게 배려해 주시면 감사하겠습니다.

③ We will dispatch your Order No. 150 through air cargo.

⇒ 당사는 항공화물로 귀사의 주문서 150호 상품을 보내 드리겠습니다.

④ Due to delayed arrival of the goods from the factory, we failed to ship them on the S.S. "Dragon".

⇒ 당사가 기선 "드래곤호"에 상품을 선적하기 위해서 상품이 공장에서 제때에 도착하도록 조치해 주시기 바랍니다.

해설

「Due to delayed arrival of the goods from the factory, we failed to ship them on the S.S. "Dragon". : 공장에서 물품 도착이 지연됐기 때문에, "드래곤"호에 선적하지 못했습니다.」

38

Re : L/C No. 2035, we advise shipping schedule as under.

① Bill amount	: USD 20,000
② Quantities shipped	: 50 M/T
Vessel name	: ③Arirang ho V – 20
④ ETA Busan	: NOV.20,1995

① 매입금액 ② 선적수량

③ 아리랑 20항차 ④ 부산출항 예정일

정답

37 ④ 38 ④

해설

ETA[Expected(Estimated) Time of Arrival] : 도착예정일

[39-43] 다음 영작이 잘된 것을 고르시오.

39 당사는 귀사의 주문품을 6월 말까지 선적해 드릴 수 있습니다.

① You can effect shipment our orders till the end of June.

② We are able to make shipment of your orders by June 30.

③ We have no capacity to ship your orders until June 30.

④ We would like to ship your orders before the end of June.

해설

귀사의 주문품을 선적하다 : make(effect, complete) shipment of your orders

40 6월 말일까지는 당사의 주문품을 선적해 주십시오.

① Please effect shipment our orders till the end of June.

② You are requested to make shipment of our orders by June 30.

③ We shall oblige if you will ship our orders until June 30.

④ We would like to ship our orders not later than the end of June.

해설

① effect shipment our orders → effect shipment <u>of</u> our orders, ③ We shall oblige if → We shall <u>be obliged</u> if, ④ We would like to ship our orders → We would <u>like you to</u> ship our orders

41 첫 번째 이용 가능한 선박은 9월 15일 부산을 출항할 예정이다.

① The first available vessel is sailing from Busan on September 15.

② The first available vessel is scheduled to reach Busan on September 15.

③ The first available vessel is scheduled to sail in Busan on September 15.

④ The first available vessel is scheduled to sail from Busan on September 15.

해설

출항할 예정이다 : is scheduled(due) to sail from(leave) Busan

정답

39 ② **40** ② **41** ④

42 당사는 조속한 시일 내에 선적을 해 줄 것과 주문품의 포장에 대하여 세심한 주의를 요청하는 바입니다.

① We would like to ask you to ship them as soon as possible and pay your close consideration to the packing of the goods.

② We ask you to prompt shipment and pay your close consideration to the good's package.

③ We are glad to ask you for immediate shipment and ask you pay your close consideration to the packing of the goods.

④ We would like to ask you for prompt shipping and ask for your close consideration to the packing of the goods.

해설

ask you to ~ : 귀사가 ~ 해 줄 것을 요청합니다.

43 운송서류를 보낼 때는 선편으로 보내지 말고 특급 송달우편으로 보내 주십시오.

① Please do not dispatch your transport documents through surface mail but always via courier service.

② Please do not departure your shipping documents through surface mail but always via courier service.

③ Please do not dispatch your transport documents through courier service but always via surface mail.

④ Please do dispatch your shipping documents through surface mail but always via courier service.

해설

운송서류 : transport documents/ do not dispatch ~ through surface mail : 선(선박)편으로 보내지 마십시오.

44 다음 우리말을 영어로 옮길 때 영작이 잘못된 것은?

귀사의 주문서 제10호의 물품은 부산항을 10월 1일에 출항하고, 10월 15일에 뉴욕항에 도착할 예정인 코리아나호 편으로 선적되었습니다.

정답

42 ① **43** ① **44** ②

① Your Order No. 10 has been shipped
② at the m/s Koreana
③ which left Busan on October 1
④ and is to arrive at New York on October 15.

해설
코리아나 호 편으로: by(per) the m/s Koreana

[45-49] 다음 우리말을 영어로 옮길 때 괄호 안에 들어갈 내용이 바르게 배열된 것을 고르시오.

45 7월 6일 경에는 부산항을 출항할 예정인 선편이 없습니다.

⇒ There is no vessel (   ) Busan (   ) July 6.

① leaving – on or before
② sailing from – on or about
③ due to sail for – around
④ headed for – in

46 500입방미터의 선복을 예약해 주십시오.

⇒ Please (   ) a (   ) of 500 CBM.

① reserve – space
② reserve – place
③ reserve – ship
④ ship – space

해설
선복 : (ship's) space

47 6월 17일 경에는 Sydney항으로 출항할 예정인 직행 선박편이 없습니다.

⇒ There is no direct vessel (   ) Sydney (   ) June 17.

① headed for – before
② leaving – on and after
③ due to sail from – on
④ sailing for – on or about

해설
Sydney항으로 출항할 예정인 : sailing(leaving) for, due to sail(leave) for

정답
45 ② **46** ① **47** ④

48 당사는 아리랑호 편으로 상품을 선적하였습니다.

⇒ We have (   ).

(1) the goods (2) m/s (3) by (4) Arirang (5) shipped

① (5) – (1) – (3) – (2) – (4)　　② (5) – (1) – (2) – (3) – (4)

③ (2) – (4) – (5) – (3) – (1)　　④ (1) – (5) – (2) – (3) – (4)

49 당사는 기간 내에 귀사 주문품을 선적하기 위하여 최선을 다할 것입니다.

⇒ We will do (   ).

(1) to (2) our best (3) ship (4) your order (5) time (6) in

① (2) – (6) – (3) – (1) – (5) – (4)　② (2) – (6) – (3) – (4) – (1) – (5)

③ (2) – (1) – (3) – (4) – (6) – (5)　④ (1) – (3) – (2) – (4) – (6) – (5)

[50–51] 다음의 내용을 영작하였을 때 잘못된 부분을 찾으시오.

50 제품은 재고 중에 있습니다. 제일 먼저 출항하는 선박은 10월 25일에 있습니다. 그러므로 신용장은 전신으로 개설바랍니다. 요청하신대로 견적송장을 동봉합니다.

① The goods are in stock.

② The first available vessel clears of October 25.

③ We have, therefore, asked you to open the credit by cable.

④ As requested, pro – forma invoice is enclosed.

해설

제일 먼저 출항하는 선박은 10월 25일에 있습니다. : The first available vessel clears (is leaving) <u>on</u> October 25.

51 ① 귀사의 가격은 이곳 시장에서는 그다지 싼 것은 아닙니다.

⇒ Your prices do not seem to be too competitive for this market.

② 이 신용장은 6월 17일에 만기가 됩니다.

정답

48 ① 49 ③ 50 ② 51 ③

⇒ This credit shall expire on June 17.

③ 귀사께서 선적일을 7일간 연장해 주시기를 바랍니다.

⇒ We would like to extend the shipping date by 7 days.

④ 동 상사는 오로지 우수한 제품만을 취급하고 있습니다.

⇒ They deal in quality products alone.

해설
귀사께서 ~를 연장해 주시기를 바랍니다. : We would like you to extend ~

[52-53] 다음 주어진 문장의 내용과 의미가 가까운 것을 골라 표기하시오.

52 Please pay your close attention to the packing of the goods.

① We have packed the goods carefully.

② You must be careful in packing the goods.

③ We will be careful in packing the goods.

④ Thank you for your careful packing of the goods.

해설
「그 상품의 포장에 세심한 주의를 기울여 주십시오.」

53 Seller must notify the buyer, without delay, that the goods have been delivered on board the vessel.

① This sentence has something to do with seller's obligations.

② The buyer should also notify the same to the seller.

③ Seller's obligations are confined to delivery only.

④ Delay in notice is may be allowed by the buyer.

해설
「매도인은 물품이 본선 갑판에 인도되었다는 것을 지체 없이 매수인에게 통지해야 한다.」이러한 내용은 선적과 관련하여 매도인의 의무를 언급하는 문장이다.

[54-61] 다음 용어의 뜻(국문 ↔ 영문)이 틀린 것을 고르시오

54 ① Bill of Lading : 선화 증권

정답
52 ② **53** ① **54** ④

② Insurance Policy : 보험 증권
③ Commercial Invoice : 상업 송장
④ Certificate of Origin : 검사 증명서

해설
Certificate of Origin(C/O) : 원산지 증명서/ 검사증명서 : Certificate of Inspection

55 ① Pro-forma Invoice : 견적송장
② Customs Invoice : 영사송장
③ Mate's Receipt : 본선수취증
④ Letter of Indemnity : 수입화물 선취보증서

해설
해설 Customs Invoice : 세관송장

56 ① Bill of Exchange : 환어음 ② Consular Invoice : 영사 송장
③ Shipping Advice : 선적통지 ④ Packing List : 가격표

해설
해설 Packing List : 포장명세서/ 가격표 : Price List

57 ① S.S.(steamship) : 기선 ② CBM : 길이의 단위
③ ETA : 도착 예정일 ④ ETD : 출항 예정일

해설
해설 CBM(Cubic Measurement) : 입방미터, 부피(용적)의 단위

58 ① 관세 미지급 인도 조건 - DDP - Delivered Duty Paid
② 운송인 인도 조건 - FCA - Free Carrier
③ 수송비 지급 인도 조건 - CPT - Carriage Paid to
④ 부두 인도 조건 - DEQ - Delivered Ex Quay

정답
55 ② 56 ④ 57 ② 58 ①

해설

관세 미지급 인도 조건 : Delivered Duty Unpaid(DDU)/ Delivered Duty Paid(DDP) : 관세 지급필 인도조건

59 ① 선측 인도조건 – FAS – Free Alongside Shipment
② 운임 포함조건 – CFR – Cost and Freight
③ 본선 인도조건 – FOB – Free on Board
④ 국경 인도조건 – DAF – Delivered at Frontier

해설

선측 인도조건 : Free Alongside Ship(FAS)

60 ① 착선 인도조건 – DES – Delivered Ex Ship
② 공장 인도조건 – EXW – Ex Works
③ 관세 미지급 인도조건 – DDU – Delivered Duty Unpaid
④ 운송비 보험료 지급인도조건 – CIP – Cost and Insurance Paid to

해설

운송비 보험료 지급인도조건 : Carriage and Insurance Paid to(CIP)

61 ① 전 위험 담보조건 – A/R
② 분손 부담보조건 – FPA
③ 소손해 부담보조건 – TLO
④ 분손담보조건 – WA

해설

TLO(Total Loss Only) : 전손 담보조건, 화물이 전부 손상되었을 때만 보상해 주는 보험조건

[62–64] 아래 대화를 읽고 물음에 답하시오.

James : When can you ship washing machines?
Kim : We can ship them within 30 days after receipt of your L/C.
James : Will there be any delays in delivery?
Kim : No, (가). We will try to meet the shipping date.

정답

59 ① 60 ④ 61 ③

62 위 대화의 내용으로 보아 (가) 안에 가장 알맞은 문장은?

① some delays in delivery were made

② any delays in delivery will be possible

③ shipping date will be strictly kept

④ shipping date will not be strictly kept

해설

물품인도가 지연됩니까? 라는 질문에 「선적일은 엄격히 지켜질 것이다.」는 문장이 나온다.

63 위 대화의 내용에 대해 설명한 것 중 틀린 것은?

① 수출입 품목은 냉장고이다.

② 선적은 신용장을 받은 후 30일 이내에 이루어진다.

③ James는 인도 지연을 염려하고 있다.

④ Kim은 선적 일자에 선적을 하려는 의지가 엿보인다.

해설

washing machine : 세탁기/ meet the shipping date : 선적일을 맞추다(지키다)

64 위 대화의 당사자의 연결이 잘된 것은?

① James – Carrier, Kim – Exporter ② James – Carrier, Kim – Importer

③ James – Exporter, Kim – Importer ④ James – Importer, Kim – Exporter

정답

62 ③ **63** ① **64** ④

제3절 대금결제(Payment)

선적을 완료한 수출상은 선화증권(bill of lading ; B/L), 상업송장(com－mercial invoice), 포장명세서(packing list), 원산지증명서(certificate of origin), 보험증권(insurance policy) 등 신용장에서 요구하는 서류들을 정비하여 수출대금의 회수준비를 한다.

신용장방식에 의한 대금 결제 시에는 제1절에서 언급된 바와 같이 정비된 운송서류와 함께 환어음을 작성하여 신용장에서 규정하고 있는 대로 대금을 회수하게 된다. 신용장거래에서 가장 보편화된 대금회수방식은 환어음의 매입방식이다.

환어음(draft, bill of exchange)이란 무역거래에서 수출상(채권자)이 수입상(채무자)에게 그 환어음 상에 기재된 금액을 본인 또는 제3자에게 지급하도록 위탁하는 일종의 지급지시서이다. 무역거래에서 수출상은 환어음을 발행하여 수출채권을 추심하게 되는데 이 때 수출상은 환어음의 발행인(drawer)이 되며, 거래대금을 지급하는 수입상 또는 신용장 발행은행은 지급인(drawee)이 된다.

매입(negotiation ; nego)은 보통 네고라고 하는데 수출상이 운송서류를 첨부한 화환어음(documentary bill of exchange)을 국내 외국환은행에 매각시키고 환어음상의 금액을 받는 것을 말한다. 즉, 외국환은행의 입장에서는 수출상이 제시하는 환어음을 돈으로 바꾸어 준다는 점에서 매입이란 용어를 쓰고 있는데, 이 은행을 매입은행이라고 한다. 매입은행이 수출거래과정의 거래당사자가 아님에도 불구하고 수출상이 발행하여 제시하는 환어음을 매입해 주는 것은, 이 환어음이 신용장을 근거로 발행된 것이어서 최종적으로 신용장 발행은행이 이 금액의 지급을 확약하고 있기 때문이다.

이와 같이 L/C방식을 비롯한 추심방식에서는 환어음이 대금결제 시 매우 중요한 역할을 하고 있으므로 무역업무를 원활히 수행해 나가기 위해서는 환어음과 관련된 제반 지식들에 관해 정통해야 한다.

1 무역서한

Model Letter 1. 선적 후 환어음을 발행하여 매입하였음을 알리는 서한

Dear Sirs,

We are pleased to inform you that the goods which you ordered on May 11 have been duly shipped per the M/S "Manhattan" leaving for Yokohama[1] on June 23.

Against this shipment[2] we have drawn on[3] Daiwa Bank, Tokyo at sight for the invoice amount of USD42,200.00 under the L/C[4] NO. 4851/25331 and negotiate it with the Hana Bank[5], Seoul, Korea.

In compliance with your request, we have arranged for[6] marine insurance on the cargo with the ATS Fire & Marine Insurance Co., Ltd for 110% of the invoice amount.

We are separately forwarding you one set of shipment sample[7] and non – negotiable[8] copies of shipping documents by air mail.

We appreciate your continued confidence you have placed in us[9] and assure you that we are happy to serve you well.

Yours truly,

1) leaving for Yokohama : 요코하마 항을 향해 출항하는 유사표현 sailing for
2) Against this shipment : 선적품에 대해서(결제하기 위해서), 유사표현 to cover the shipment, to pay the shipment
3) draw (a draft) on ~ : ~ 앞으로(~를 지급인으로) 환어음을 발행하다. 유사표현 value on
4) under the L/C : 신용장에 의거하여
5) negotiate it with Hana bank : 환어음을 하나은행에 매도하였다. 은행의 입장에서는 매입이 되며, 하나은행은 매입은행(negotiating bank)이 된다.
6) arrange for : 부보하다, 보험에 가입하다. 유사표현 effect, cover, open

7) shipment sample : 선적견본, 선적된 물품 중에서 발췌한 견본,
비교 advance sample : 선발견본, 계약체결을 목적으로 보내는 견본
8) non-negotiable : 비유통성의, 유통되지 못하는,
비교 negotiable (document) : 유통성이 있는(서류), 보통 서류 원본을 의미한다.
3) confidence you have placed in us : 귀사가 당사에게 거는 신뢰

Model Form 1. 환어음의 예시

No ① **BILL OF EXCHANGE** ②
FOR ③
AT ④ SIGHT OF THIS FIRST BILL OF EXCHANGE (SECOND UNPAID)PAY THE ORDER OF **INDUSTRIAL BANK OF KOREA**
THE SUM OF ⑤

VALUE RECEIVED AND CHARGE THE SAME TO ACCOUNT OF ⑥

DRAWN UNDER ⑦
L/C NO ⑧ DATED
TO ⑩

INDUSTRIAL BANK OF KOREA ⑪

(국용 - 021 - 1) (모조80) (89.9)(출급번호94604)

환어음은 추심환방식(신용장, D/P, D/A)의 대금결제에서 매우 중요한 역할을 한다. 무역거래에서 이용되는 환어음은 운송서류가 필수적으로 첨부되므로 화환어음(documentary Bill of Exchange, Draft)이라고 한다.

예시된 환어음의 기재 내용은 다음과 같다.

① 환어음의 번호 : 발행자(수출업자)가 임의로 부과한 번호를 기입한다.
② 어음발행일과 발행지를 기입한다.

③ 환어음금액을 숫자로 기입한다.

④ 환어음의 결제기간을 기입한다.(예: AT ××× SIGHT, 또는 AT 30 DAYS AFTER SIGHT).

이하 부분의 해석은 「이 환어음의 제1권(FIRST BILL OF EXCHANGE)을 (제2권이 지급되지 않았을 때) 기업은행의 지시인에게 지급하시오.」

환어음은 set(조)어음으로 2군이 발행되어 그 중 어느 것이 결제가 되면 나머지는 무효가 된다. 또한 여기서 이 환어음은 지시식임을 알 수 있다.(ORDER OF ~)

⑤ 환어음의 금액을 문자로 표기한다.

⑥ 수입상의 명칭 및 주소를 기입한다. 해석은 「동일한 금액을 수령하였으며 (VALUE RECEIVED), 해당금액을 수입상에게 청구하십시오.」

⑦ 신용장 발행은행의 명칭 및 주소를 기입한다. 여기서 DRAWN UNDER는 ⑦, ⑧, ⑨에서 언급되는 신용장에 의거 발행되었다는 것을 의미한다.

⑧ 신용장 발행일자를 기입한다.

⑩ 지급인을 기입한다. 일반적으로 신용장 발행은행이 지급인이 되나 신용장의 종류에 따라 달라질 수 있다.

⑪ 환어음의 발행인, 즉 수출상의 명칭 및 주소를 기입하고 서명 날인한다.

제4장 제1절 MODEL FORM.1의 신용장 내용을 근거로 환어음을 작성하면 다음과 같다.

No 05 - 2001 **BILL OF EXCHANGE** July 5, 2010. SEOUL, KOREA

FOR USD 42,200.00

AT XXX SIGHT OF THIS FIRST BILL OF EXCHANGE (SECOND UNPAID)PAY THE ORDER OF

INDUSTRIAL BANK OF KOREA

THE SUM OF SAY US DOLLARS FORTY TWO THOUSAND FOUR HUNDRED ONLY

VALUE RECEIVED AND CHARGE THE SAME TO ACCOUNT OF ASAHI ELECTRIC INDUSTRY CO., LTD. 22 - 18 HITOTSUBASHI, CHIYODA, TOKYO, JAPAN

DRAWN UNDER THE DAIWA BANK LTD, UNITED CENTER BRANCA,TOKYO,JAPAN.

L/C NO 4851/25331	DATED MAY 30, 2010
TO THE DAIWA BANK LTD.	DONGAN CHEMICAL CO.,LTD.
UNITED CUNTER BRANCH	Yeoksam - dong Gangnam - gu
TOKYO, JAPAN	SEOUL, KOREA

INDUSTRIAL BANK OF KOREA

(국용 - 021 - 1) (모조80) (89.9)(출급번호94604)

Model Letter 2. 송금의 지연을 사과하며 송금완료를 나타내는 서한

Dear Sirs

We have received your letter reminding us that our payment is overdue[1) on October18, and confirmed the balance due to you as shown in your statement[2).

It had been our intention to clear[3) this before now, but the seasonal trade depression here has resulted in extremely slow payment of our customers.[4) This has caused us a temporary inconvenience. We fully realized that the delay in remittance is regrettable.

The sum of US$12.500.00 has been sent you today through the Industrial Bank of Korea by T/T[5). We are very sorry to kept you waiting but hope that you will understand our awkward situation and give your assistance in our business.

We should do our best to minimize the delay in remittance of your commission in the future.

your very truly,

1) our payment is overdue : 당사의 지급이 연체되었다.

2) balance due to you as shown in your statement : 귀사의 계산서에 기재된 귀사에 갚아야 할 잔액
3) to clear : 정산하다
4) seasonal trade depression here has resulted in extremely slow payment of our customers.: 이곳의 계절성 판매 불황으로 당사 고객들의 결제가 극심히 늦어졌다.
5) T/T (telegraphic transfer) : 전신환, M/T(mail transfer) : 우편환

Model Letter 3. 결제를 요청하는 서한

Dear sirs

We had to inform you that the payment for your order No. 541 is now 2 weeks overdue.[1)]

As we have always received your payment punctually[2)], we are puzzled to have had neither remittance nor report[3)] in connection with our current statement.[5)] We think you may not have received our letter containing the statement and we are enclosing a copy of the account to the amount US$15,354,00.[5)]

We urge that you make this settlement without delay

yours sincerely,

1) is now 2 weeks overdue : 2주일 지연되고 있다.
2) punctually : 제 때에, 기한을 엄수해서 유사표현 punctual shipment「적기선적」
3) we are puzzled to have had neither remittance nor report : 송금도 하지 않고 연락도 없어서 당혹스럽다.
4) current statement : 이번 청구서(계산서)
5) the account to the amount US$15,354,00 : 총액 15,354달러에 대한 청구서

Model Letter 4. 결제연장을 요청하는 서한

Dear sirs,

Referring to your letter of November 12, We have received your October statement amounting to US$23,530,00 twice. We, however, have to inform you that it is not yet possible for us to meet our obligations[1].

A fire occurred at our warehouse on October 15, which made it difficult for us to pay the debt[2]. Therefore we ask you for three months' extension of payment.

We trust that you will understand our present situation and such a failure will not occur in the future.

your very truly,

---

1) meet our obligations : 당사의 채무를 이행하다. 유사표현 meet engagements
2) debt : 부채, 채무 debt due「기한도래 채무」, debt overdue「기한경과 채무」

2 평가문제

[1–2] 아래의 서한을 읽고 물음에 답하시오.

> We delivered US$100 worth of our samples of commercial value to you in August, and sent you three reminders later.
> Are you still carrying your check for US$100 around in your pocket?
> Please send us the check as soon as possible. (가)Otherwise, we shall have to settle the matter by arbitration.

01 위 서한의 작성자는 누구인가?

① 수입업자 ② 운송인
③ 수출업자의 거래은행 ④ 수출업자

> 해설
> 100달러 어치의 유상견본(samples of commercial value)을 보내고 결제를 요청하는 내용이다.

02 다음 중 밑줄 친 (가)문장을 올바르게 해석한 것은?

① 가능한 빨리 수표를 보내주지 않으면, 당사는 중재로 그 문제를 해결할 수밖에 없습니다.
② 주머니 속에 계속 수표를 넣어 가지고 다니지 않을 수 없습니다.
③ 당사가 조정으로 그 문제를 해결하는 것 이외에 다른 방법이 없습니다.
④ 당사가 즉시 결제하는 수밖에 다른 방안이 없습니다.

> 해설
> by arbitration : 중재에 의해

[3–6] 다음 문장 중 밑줄 친 단어와 동일한 의미를 가진 단어를 골라 표기하시오.

03 To <u>pay</u> this account, we enclose a check for US$1,000.

① cover ② check ③ amount ④ inform

정답
01 ④ **02** ① **03** ①

해설

to pay this account : 이 계정을 결제하기 위해

04 Against this shipment we have drawn on you at sight for the invoice amount.

① billed ② paid ③ valued ④ issued

해설

draw (a draft) on you : 귀사 앞으로(귀사를 지급인으로) 환어음을 발행하다

05 Drawer

① Accountee ② Consignee ③ Drawee ④ Payee

해설

drawer : 환어음 발행인. 환어음 발행인은 수출상(exporter, seller)이며, 최종적으로 대금수취인(payee)이 된다.

06 We have negotiated the documentary draft with the Commercial Bank of Korea.

① through ② on ③ to ④ at

해설

negotiate a draft with ~ : ~에(~를 통하여) 환어음을 매도하다

[7–8] 다음 문장 중 밑줄 친 부분과 의미가 다른 것을 고르시오.

07

Complying with the terms of payment, we have today drawn on you at 60 d/s.

① In accordance with ② Compared with

③ According to ④ In compliance with

해설

complying with ~ : ~에 따라서/ compared with ~ : ~와 비교하여

정답

04 ③ **05** ③ **06** ① **07** ②

08

We can not understand why the draft <u>was not honored.</u>

① was dishonored ② was not honorable
③ was not accepted ④ was not paid

해설
honor : (기한부)환어음을 인수하다(accept), (일람출급) 환어음을 지급하다(pay). 유사표현으로 'protect'가 있다.
dishonor : 인수 · 지급을 거절하다. 유사표현으로 'protest'가 있다

[9–11] 다음 문장을 읽고 ( ) 안에 필요한 용어나 단어를 골라 표기하시오.

09 They will pay the sample charges by banker's check ( ).

① in request ② upon request
③ for requesting ④ as for request

해설
by banker's check upon request : 요청 즉시 은행수표에 의해

10 We have pleasure in enclosing a copy of Bill of Exchange and ( ) copies of Bill of Lading ( ) our shipment of 120 tons of Copper Plates.

① non–negotiable – covering ② duplicate – referring
③ shipping advice – with ④ available – with

해설
non–negotiable copies of B/L : 비유통성 선화증권 사본, 비유통성 서류란 결제에는 사용할 수 없는 서류, 즉 원본이 아닌 사본 서류를 말한다/ duplicate : 원본 서류에 적용하는 용어로 2통

11 To ( ) this shipment, we have drawn a draft ( ) sight and negotiate it ( ) Korea Exchange Bank.

① cover – at – through ② cover – on – with
③ pay – from – through ④ pay – under – to

정답
08 ② **09** ② **10** ① **11** ①

해설

일람출급 환어음 : draft at sight

[12-15] 다음 문장 또는 밑줄 친 부분을 우리말로 바르게 해석한 것을 고르시오.

12 Your account shows an overdue balance of US $ 10,000.00, which was payable on Oct. 30.

① 당사가 10월 30일에 지불한 미화 1만 달러 잔액이 아직 계정에 남아 있습니다.
② 귀사가 10월 30일에 지불되었어야 할 미화 1만 달러 잔액이 미지불 상태입니다.
③ 당사가 10월 30일에 지불되었어야 할 미화 1만 달러 잔액이 미지불 상태입니다.
④ 귀사가 10월 30일에 지불한 미화 1만 달러 잔액이 아직 계정에 남아 있습니다.

해설

your account shows an overdue balance : 귀사의 계정에 지불기한이 지난 잔액이 남아 있다

13 <u>To cover this debt overdue,</u> we are pleased to enclose a check for US$500.00.

① 미지급된 이 부채를 보험에 들기 위하여
② 지급된 이 부채를 정리하기 위하여
③ 지급된 이 부채를 개설하기 위하여
④ 미지급된 이 부채를 결제하기 위하여

해설

debt : 부채, 채무/ overdue : (지급) 기한이 지난, (어음 등이) 미지급 된

14 We sincerely apologize to you for the <u>late remittance owing to unexpected labour disputes</u> at our factory.

① 예상하지 못한 노동 쟁의로 인한 늦은 송금
② 예상하지 않은 파업으로 인한 마지막 결제

정답

12 ② 13 ④ 14 ①

③ 예상하지 못한 노동 중재로 인한 송금수표
④ 예상하지 않은 노동 분쟁으로 인한 지연된 인도

해설
late remittance : 늦은 송금

15 You promised us to transfer the balance of US$12,000 telegraphically upon your receipt of cargo.

① 송금하다 – 대금 ② 송금하다 – 화물
③ 지급하다 – 대금 ④ 처리하다 – 화물

해설
transfer the balance of US$12,000 telegraphically :미화 12,000 달러의 잔액을 전신으로 송금하다/ T/T(telegraphic transfer) : 전신환/ M/T(mail transfer) : 우편환

[16–17] 다음 영문내용의 해석이 잘못된 것을 골라 표기하시오.

16

Re : L/C No. 3506, We advise shipping notice as under :
– ①Vessel Name : M/V "Arirang" V–20
– ②ETA New York : November 30
– ③Bill Amount : US $ 50,000.
– ④Shipped Quantity : 500 dozen

① 선명 : 아리랑 호 20번 ② 뉴욕도착 예정일 : 11월 30일
③ 매입금액 : 미화 5만달러 ④ 선적수량 : 500타스

해설
M/V "Arirang" V–20 : 아리랑 호 20항차, V–20(voyage–20) : 항해 차수를 표기한 것임

17

Documents required are :
– ① Signed commercial invoice in triplicate
– ② Full set of clean on board B/L

정답
15 ② 16 ① 17 ④

– ③ Packing List in duplicate
– ④ Insurance policy in duplicate, endorsed in blank

① 서명된 상업송장 3부
② 무사고 적재필 선하증권 원본 전통
③ 포장명세서 2부
④ 공란으로 한 보험증권 2부

해설

원본 1통은 original(1 fold), 2통은 duplicate(2 fold), 3통은 triplicate(3 fold), 4통은 quadruplicate(4 fold)로 표기한다.
endorsed in blank : 백지배서, 양수인을 지정하지 않는 배서를 말하며, 무기명 배서(blank endorsement)라고도 한다.

[18-19] 다음 우리말을 영작하였을 때 맞는 것을 골라 표기하시오.

18 미화 3,000달러에 대하여 귀사의 계정 대변에 정리하였습니다.

① We have credited U.S. $3,000 to your account.
② We have debited U.S. $3,000 to your account.
③ We have noted U.S. $3,000 to your account.
④ We have written U.S. $3,000 to your account.

해설

credit(Cr.) : 대변에 기입하다. 대변에 기입되었다는 것은 지급해야 할 돈을 의미한다./ credit note : 대변표, 상대방에게 지급해야 할 것을 통지하는 전표
debit(Dr.) : 차변에 기입하다. 차변에 기입되었다는 것은 받아야 할 돈을 의미한다./ debit note : 차변표, 상대방에게 받아야할 것을 통지하는 전표로 청구서의 역할을 한다.

19 동 송장금액을 결제하기 위해서 당사는 미화 만 달러에 대하여 일람 후 60일 출급으로 귀사 앞으로 환어음을 발행했습니다.

① To pay the invoice amount, we have accepted on you at 60 days after sight to US$10,000.
② To pay the invoice amount, we have drawn on you at 60 days after sight for US$10,000.
③ To cover the invoice amount, we have drawn on you by 60 days after

정답

18 ① **19** ②

sight of US$10,000.

④ To cover the invoice amount, we have opened for you on 60 days after sight for US$10,000.

[20–21] 다음 우리말을 영어로 옮길 때 괄호 안에 들어갈 내용이 가장 올바르게 배열된 것을 고르시오.

20 귀사의 현재 대변 잔액은 미화 1천 달러입니다.

⇒ The ( ).
(1) your credit amounts to　　(2) now standing to
(3) balance　　(4) US$1,000.

① (1) – (2) – (3) – 4)　　② (3) – (2) – (1) – (4)
③ (3) – (1) – (4) – (2)　　④ (4) – (3) – (1) – (2)

해설
balance now standing to your credit : 현재 귀사의 대변에 남아 있는 잔액/ amounts to US$1,000 : 미화 1,000달러에 달한다

21 미화 2천 달러 금액을 귀사의 계정에 정히 대변 기재하였으며 이에 대한 영수증을 첨부해 드립니다.

⇒ The amount of US$2,000 has been duly ( ) to your account, and our ( ) for this is attached.

① credited – receipt　　② debited – receipt
③ credited – debit note　　④ placed – credit note

해설
대변에 기입하다 : credit/ 영수증 : receipt/ debit note : 차변표, 일종의 청구서
credit note : 대변표, 일종의 지급통지서

정답
20 ②　**21** ①

[22-23] 다음 주어진 문장을 배열했을 때 순서가 가장 맞게 배열된 것을 고르시오.

22

(A) We are very sorry to have kept you waiting so long, but believe you will realize that we have no intention to delay our payment purposely.
(B) Therefore we ask you to pay your very best attention in executing our order as usual.
(C) We trust you will understand our goodwill and friendship.
(D) The sum of US $ 18,500 has today been sent to you by telegraphic transfer and we hope it will reach you by the time you receive this letter.

① (A) – (C) – (D) – (B)　　② (D) – (C) – (B) – (A)
③ (D) – (B) – (A) – (C)　　④ (D) – (A) – (B) – (C)

해설

「(D) 오늘 미화18,500달러를 전신환으로 귀사로 송금했으며, 귀사가 이 서한을 받을 때 쯤 송금이 도착할 것이라 생각합니다.
(A) 귀사를 오래 동안 기다리게 해서 죄송합니다만, 당사가 의도적으로 결제를 지연시킬 의도가 아니었다는 것을 귀사가 알아주기를 바랍니다.
(B) 따라서 귀사가 당사의 주문을 이행하는데 평소처럼 최선의 주의를 기울여 줄 것을 부탁합니다.
(C) 당사의 후의와 우정을 이해해 주시리라 믿습니다.」

23

(A) which we hope you will settle ASAP
(B) attachment file is our debit note No. 50
(C) may we remind you that the first quarter statement for HK$2,000 is yet overdue?
(D) perhaps you overlooked it!

① (C) – (D) – (B) – (A)　　② (C) – (D) – (A) – (B)
③ (B) – (A) – (C) – (D)　　④ (B) – (A) – (D) – (C)

해설

「(C) 2천 홍콩 달러에 대한 1/4분기 계산서 아직 미지급 상태인 것을 상기시키고자

정답

22 ④　23 ①

합니다.
(D) 아마 귀사가 이것을 간과한 것 같습니다.
(B) 첨부된 서류는 당사의 차변표(청구서) 50호입니다.
(A) 귀사가 가능한 빨리(ASAP : as soon as possible) 결제해 주시길 바랍니다.」

[24-25] 다음 문장 또는 용어와 관련이 있는 것을 골라 표기하시오.

24 We regret that in spite of our repeated requests your balance of September is still outstanding.

① claim letter ② complain letter
③ collection letter ④ cordial letter

해설
「당사의 반복된 요청에도 불구하고, 귀사의 9월 잔액이 아직 미해결 상태여서 유감입니다.」
collection : 추심, 거래대금의 결제를 요청하는 것을 말하며, 일종의 수금과정이라 할 수 있다.

25 Documents against Payment

① CWO ② CAD ③ CFS ④ CQD

해설
D/P(Documents against Payment)와 CAD(Cash against Document) : D/P는 운송서류와 함께 일람출급 환어음을 발행 · 제시하면서 거래대금을 추심(collection)하는 방식이고, CAD는 운송서류를 발행 · 제시하고 거래대금을 송금받는 방식이다. 그러나 환어음의 발행 여부만 다를 뿐 대금회수과정이 유사하므로, CAD를 '유럽식 D/P'라고도 한다.

26 아래의 두 문장이 같은 뜻이 되도록 ( )안에 알맞은 말을 고르시오.

We have duly placed USD 5,000 to your credit.
⇒ We have duly (   ) USD 5,000 to your (   ).

① credited – account ② credit – place
③ debited – order ④ debit – bank

정답
24 ③ 25 ② 26 ①

해설
placed USD 5,000 to your credit :귀사의 대변에 미화 5천 달러를 기입하다

[27–28] 다음 회화를 읽고 물음에 답하시오.

A : (가) May I remind you that your account stands unsettled?
B : How much does it amount to?
A : Your (나) current balance amount to US$ 25,700.00.
B : I will instruct my bank to (다) this amount.

27 다음 중 (가)의 밑줄 친 부분의 해석이 가장 바르게 된 것은?

① 귀하에게 빠른 시일 내에 결제해 드리겠습니다.
② 귀하는 당사와 거래를 꾸준히 하기를 원하십니까?
③ 당사는 잊지 않고 귀하의 계정을 결제해 드리겠습니다.
④ 귀하의 계정이 아직 결제되지 않고 있다는 것을 알고 계십니까?

해설
stand unsettled : 미결제인 상태로 있다

28 (나)의 의미로 알맞은 것은?

① 현행 환율 ② 균형 잔액 ③ 현재 잔고 ④ 결제 금액

29 (다)의 의미를 「송금하다」가 되도록 할 때 가장 알맞은 것은?

① deliver ② negotiate ③ present ④ transfer

정답
27 ④ 28 ③ 29 ④

제4절 클레임과 조정(Claims and Adjustment)

무역클레임이란 무역거래에서 매매당사자인 수출상 또는 수입상 중에서 어느 일방이 매매계약의 내용에 일치하는 이행을 하지 않았을 경우에 그로 인하여 손해를 입은 당사자가 상대방에 대하여 손해배상 등을 청구하는 것을 말한다.

무역클레임은 제기자가 수출상이나 수입상에 따라 매도인의 클레임(seller's claim)과 매수인의 클레임(buyer's claim)으로 구분된다. 전자는 주로 수입상이 대금결제를 제 때에 하지 않거나 계약대로 신용장을 발행하지 않은 경우에 발생하고 후자는 대부분이 상품에 관한 하자 및 선적 지연 등을 이유로 발생한다.

무역거래 당사자들, 특히 수출상은 무역클레임이 발생되지 않도록 최선을 다하여 계약을 이행하는 것이 무엇보다도 중요하다. 무역클레임의 발생은 해당 거래에서의 손실뿐만 아니라 금전으로 환산할 수 없는 여러 가지 피해를 야기 시킨다는 것을 명심하고 거래에 임해야 한다.

그러나 아무리 주의를 기울여도 문제가 생길 수도 있고 어떤 경우에는 불가피하게 계약내용을 이행하지 못하는 경우가 발생할 수 있다. 어떤 경우에는 수입상의 고의적인 악덕 클레임(market claim)에 직면할 수도 있다. 이러한 경우를 대비하여 거래상대방과는 우호적인 관계를 유지하는 것이 필요하다. 즉, 무역거래는 그 특수성으로 인해 클레임발생의 위험이 상존 해 있기 때문에 이를 우호적으로 처리할 수 있는 방안을 마련해 두어야 한다. 이를 위한 최우선의 조치는 제2장 제3절에서 언급된 신용조회과정에서부터 세심한 주의를 갖고 거래를 진행시켜야 한다.

클레임의 발생은 그 원인이 매우 다양하므로 그 해결방법도 다양할 수밖에 없다. 그러나 무역거래에서 일반적으로 언급되는 클레임 해결방법은 ① 당사자간의 화해 및 타협(amicable settlement & compromise), ② 제3자를 통한 알선 및 조정(intercession & conciliation), ③ 중재원에 의한 상사중재(commercial arbitration), ④ 법원에 의한 판결(litigation)이 있다.

1 무역서한

Model Letter 1. 견본과 색상이 일치하지 않는 선적품에 대한 서한

Dear sirs,

We have received the 10 boxes of printed cotton cloth which we ordered on November 21.

On examination we have found that two boxes do not correspond with the original sample. The color of the goods was much deeper[1] than sample which is different from last shipment.

We still have half of your last shipment[2] and we want to use this with the new pieces[3], but the difference in color makes this impossible. We are therefore returning the pieces to you with freight collect[4].

Yours faithfully,

1) color was much deeper : 색상이 너무 짙다
2) We still have half of your last shipment : 귀사의 지난번 선적품의 반을 아직 도 갖고 있다
3) with new pieces : (이번에 선적된) 새로운 제품과 함께
4) freight collect : 운임 후지급 비교 freight prepqid : 운임 선지급

Model Letter 2. 색상불일치를 인정하고 대체품을 송부한다는 서한

Dear sirs,

We are sorry to learn from your letter of December 15 that two pieces were found to be unsatisfactory.

While slight difference in color are unavoidable, we appreciate your problem[1] and shall take the two pieces back[2]. We will make new delivery of the correct goods next week and shall carefully inspect the difference to the original sample.

We hope this will meet your wishes[3] and we deeply apologize for the inconvenience you have been put to.[4]

Yours faithfully,

---

1) appreciate your problem : 귀사의 문제를 인정한다
2) take the two boxes back : 두 상자를 회수하다
3) meet your wishes : 귀사의 뜻을 충족시키다
4) inconvenience you have been put to : 귀사가 처한 불편

Model Letter 3. 진주목걸이에 대한 클레임을 제기하는 서한

Dear sirs,

We have received your goods for 30 dozens of Necklaces covering our order[1] HB－5541 on September 25.

On careful examination, we have found that 15 percent of the shipment were inferior to the samples in color and luster[2]. This mistake is very unfortunate because the goods were ordered by our chief customers who have been impatient to receive your articles[3].

Please write to us upon receipt of this letter the best solution so that we can deliver the right goods within two weeks.

We hope you will pay special attention to this matter.

Yours faithfully,

---

1) Necklaces covering our order : 당사 주문에 대한 목걸이
2) were inferior to the samples in color and luster. : 색상과 광택에서 견본보다

품질이 좋지 않다(조악하다).

3) our chief customers who have been impatient to receive your articles : 귀사 제품을 빨리 받고 싶어 하는 당사의 주된 고객들

Model Letter 4. 품질불량을 사과하고 대안을 제시하는 서한

Dear sirs,

We acknowledged receipt of your letter[1] of 27th August and offer our deepest apology for sending our inferior quality goods. We always pride ourselves that our quality control is second to none[2] ; however, we are sorry that we have made mistake in this time.

To put the matter right[3] we have shipped replacements for all the items you have found unsatisfactory, and would ask you to send us three each of the items by air parcel at our expense[4] for our factory manager to examine.

In view of our long business relation with you, we agree to your selling the remainder of the goods at 20% below the list price[5].

Yours very truly,

1) acknowledged receipt of your letter : 귀사 서한의 수령을 확인했습니다.
2) our quality control is second to none : 당사의 품질관리는 타사의 추종을 불허합니다.
3) To put the matter right : 이 문제를 바로 잡기 위하여
4) at our expense : 우리 비용으로
5) at 20% below the list price. : 정가보다 20% 낮은 가격으로

Model Letter 5. 상이한 물품의 도착에 대한 클레임을 제기하는 서한

Dear Sirs,

We have received your goods covering our order No. 618 of September 15. Upon opening the case, we have found them completely different and we presume that a mistake was made and the contents of this case were for another order.[1)]

As we need the articles urgently, we must ask you to replace the wrong goods with right ones at once. We attach a list of the contents of the case, and should appreciate it if you will check this with our order. In the meantime we are keeping the case at your disposal.[2)] Please let us know whether you will take the goods back[3)] or let us sell them at a discount of 50 percent[4)].

Yours faithfully,

1) a mistake was made and the contents of this case were for another order : 실수가 있었고, 이 상자의 내용물이 다른 주문용이었다.
2) at your disposal : 귀사의 처분조치에 따라, 귀사의 처분조치가 있을 때까지
3) you will take the goods back : 귀사가 그 물품을 회수하다
4) let us sell them at a discount of 50 percent : 당사가 50% 할인된 가격에 그 물품을 판매하도록 허용하다

Model Letter 6. 상이한 물품의 선적에 대해 사과하고 대책을 알리는 서한

Dear sirs,

We have received your letter of 10th October informing us of the wrong delivery of our goods.

We deeply apologize for this error due to accident occurred by the recent long－shoremen's strikes.[1] Owing to the accident, number of cases were withdrawn from the warehouse[2] and packed into a container and sent by the forwarder to the other port unaffected by the stoppage.[3] In process of the operations, We presume that someone else's goods crept itself in[4] a container marked for delivery to you.[5]

While informing you that goods are indeed on the way to you[6], and should arrive within the next ten days at the latest, we hope you will return the goods sent in error, carriage collect, at your own convenience[7].

We apologize sincerely for the trouble caused to you and will take all possible steps to ensure that such a mistake is not made again.

Yours faithfully,

---

1) error due to accident occurred by the recent long － shoremen's strike : 최근 부두노동자들의 파업으로 발생한 사고에 기인하는 잘못
2) withdraw from the warehouse : 창고로부터 철수하다.
3) the other port unaffected by the stoppage : 작업정지에 영향이 없는 다른 항구
4) someone else's goods crept itself in : 어떤 다른 사람의 물건이 슬며시 들어갔다.
5) container marked for delivery to you : 귀사 앞으로 인도되도록 표시된 콘테이너
6) goods are indeed on the way to you : 물품이 귀사로 운송 중에 있다는 것이 사실이다
7) return the goods sent in error, carriage collect, at your own convenience : 잘못 보내진 물품을 귀사 형편 닿는 대로 운임 후지급으로 돌려보내주십시오

Model Letter 7. 중재에 의해 해결할 것을 제안하는 서한

Dear Sirs,

We have to inform you that we wish to adjust your claim for the defects in our goods shipped on June 10[1] in execution of your order No. 100 dated April 25.

We have learned from your letter of July 15 that you were not prepared to consider our proposal of a 20% allowance[2]. Though we think our offer adequate,[3] we regret that it has been refused. As this is not likely to come to an amicable settlement between us[4], we suggest that the matter has to be submitted to arbitration according to the stipulations[5] in our general agreement on the terms and conditions of business.

We would ask your opinion on this matter as soon as possible.

---

1) adjust your claim for the defects in our goods shipped on June 10 : 6월 10일 선적된 당사 제품의 하자에 대한 귀사의 클레임을 조정하다
2) were not prepared to consider our proposal of a 20% allowance : 20% 할인해 주겠다는 당사의 제안을 고려하지 않다
3) our offer adequate : 당사의 제안이 적절하다.
4) this is not likely to come to an amicable settlement between us : 귀사와 당사 사이에 우호적인 해결로 갈 것 같지는 않다.
3) be submitted to arbitration according to the stipulations : 규정에 따라 상사중재에 제출되다

2 평가문제

[1-4] 다음 문장 중 밑줄 친 부분의 뜻과 같은 것을 고르시오.

01 This damage is due to the rough handling by you.

① owing to ② arrive to
③ result in ④ expire to

해설
due to ~ : ~에 기인하는(owing to ~, caused by ~).

02 We have no choice but to claim on you for the damaged goods.

① We shall be able to ② We can
③ We have to ④ We have no capacity to

해설
have no choice but to claim : 클레임을 제기하는 것 이외에 선택이 없다. 클레임을 제기해야만 한다.

03 Please replace your shipment by the quality ordered.

① 교체하다 – 주문한 품질 ② 발송하다 – 주문한 품질
③ 출발하다 – 청약된 품질 ④ 반송하다 – 주문한 수량

04 We request you to replace the damaged goods with the new ones as soon as possible.

① by ② at ③ to ④ for

해설
replace the damaged goods with(by) the new ones : 손상된 물품을 새 것으로 교체하다

정답
01 ① 02 ③ 03 ① 04 ①

05 밑줄 친 부분의 뜻과 가장 거리가 먼 것을 고르시오.

> You will admit that your shipments <u>do not come up to</u> the original samples.

① are not equal to ② are not inferior to
③ do not correspond with ④ do not match

해설
come up to ~ : ~와 일치하다 (be equal to, be according to, correspond with, match, conform to)

[6–12] 다음 문장을 읽고 필요한 용어나 단어를 골라 표기하시오.

06 To put the matter right, we shipped (　　) for all items you have found unsatisfactory.

① letter of credit ② inferior goods
③ replacements ④ expenses

해설
ship replacements(substitutes) : 대체품을 선적하다

07 We hope you will fully (　　) on our defective cotton fabrics which you sent us by M/S 'Koreana' on August 8.

① compensate you for the loss you have suffered
② compensate for you the loss you had suffered
③ compensate the loss you have suffered
④ be compensated for you the loss you had suffered

해설
compensate you for the loss you have suffered : 귀사가 입은 손실을 귀사에게 보상하다/ defective cotton fabrics : 하자있는 면직물

08 We would like to recommend Item No.123 as a good (　　) for Item

정답
05 ② **06** ① **07** ① **08** ②

No.122.

① subject ② subsidy ③ substance ④ substitute

해설
as a good substitute for ～ : ～에 대한 좋은 대체품으로

09 Upon ( ) our records, we have found that our shipping clerk shipped model No.5 instead of model No.7 for which your order was given.

① deleting ② tracing ③ opening ④ previewing

해설
upon tracing our records : 당사의 기록을 추적한 결과/ instead of model No.7 for which your order was given : 귀사가 주문한 모델 7번 대신

10 They made a ( ) on us for the damage.

① claim ② reference ③ communication ④ discount

해설
made a claim on ～ for the damage : ～에게 손해보상청구를 하다, 손해에 대해 ～에게 클레임을 제기하다

11 We will ( ) necessary steps not to repeat such mistakes in the ( ).

① take – future ② have – looking
③ undertake – aspects ④ hold – part

해설
take a step : 조치를 취하다/ in the future : 장래에, 앞으로

12 We regret that the quality of the shirts in our last ( ) was not completely ( ).

정답
09 ② **10** ① **11** ① **12** ③

① order – meet with ② shipment – bookable
③ shipment – satisfactory ④ order – satisfaction

해설
last shipment : 지난 선적품/ is not satisfactory : 만족스럽지 않다

13 다음 문장을 읽고 맞게 해석된 것을 골라 표기하시오.

We were very disappointed to learn the defective goods you shipped.

① 당사는 귀사가 불량품을 선적하였다는 것을 알고 상당히 실망하였습니다.
② 귀사가 선적한 제품은 당사의 기대를 못 미치므로 큰 실망을 주었습니다.
③ 당사는 귀사가 큰 실망을 주지 않도록 양호한 제품의 선적을 바랍니다.
④ 귀사가 선적한 제품은 불량품이며 이는 당사를 다소 난처하게 하였습니다.

해설
be disappointed to ~ : ~에 대해 실망하다/ defective goods : 조악품, 불량품

14 다음 문장 중 밑줄 친 부분의 해석이 잘못된 것을 골라 표기하시오.

We must ① <u>disclaim</u> all liability in this case. We would suggest that you ② <u>lodge</u> your ③ <u>claim</u> with the Insurance company at ④ <u>your end</u>.

① 포기하다 ② 청구하다
③ 항의하다 ④ 귀사 측

해설
「당사는 이번에 모든 의무를 포기해야(disclaim)만 합니다. 귀사 측에서(at your end) 보험회사에 귀사의 손해배상(claim)을 청구할(lodge) 것을 제안합니다.」

[15–18] 다음 문장의 영작이 가장 잘 된 것을 고르시오.

15 모든 품목을 곧 개장하여 검사해 주시면 감사하겠으며, 파손의 경우 당사에게 또한 특사 서비스 업체에게 신속히 통지해 주십시오.

① We would appreciate your packing and examining all items, and in the

정답
13 ① **14** ③ **15** ③

event of any breakage, notify us and also courier service promptly

② We appreciate your packing and examining all items, and in the event of any breakage, notify us and also courier service promptly

③ We would appreciate your unpacking and examining all items, and in the event of any breakage, notify us and also courier service promptly.

④ We appreciate your unpacking and examining all items, and in the event of any breakage, notify us and also courier service promptly.

해설

~에 대해 감사하겠습니다 : would(will) appreciate ~/ 개장하다 : unpack

16 귀사의 선적물품을 검사했을 때, 당사는 그 품질이 원 견품보다 못하다는 것을 알았다.

① When we examined your shipments, we found that their quality is superior to the first sample.

② When we examined your shipments, we found that their quantity is inferior than the original sample.

③ When we examined your shipments, we found that their quality is inferior to the original sample.

④ When we examined your shipments, we found that their quality is inferior than the original sample.

해설

~보다 못하다(열등하다) : be inferior to ~

17 당사가 주문한 도자기 다섯 상자가 오늘 하역되었는데 그 중 한 상자 파손되어 있었다.

① Five crates containing chinaware of our order were unloaded today, but one of them found damaged.

② Five crates containing chinaware of our order were unloaded today, but one of them damaged.

정답

16 ③ **17** ④

③ Five crates containing chinaware of our order were unloaded today, but one of them has found damaged.

④ Five crates containing chinaware of our order were unloaded today, but one of them has been found damaged.

해설

one of them has been found damaged : 그 중 한 상자가 파손된 것으로 발견되었다(=We have found one of them damaged)

18 불량 제품을 새 것으로 교체해 주십시오.

① Please substitute the superior goods new ones.

② Please replace the inferior goods with new ones.

③ Please replace the new one with inferior goods.

④ Please substitute the superior goods by new ones.

해설

replace(substitute) A by(with) B : A를 B로 바꾸다(대체하다)
불량제품 : inferior goods

[19–20] 다음 문장을 영작한 부분 중 틀린 곳을 고르시오.

19 "Koreana V–10"호 편의 면직물 2천 곤포가 7월 30일에 당사에 도착하였습니다. 그러나 곤포 자체는 파손의 흔적이 없으나 제품의 품질이 견품보다 불량함을 알려드리게 되어 유감입니다.

① Two thousand bales of silk textiles per m/v "Koreana V–10" reached us on July 30.

② But we regret to inform you

③ that their quality is inferior to the samples

④ even though the bales themselves show no trace of damage.

해설

면직물 : cotton textiles

정답

18 ② **19** ①

20 컨테이너들을 열어 보고서 봉제완구들이 품질면에서 당사의 수정견품들보다 훨씬 불량하고 색상도 약간 다르다는 것을 발견하였습니다.

① Upon opening the containers, we find
② that the stuffed toys are much inferior
③ in quality than our counter samples
④ and also slightly different in color

해설
~보다 불량하다 : be inferior to ~

21 다음 우리말을 영문으로 옮길 때 가장 옳지 않은 것은?

① 귀사께서 주문품과 다른 물품을 받았음을 알고 유감스럽게 생각합니다.
⇒ We are sorry that you received wrong goods against your order.
② 귀사께서 선적하신 물품은 견품과 상이합니다.
⇒ Your shipments are different from the wrong goods.
③ 선적품의 품질은 귀사의 견품보다 불량합니다.
⇒ The quality of shipments is inferior to your samples.
④ 불량품을 새 것으로 교체하여 주시기 바랍니다.
⇒ Please substitute the inferior goods by new ones.

해설
견품과 상이하다 : be different from the sample

[22–23] 다음 문장 중 구성이 잘못된 것은?

22 ① Upon examination of two furnitures delivered to us,
② we are surprised to find
③ that the damage has been caused by inherent vice of the goods.
④ The surveyor's report will prove our view to be righteous.

해설
furniture(가구)는 집합명사로 단수 취급하며, 셀 때는 a piece(two pieces) of furniture, a lot of furniture로 표기한다.

정답
20 ③ **21** ② **22** ①

23 ① We prefer the Cellular Phone CP－112 than CP－113.
② This terrible delay has caused us a great loss of business.
③ The length is longer by 50cm than that of the sample.
④ We urged our makers to execute an early delivery of them.

해설
A 보다 B를 더 좋아한다 : prefer B to A

[24–26] 다음 우리말을 영어로 옮길 때 (   ) 안에 알맞은 것을 고르시오.

24 당사는 미화 3천 달러에 달하는 손실에 대하여 귀사에게 손해 배상 청구를 할 것입니다.

⇒ We shall (   ) a claim with you for the (   ) amounting to US$3,000.

① make － credit
② raise － loss
③ unpack － loss
④ compensate － damage

해설
~에 대해 손해배상을 청구하다 : make(raise, file) a claim for ~
미화 3천 달러에 달하는 손실 : loss(damage) amounting to US$3,000

25 당사는 손상된 상품에 대한 귀사의 클레임에 동의할 수 없습니다.

⇒ We can not comply (   ) your claim on the (   ) goods.

① with － damaged
② to － wrong
③ for － damaged
④ with － inferior

해설
comply with ~ : ~에 응하다, 동의하다/ 손상된 상품 : damaged goods

26 그러므로, 당사는 귀사께서 파손된 상품에 대하여 가능하면 빨리 교체해 주실 것을 정식으로 요청합니다.

정답
23 ① 24 ② 25 ① 26 ③

⇒ Therefore we formally request you to (　　) the (　　) goods as soon as possible.

① substitute – careless　　② change – faulty
③ replace – damaged　　④ unsuit – broken

해설
교체하다 : substitute, replace

[27–28] 아래 한글 서한을 영문으로 옮기려고 한다. 각 문항의 물음에 답하시오.

본건을 해결하기 위해 귀사가 클레임을 제기한 모든 품목에 대한 대체품을 오늘 선적하였음. 당 공장 지배인으로 하여금 점검할 수 있도록 각 품목 한 개씩 당사의 비용으로 특사 서비스로 당사에게 보내주시도록 요청함. 정가에서 30% 할인으로 귀사가 잔품을 판매하는 것에 동의함.

To the matter right, we have today shipped (가). We would ask you to send us by courier service at our expense one each of the items for our factory manager to inspect. We agree (나).

27 (가) 안에 들어가야 할 문장으로 적합하지 않은 것은?

① replacements for all the commodities you made a claim for
② replacements for all the items you did a claim on
③ substitutes for all the articles you raised a claim for
④ substitutes for all the articles you filed a claim for

해설
클래임을 제기하다 : make(raise, file) a claim for

28 (나) 안에 들어가야 할 문장으로 적합한 것은?

① with your selling the remaining of the items at 30% discount off the list

정답
27 ② **28** ③

price.

② with your selling the reminder of the items at 30% discount off the price list.

③ to your selling the remainder of the items at 30% discount off the list price.

④ to your selling the remains of the items at 30% discount off the price list.

해설

동의하다 : agree to/ 정가 : list price/ price list : 가격표

29 우리말을 영어로 옮길 때 ( ) 안에 들어갈 내용이 바르게 배열된 것을 고르시오.

> 당사는 귀사가 귀사의 주문품과 다른 물품을 수령하였다는 사실에 죄송합니다.
> ⇒ We are sorry that ( )
> (1) against (2) wrong goods (3) received (4) you (5) your order

① (2) – (4) – (3) – (1) – (5)
② (4) – (3) – (2) – (1) – (5)
③ (4) – (3) – (5) – (1) – (2)
④ (4) – (2) – (3) – (1) – (5)

30 다음 중 손해를 배상하겠다는 의지를 표명하지 않은 문장은?

① In order to adjust the matter, we are willing to grant you a 5% discount off the invoice amount.

② The damage by fungus seems to have been on account of the fact that the goods were exposed in the broken cases to humidity upon landing.

③ We shall make every effort to alleviate your financial loss.

④ We agree to pay 5 percent of the total invoice amount in compensation for your loss.

정답

29 ② **30** ②

해설

「① 이 문제를 조정하기 위해, 송장금액에서 5% 할인을 해 드리겠습니다.
② 균에 의한 손상은 도착 시 물품이 깨진 상자 속에서 습기에 노출된 것 때문인 것 같습니다.
③ 귀사의 재정적 손실을 해결하기 위해 모든 노력을 기울이겠습니다.
④ 귀사의 손실에 대한 보상으로 전체 송장금액의 5%를 지급하는데 동의합니다.」

31 다음 문장의 뜻이 세 문장과 다른 하나를 고르시오.

① We are checking up the missing goods with our packers.
② To our regret, the case contains only 10 forks instead of 12 entered on the invoice.
③ We are very disappointed to learn the defective goods you shipped.
④ Checking the goods received, we have found that some items on your invoice have not been contained.

해설

「① 포장업자들과 분실된 물품을 찾고 있습니다.
② 유감스럽게도 상자에 송장에 있는 포크 12개 대신 10개만 들어 있습니다.
③ 귀사가 선적한 물품에 하자가 있는 것을 알고 실망했습니다.
④ 도착된 물품을 조사해 보고 귀사의 송장에 기재된 몇몇 품목이 포함되 않았다는 것을 알았습니다.」
①②④는 물품이 누락됐다는 내용인데 ③은 물품의 하자에 관한 내용임

32 다음 주어진 문장을 배열하였을 때 맞게 배열된 것을 골라 표기하시오.

(A) The damage was undoubtedly caused by incomplete packing, and we strongly ask that no such case will occur again in the future.
(B) The 20 cases of cash registers shipped by you on the "Arirang" has just arrived. We regret, however, to find that five units in case No.6 have been considerably damaged.
(C) We hope to receive your confirmation soon.
(D) As a result of our survey we must file a claim with you for the amount of $ 400,000. We trust the amount will be remitted to us promptly.

정답

31 ③ 32 ①

① (B) − (A) − (D) − (C)　　② (D) − (A) − (B) − (C)
③ (A) − (B) − (D) − (C)　　④ (D) − (B) − (A) − (C)

해설

(B) 금전등록기 20대가 아리랑호에 선적되었습니다. 그러나 유감스럽게도 상자 6번의 5대가 심하게 손상된 것을 발견했습니다.
(A) 그 손상은 의심할 것도 없이 불완전한 포장 때문이었고, 그러한 경우가 앞으로는 다시 발생하지 않도록 해 줄 것을 강력하게 요청합니다.
(D) 당사의 검사 결과 당사는 귀사에게 4천 달러에 대해 손해배상을 청구합니다. 이 금액이 곧 당사로 송금되리라 믿습니다.
(C) 귀사의 확인을 곧 받기를 바랍니다.」

[33~35] 다음 대화를 잘 읽고 물음에 답하시오.

A : We may not export the goods in time (　　가　　).
B : If so, we will issue a (나 : 양도가능 신용장). But the quality and shipping date must be strictly kept by exporter.
A : I see. How about the terms of price?
B : We'd like to import your goods on the basis of (다 : 운임·보험료포함 가격조건) Seattle.
A : I agree with you. We will make out our offer sheet and email it to you tomorrow.

33 예상되는 노동쟁의인 경우, 밑줄 친 (가)에 가장 알맞은 표현을 고르시오.

① although the shipment for labor disputes has to be made in a few day
② because some labor disputes are expected
③ because we do not expect labor disputes
④ as there were some labor disputes

해설

④ as there were some labor disputes는 과거형이다

정답

33 ②

34 밑줄 친 (나)에 알맞은 것은?

① transferable L/C ② confirmed L/C
③ transferable B/L ④ revocable C/O

35 밑줄 친 (다)에 알맞은 것은?

① FOB ② CFR ③ CIF ④ CPT

정답

34 ① **35** ③

∞ 저자소개

❑ 선길균

홍익대학교 대학원 무역학과 (경영학 박사)
일본 쿠마모토학원대학(熊本學園大學) 교환교수
중국 심천대학(深圳大學) 교환교수
일본 홋카이 상과대학(北海商科大學) 교환교수
대전대학교 기획협력처장
대전대학교 경영대학 학장
국제무역사 시험(무역영어) 출제위원
충청남도 공무원 교육원 강사(무역법규, 무역영어)
한국무역학회 이사
한국경제상학회 상임이사
국제통상학회 부회장
한국무역통상학회 감사
(현) 대전대학교 경영대학 무역통상학과 교수

인 지

● 최신무역영어

초 판 1쇄 발행 —— 2010년 3월 5일
초 판 2쇄 발행 —— 2011년 8월 5일
지은이 —— 선 길 균
펴낸이 —— 전 두 표
펴낸데 —— 도서출판 **두남**
서울시 강동구 성내 1동 455 - 12 두남빌딩
신고 : 제25100-1988-9호
(구 제2 - 624호, 1988. 7. 21)
TEL : (02) 478 - 2065~7, 478 - 2311
FAX : (02) 478 - 2068
E-mail : dunam1@unitel.co.kr
http://www.dunam.co.kr

● 정가 20,000원

ISBN 978-89-6414-066-6 13320